致 敬　L. I. Al'baum（1921.3—1997.8）
Boris Il'ich Marshak（1933.7—2006.7）

大使廳壁畫研究

大使厅壁画研究

**Study on the Murals of
the Ambassadors Hall**

王 静　沈睿文

著

Wang Jing　Shen Ruiwen

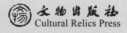
文物出版社
Cultural Relics Press

图书在版编目（CIP）数据

大使厅壁画研究 / 王静, 沈睿文著. -- 北京 : 文
物出版社, 2022.12
ISBN 978-7-5010-7875-2

Ⅰ. ①大… Ⅱ. ①王… ②沈… Ⅲ. ①壁画—美术考
古—撒马尔罕 Ⅳ. ①K883.629.41

中国版本图书馆CIP数据核字(2022)第216293号

大使厅壁画研究

著　　者：王　静　沈睿文

题　　签：许　蒙
责任编辑：谷　雨
装帧设计：刘　远
责任印制：张道奇
责任校对：陈　婧

出版发行：文物出版社
社　　址：北京市东直门内北小街2号楼
邮　　编：100007
网　　址：http://www.wenwu.com
制　　版：北京荣宝艺品印刷有限公司
印　　刷：北京雍艺和文印刷有限公司
经　　销：新华书店
开　　本：787mm×1092mm　1/16
印　　张：20.25
版　　次：2022年12月第1版
印　　次：2022年12月第1次印刷
书　　号：ISBN 978-7-5010-7875-2
定　　价：220.00元

　　王静，山东烟台人，历史学博士，现任中国人民大学历史学院副教授。主要从事隋唐五代史、中国古代都市社会史方面的教学与研究，已出版专著《中古都城建城传说与政治文化》（社会科学文献出版社，2013年），发表论文若干。

　　沈睿文，福建漳州人，历史学博士。现任北京大学考古文博学院教授，主要研究领域为汉唐陵墓制度、丧葬习俗、宗教、美术、中外文化交流考古以及中古城邑等。主要著作有《唐陵的布局：空间与秩序》、《中国古代物质文化史·隋唐五代》、《安禄山服散考》、《中古中国祆教信仰与丧葬》、《墓葬中的礼与俗》、《都兰吐蕃墓》（合著）、《安溪下草埔遗址 2019—2020 年度考古发掘报告》（合著）等，发表中英文论文百余篇。先后主持"中古时期丧葬的观念风俗与礼仪制度""中古时期墓葬神煞研究"等教育部人文社会科学研究基地重大项目；主持或参加多项课题研究和考古发掘项目。

序

1965—1971 年，在 V. A. 希什金（V. A. Shishkin）和 L. I. 阿尔鲍姆（L. I. Al'baum）主持下，于乌兹别克斯坦撒马尔罕阿弗拉西阿卜（Afrasiab）23 号发掘地点发现康国宫廷遗址。1965—1968 年，已发现 30 多间居址。其中壁画保存较好的是 1 号建筑（编号 R23/1），为 11 米 ×11 米的正方形房间，四面墙上残存多重主题的华丽壁画[1]。该 1 号建筑即著名的大使厅（Hall of Ambassadors）。遗憾的是，大使厅是在修路的过程中被发现的[2]，考古发掘时四面墙壁上部皆已毁。

大使厅入口在其东壁正中，室内沿着四壁设有高 0.5 米的黏土台阶。这些台阶中，只有正面（即西壁）中央的台阶，比其他三面台阶宽，研究者推测是放置王座一类的地方。大使厅四壁的上部均残缺，台阶以上保留的墙壁高度为西侧和北侧最高处 2.7 米，南侧最高处 2.5 米，东侧最高处 1～2 米[3]。大使厅整铺画有壁画的墙面高达 4 米。柱子带有 0.5 米的梯形底边，因此，整个壁

---

[1] L. I. Al'baum, *Zhivopis' Afrasiaba (Painting from Afrasiab)*, Tashkent, 1975;〔苏联〕L. I. アリバウム著，加藤九祚訳《古代サマルカンドの壁画》，東京：文化出版局，1980 年；A. M. Belenitskii and B. I. Marshak, "The Paintings of Sogdiana", G. Azarpay, *Sogdian Painting. The pictorial epic in Oriental art*, with Contributions by A.M. Beleniskii, B. I. Maršak and M. J. Dresden, Berkeley・Los Angeles・London: University of California Press, 1981.

[2] 按，1965—1967 年，V. A. 希什金带领考古队对此进行调查。详见 G. V. ŠIŠKINA, *Afrasiab-sokrovišč'nitsa drevnei kul'tury (Afrasiab, a Treasure of Ancient Culture)*, Taškent, 1966.

[3] L. I. Al'baum, *op. cit.*, pp.11-12(59).

画算上梯形的墙面部分一共 4.5 米高 [1]。

　　大使厅壁画是粟特学皇冠上一颗最为闪耀的明珠。1975 年，大使厅壁画资料正式刊布，此后一直受到国际粟特界的持续关注，相关研究迭出。大使厅四个壁面皆绘有壁画，但因非主动发掘时发现，出土时其四壁的上部均受到破坏，诸壁壁画上部缺失。尽管壁画后来又有描摹和复原，但因考古发掘时全貌已失，致使学者对壁画诸元素及其内容、功能的讨论不绝。

　　1978 年，阿弗拉西阿卜考古探险队领队 G. V. 希什吉娜（G.V. Shishkina）组建一个团队，用黑白两种颜色对当时的部分壁画进行复原。原定描摹所有壁画内容，但终因实验室修复工作进展缓慢而未果。同年，A. A. 阿卜杜拉扎科夫（A. A. Abdurazakov）领导的乌兹别克斯坦科学院考古研究所化学技术实验室（The Chemical-technological Laboratory of the Institute of Archaeology of Uzbekistan Academy of Sciences）团队重新清理、绘制壁画，发现了此前 L. I. 阿尔鲍姆并未报道的若干细节，并认为后者的描述存在很多错误 [2]。大使厅壁画全图虽于当年绘成，但直至 2005 年 3 月，在威尼斯举行的"撒马尔罕壁画国际学术会议"上，I. A. 阿罕塞瓦（I. A. Arzhantseva）和 O. N. 伊涅瓦吉娜（O. N. Inevatkina）才对该描摹做了刊布 [3]。

　　自 1989 年以来，在 F. 葛乐耐（F. Grenet）的指导下，法国考古队与乌兹别克斯坦科学院考古研究所合作，进行大规模的实地调查。1997 年，成立"阿弗拉西阿卜壁画保护协会"（L' Association pour la Sauvegarde de la Peinture

---

[1]　B. I. Marshak, "Remarks on the Murals of the Ambassadors Hall", in *Rivista degli studi orientali, Nuova Serie, Vol.78, Suppl. No.1: Royal Naurūz in Samarkand: Proceedings of the Conference Held in Venice on the Pre-islamic Paintings at Afrasiab (2006)*, Roma, pp.75-85. 此据〔俄〕马尔萨克：《辉煌的撒马尔罕大使厅壁画》，毛铭译，所撰《突厥人、粟特人与娜娜女神》，桂林：漓江出版社，2016 年，第 55 页。

[2]　参见 I. A. Arzhantseva, O. N. Inevatkina, "Rospisi Afrasiaba: noviye otkrytiya, kotorym chetvert' veka - Tsentral'naya Aziya. Istochniki, istoriya, kul'tura", in *Tezisy dokladov konferentsii*, ed. by T.K. Mkrtychev, Moscow, 2003, pp.18-21.

[3]　详见 Irina Arzhantseva, Olga Inevatkina, "Afrasiab wall-paintings revisited: new discoveries twenty-five years old", in *Rivista degli studi orientali, Nuova Serie, Vol.78, Suppl. No.1: Royal Naurūz in Samarkand: Proceedings of the Conference Held in Venice on the Pre-islamic Paintings at Afrasiab (2006)*, Roma, pp. 185-211.

d'Afrasiab），开展对大使厅壁画的保护和重新描摹以及复原工作。

2000—2006 年，研究大使厅壁画的学者又掀起了新一轮的讨论热潮。正是有了这些讨论，我们的研究才有了坚实的基础。

我们对大使厅壁画的正式研究始于 2015 年。在对大使厅四个壁面的壁画内容逐一检讨后，我们从图像元素的辨析入手，置于整个内亚的政治文化传统中重新理解壁画，得出了自己的认识。

本研究为北京大学"丝绸之路重大考古发掘与丝路文明传承"重大项目子课题。在本书的写作过程中，陈婧修、陈福友、李宝平、党宝海、张小贵、林立、王诗雨、董汝洋、白嘎力诸友不遗余力帮助提供线索，高峰、蒋子谦、郭美玲、贺逸云帮助核对其中若干资料，使我们得以免去诸多查稽之劳。本书的主要部分曾分别在《考古学研究》《美术研究》和《故宫博物院院刊》刊出，文物出版社谷雨、李飏女史为本书的出版做了细致入微的工作。此上都是我们要特别感谢的。

需要说明的是，为了保持原文叙述上的整体性，本书基本保留四壁诸文发表时的原貌，只是或补订，或修正了原文的若干表达。同时，对不同壁面行文中的重复之处也尽可能做了调整。

结论正确与否，敬请专家、读者不吝指教。

作者谨识

2020 年 12 月 21 日

彩版 1　大使厅北壁壁画

高 3.4 、宽 11.52 米，阿弗拉西阿卜博物馆，托斯腾·格雷夫（Thorsten Greve）摄

https：//sogdians.si.edu/afrasiab-mural-paintings /.

彩版 2-1　大使厅东壁壁画北侧

高 3.4 、宽 11.52 米，阿弗拉西阿卜博物馆，托斯腾·格雷夫摄

https：//sogdians.si.edu/afrasiab-mural-paintings /.

彩版 2-2　大使厅东壁壁画南侧

高 3.4 、宽 11.52 米，阿弗拉西阿卜博物馆，托斯腾·格雷夫斯摄
https：//sogdians.si.edu/afrasiab-mural-paintings /.

彩版 3　大使厅南壁壁画

高 3.4 、宽 11.52 米，阿弗拉西阿卜博物馆，托斯腾·格雷夫摄

https：//sogdians.si.edu/afrasiab-mural-paintings/.

彩版 4　大使厅西壁壁画

高 3.4 、宽 11.52 米，阿弗拉西阿卜博物馆，托斯腾·格雷夫摄

https：//sogdians.si.edu/afrasiab-mural-paintings/.

目　录

Contents

图表目录

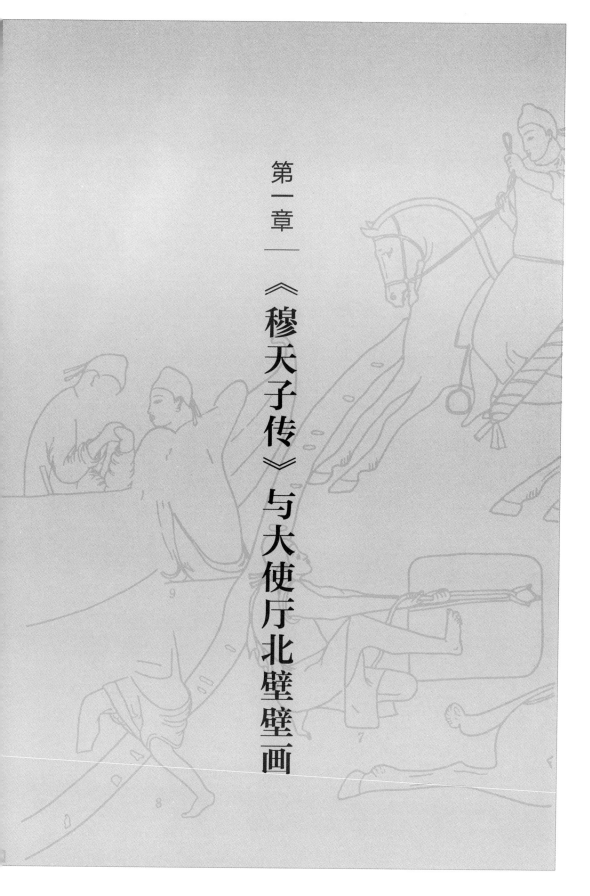

第一章 《穆天子传》与大使厅北壁壁画

撒马尔罕阿弗拉西阿卜（Afrasiab）23号遗址的大使厅（编号R23/1）壁画
（图1-1、图1-2）发现后，一直受到国际粟特学界的关注[1]。大使厅四面墙
体壁画，除了东壁残缺较多外，其余三面保存尚可，其内容今分别被勘定为：
南壁——粟特王波斯新年出行图，北壁——唐高宗猎豹和武则天龙舟图，西
壁——突厥武士和各国使臣宴饮图，东壁——印度场景图（图1-3）。何国城

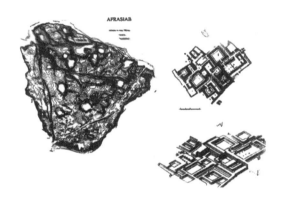

图1-1 撒马尔罕古城"拂呼缦宫殿"复原图（Kh. G. 阿昆巴巴耶夫绘）

〔意〕康马泰：《唐风吹拂撒马尔罕：粟特艺术与中国、波斯、印度、拜占庭》，毛铭译，桂林：漓江
出版社，2016年，第9页上图。

---

[1] L. I. Al'baum, *Zhivopis' Afrasiaba (Painting from Afrasiab),* Tashkent, 1975; A. M. Belenitskii and
B. I. Marshak, "The Paintings of Sogdiana", G. Azarpay, *Sogdian Painting. The pictorial epic in
Oriental art*, with Contributions by A. M. Belenitskii, B. I. Maršak and M. J. Dresden, Berkeley · Los
Angeles · London: University of California Press,1981; M. Mode, *Sogdien und die Herrscher der Welt.
Türken, Sasaniden und Chinesen in Historiengemälden des 7. Jahrhunderts n. Chr. Aus Alt–Samarqand
[=Europäische Hochschulschriften. Reihe XXVII. Kunstgeschichte, Bd. 162],* Frankfurt a. M. (u. a.), 1993.

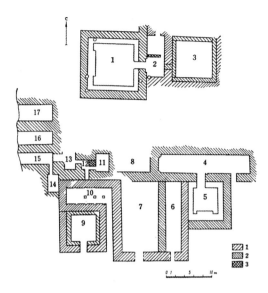

图 1-2   大使厅在发掘中心区位置图

〔苏联〕L. I. アリバウム著，加藤九祚訳《古代サマルカンドの壁画》，東京：
文化出版局，1980 年，58 ページ図 3。按，编号 1 为大使厅。

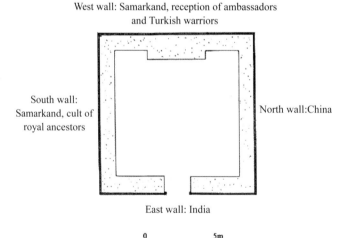

West wall: Samarkand, reception of ambassadors
and Turkish warriors

South wall:
Samarkand, cult of
royal ancestors

North wall:China

East wall: India

图 1-3   大使厅四壁壁画归属示意图（F. 欧里绘）

F. Grenet, "The 7th -century AD 'Ambassadors' painting' at Samarkand, Mural Paintings and the Silk Road,
Cultural Exchanges Between East and West", in *Proceedings of the 29th Annual International Symposium on the
Conservation and Restoration of Cultural Property*, National Research Institute for Cultural Properties, Tokyo,
Jan. 2006, p.19 fig.14.

楼北壁绘华夏天子，西壁画波斯、拂菻诸国王，东壁则画突厥、婆罗门诸国王的记载[1]，是相关研究将大使厅四壁壁画归属四国的重要依据。

对目前大使厅壁画的研究结论，意大利学者起了至关重要的作用。在 B. I. 马尔萨克（B. I. Marshak）注意到大使厅南壁画面是表现粟特祆教徒的祭祖丧葬出行图之前，C. S. 安东尼尼 (Chiara Silvi Antonini) 认为大使厅四壁壁画表现波斯诺鲁孜新年的庆贺场面[2]。之后，M. 康马泰（Matteo Compareti）和 S. 克里斯托弗拉提（S. Cristoforetti）对新年做了进一步的诠释，认为北壁唐朝墙画面表现唐朝的端午节（图 1-4），且南壁粟特墙和北壁唐朝墙画面之间存在潜在的关联，以及二者在天文历法日期上同步[3]。在此基础上，运用历法推算，F. 葛乐耐（F. Grenet）认为大使厅壁画是公元 658 年康国附属唐朝后所绘，而公元 660 年或者 663 年是大使厅创作年份的最佳答案[4]。

德国学者 M. 莫德（M. Mode）则倾向于认为大使厅北壁壁画所绘船上的人是一位侍女相伴的中国公主。他将这一场景指定为一个真实的事件——西突厥射匮可汗（qaghan Shekui）一次成功的联姻。公元 646 年，他向唐高宗派遣了一名使者，同年，这次联姻获得了成功[5]。

在 M. 康马泰和 F. 葛乐耐（图 1-5）的解释中，皆视大使厅北壁壁画内容

[1] 〔唐〕杜佑：《通典》卷一九三《何国》，王文锦等点校，北京：中华书局，1988 年，第 5257 页。《新唐书》卷一六四下《西域下》亦载粟特何国城左重楼北绘中华古帝、东突厥、婆罗门、西波斯、拂菻等诸王。详见〔宋〕宋祁、欧阳修：《新唐书》，北京：中华书局，1975 年，第 6247 页。

[2] Chiara Silvi Antonini, "The Paintings in the Palace of Asfrasiab (Samarkand)", in *Rivista degli studi orientali,* Vol. 63, Fasc. 1/3 (1989), pp. 109–144.

[3] M. Compareti, S. Cristoforetti, "Proposal for a New Interpretation of the Northern Wall of the 《Hall of the Ambassadors》 at Afrasyab", in *Central Asia from the Achaemenids to the Timurids: Archaeology, History, Ethnology, Culture. Materials of an International Scientific Conference Dedicated to the Centenary of Aleksandr Markovich Belenitsky,* ed. by V. P.Nikonorov, St. Petersburg, 2005, pp.215–220.

[4] 相关研究史的梳理，可参如下论著的相关章节：〔俄〕马尔萨克：《突厥人、粟特人与娜娜女神》，毛铭译，桂林：漓江出版社，2016 年，第 50 ～ 70 页；〔法〕葛乐耐：《驶向撒马尔罕的金色旅程》，毛铭译，桂林：漓江出版社，2016 年，第 7 ～ 16、22 ～ 39 页；〔意〕康马泰：《唐风吹拂撒马尔罕：粟特艺术与中国、波斯、印度、拜占庭》，毛铭译，桂林：漓江出版社，2016 年，第 3 ～ 17、85 ～ 95 页。

[5] M. Mode, *Sogdien und die Herrscher der Welt, Türken, Sasaniden und Chinesen in Historiengemälden des 7. Hahrhunderts n. Chr. Aus Alt-Samarqand [=Europäische Hochschulschriften. Reihe. XXVII. Kunstgeschichte. Bd. 162],* p.49, pp.79–81.

图 1-4　大使厅北壁壁画残存图像轮廓线描

"INTRODUCTORY PLATES", *in Rivista degli studi orientali, Nuova Serie, Vol.78, Suppl. No.1: Royal Naurūz in Samarkand: Proceedings of the Conference Held in Venice on the Pre-islamic Paintings at Afrasiab (2006),* Roma, p.27, Pl.5. 图中序号为 L. I. 阿尔鲍姆所编。

图 1-5　大使厅北壁壁画线图（F. 欧里复原）

F. Grenet, M. Samibaev, «*Hall of the Ambassadors» in the Museum of Afrasiab (middle of the VIIth Century),* Samarkand, 2002, pp.6-7.

为唐朝的端午节场景，绘有乘坐舟船的唐朝皇后和猎豹的皇帝形象。其中壁面右侧最高大的人物形象是典型波斯式的英雄或国王猎兽的构图，但该人物穿戴幞头，表明是位汉人。壁面左侧有一条船，船中央立一高大女性，其旁环以侍女。依据 M. 康马泰、F. 葛乐耐等学者关于壁画时代的推定，北壁所绘帝后应即唐高宗李治和武后武则天的画像。此论该无疑议。不过，唐朝端午节情景为何？为何该壁面选择以如此构图表现唐王朝帝后，其意何在？惜已有研究未曾深措。本章拟对此加以考察。

一、壁画内容

M. 康马泰是这么描述大使厅北壁壁画内容的：

> 大使厅北壁所画的是盛唐气象，壁面由垂直水面分成两部分；左半边是湖水，龙舟上乘坐着巨大尺寸的武则天，伴随着宫女，正在向水中投掷粽子，吸引鱼群；右半边是巨大尺寸的唐高宗，正带着随从在上林苑猎豹，人马杂沓，人物清一色是男性。……
>
> 水中游动的鱼群，龙舟下有浮沉的怪兽，一群打着旋儿的游鱼正围着皇后在水中喋喋吃食。左边是一条蛇，想吃青蛙。鱼集在一起在咬东西，有荷叶和荷花、鸭子，还有其他的水鸟。在鱼群上方、龙舟右侧，还有两条鱼也在进食。尾随皇后的第二条小船上有三个男侍从，第四人正涉水而来，将要登舟。画面下方还有两位赤身裹着围腰布，发髻绾起，正半身浸在水里的人。前一位手持小棍正在水中搜寻，后一位牵着两匹马涉水朝皇后龙舟方向。男侍从乘坐的小船，船头不是龙的形象，据推测只是为皇后运送随从的舟船而已。两个围腰布的侍从搜寻水面，大概是为了让凫水的马匹不受水中生物惊扰。有个随从努力扛着包裹，右脚用力，那是皇后随从，正在为端午节庆典准备物品。也许龙舟上并不携带辎重，因为船舱空间浅窄。这些侍从的形象细节，在历代端午节庆祝中都从未出现过。因此，大使厅北壁壁画重现了端午节在盛唐时候的场景，这对于汉学家而言特别

1   2

图 1-6　大使厅北壁壁画左侧摹本及线图

〔苏联〕L. I. アリバウム著，加藤九祚訳《古代サマルカンドの壁画》，42 ページ図 38、106 ページ図 21。

有价值；而在中国本土，并没有一件描绘端午节的唐代艺术品存世。[1]

上述大致描述了北壁壁画的内容，但它忽视了极为重要的元素，即对所谓龙舟上宫女（图 1-6）的描述。在船尾的宫女为掌舵者，其右侧为两女乐伎，斜抱玄琴于前，手持阮咸者在后；其他宫女则基本上面朝中心人物（武则天），在仪态上与后者呈互动状，颇为传神生动。

从画面上看，左侧只有两艘船只，其中一艘尚未出发。综合视之，该画面并没有表现竞渡的场面，亦即左侧场景尚不足以推断为端午节[2]。但是，至少可以确定，该画面表现的是武则天出行的场景。左侧画面中的右侧船只，似是

---

[1] 〔意〕康马泰、克里斯托弗拉提：《撒马尔罕大使厅壁画上的唐代端午节》，毛铭译，〔意〕康马泰：《唐风吹拂撒马尔罕：粟特艺术与中国、波斯、印度、拜占庭》，第 9、11 页；M. Compareti, S. Cristoforetti, "Proposal for a New Interpretation of the Northern Wall of the 《Hall of the Ambassadors》at Afrasyab", in *Central Asia from the Achaemenids to the Timurids: Archaeology, History, Ethnology, Culture. Materials of an International Scientific Conference Dedicated to the Centenary of Aleksandr Markovich Belenitsky*, ed. by V. P.Nikonorov, pp.215–220.

[2] 按，据考，"端午"作为五月节专名始见于唐代。更确切地说，大约是在盛唐时期。而此前则有"端五"等名称。详见张勃：《唐代节日研究》，北京：中国社会科学出版社，2013 年，第 374～384 页。

1. 大使厅北壁壁画左侧之"备船图"（上）　　2. 大使厅北壁壁画左侧之"备船图"（下）

图 1-7　大使厅北壁壁画左侧之"备船图"

〔苏联〕L. I. アリバウム著，加藤九祚訳《古代サマルカンドの壁画》，105 ページ図 20、104 ページ図 19。

准备"出行"之意[1]，岸上有一跷足马夫在捆扎马鞍上的鞍袋[2]（图 1-7）。

　　大使厅北壁左侧画面上点缀的鱼、荷叶和荷花、鸭子，以及水鸟给幼鸟喂食，应是表现一种祥和的气氛。在中古中国粟特裔石葬具图像上，便使用水中的鱼、鸭、莲花，表示一种祥和、宁静自然的和谐氛围，且在表现神祇或者祆教中界的空间中多有之[3]。这又从另一个角度表明该画面并非龙舟竞渡之场景。

---

[1]　按，关于该壁画局部内容的考辨，详见本书第五章"大使厅壁画何以如此？"，本章暂称之"备船"。

[2]　毛铭：《唐高宗猎豹与武则天龙舟——解读撒马尔罕大使厅壁画》，周天游主编《丝路回音：第三届曲江壁画论坛论文集》，北京：文物出版社，2020 年，第 178 页。

[3]　沈睿文：《吉美博物馆所藏石重床的几点思考》，张小贵、王媛媛主编《三夷教研究——林悟殊先生古稀纪念论文集》，兰州大学出版社，2014 年，第 466 ～ 469 页；后收入所撰《中古中国祆教信仰与丧葬》，上海古籍出版社，2019 年，第 86 ～ 87 页。

1. 大使厅北壁壁画右侧线图

2. 唐高宗猎豹图摹本

3. 唐高宗猎豹图线图

图 1-8　大使厅北壁壁画右侧

〔苏联〕L. I. アリバウム著，加藤九祚訳《古代サマルカンドの壁画》，101 ページ図 16 改制、39 ページ図 35、101 ページ図 16a。

　　大使厅北壁壁画右侧绘有猎豹的唐朝皇帝形象，即其中最高大的人物（图 1-8）。毋庸赘言，用猎兽的画面来表现唐高宗，是借用了典型的波斯王者的表现形式[1]（图 1-9、图 1-10、图 1-11）。

---

[1]　张庆捷：《虞弘墓石椁图像中的波斯文化因素》，叶奕良主编《伊朗学在中国论文集》第 3 集，北京大学出版社，2003 年，第 237～255 页；张庆捷：《胡商 胡腾舞与入华中亚人——解读虞弘墓》，太原：山西出版集团·北岳文艺出版社，2010 年，第 119～126 页；齐东方：《虞弘墓人兽搏斗图像及其文化属性》，《文物》2006 年第 8 期，第 78～84 页。

图 1-9　沙普尔二世搏杀狮子纹萨珊银盘

東京国立博物館、大阪市立美術館、日本経済新聞社編集《シルクロードの遺宝―古代・中世の東西文化交流一》，東京：日本経済新聞社，1985 年，図 74。

图 1-10　萨珊波斯王朝巴赫兰五世鎏金银盘
（美国大都会博物馆藏）

Prudence Oliver Harper, *The Royal Hunter*, The Asia Society, Inc., 1978, No.12, p.48.

　　在北壁壁画左侧，如上所述，莲花、鸭子以及喂食的水鸟等意在营造画面祥和的氛围，则所谓龙舟及其下水中的卷尾怪兽便构成左侧画面的主体。作为同一壁面的绘画，左半部龙舟的构图应该也是来源于波斯，即西亚地区。西方古代航海图中都绘有神秘的海怪，如海蛇或鲸鱼等，海船和海怪构成了航海图的主体。在西亚地区，这种构图出现得更早。公元前 2500 年，地中海东岸（今叙利亚和黎巴嫩）的腓尼基人所用硬币上的图案便已有这样的构图（图 1-12）。狮形的长条战船在上，船首"冲角"为狮首，船腹之下的海洋中有一怪兽。该怪兽带翅，尾部开叉，躯干和尾部扭转。这成为该地区相关主题的构图传统，至迟到公元 16 世纪的西方航海图仍是这样的内容和构图。足见其传统之积淀。值得注意的是，正是植根于西亚地区古老的传统，这种构图也影响了其他宗教的艺术表现形式，如著名的约拿故事构图（图 1-13）。无疑地，北壁壁画左侧的构图同样也与西亚地区的该传统一脉相承。但是，如果结合当时中亚的政治态势，恐难轻易排除大使厅北壁左侧主体构图与约拿构图的直接关联。

图 1-11 人物骑骆驼纹萨珊银盘

東京国立博物館:《スキタイとシルクロード》,東京:日本経済新聞社,1969年,图91。

图 1-12 腓尼基硬币(贝鲁特国家博物馆藏)

李庆新:《海上丝绸之路》,合肥:黄山书社,2016年,第5页上图左图。

图 1-13 约拿石棺(大英博物馆藏)

吕章申主编《大英博物馆展览:100件文物中的世界史》,北京时代华文书局,2017年,第114页图042。

　　约拿故事的图像叙事要以约拿图像石棺（约 260—300 年）最为著名，该石棺发现于英国萨默塞特埃利敏斯特，是基督教在罗马地区盛行时带有非常强烈的基督教符号和题材的棺材。浮雕取材于基督教的约拿故事。该故事是犹太教、基督教和伊斯兰教共享的传统资源，出现在《旧约》和《古兰经》中，在赎罪日被犹太人诵读。这件罗马时期的石棺可能是为基督徒专门制作的，角上雕刻的羊羔或许代表了"上帝的羔羊"，其在《圣经》中通常指代耶稣。这件石棺约在公元 18 世纪被运到英格兰并被钻出几个孔洞，或许用作喷泉的构件。

　　约拿做先知是在耶罗波安第二作王之前，后来耶罗波安第二作王颇有建树，且照约拿先知之预言，收回一些失城，但强悍的亚述帝国仍构成威胁。因此先知接到上帝（即神）的命令，要到尼尼微城传警告。尽管期间费尽周折，但最后在上帝的管教下，约拿最终顺服了神的旨意，前往尼尼微宣告神谕，而后者的百姓和牲畜都在神面前禁食悔改，即便是国王也下了宝座，脱了王袍，谦卑地在神前祷告。因尼尼微人出乎意料地悔改蒙恩，尼尼微城终于得救。这个故事或可隐喻当时粟特地区的政治局势。

　　大使厅创作之际，正是中亚历史上几大政治力量微妙消长的时期。对此，F. 葛乐耐分析：最后一个真正掌控粟特的突厥可汗是咄禄可汗，他于公元 642 年继位，但因突厥内乱，九部很快分崩离析。之后史国国王维旭匹尔统一撒马尔罕地区，第一次给自己冠以皇家头衔"伊吉希德"，当时撒马尔罕的铜钱都铸有"麦里克"字样，意为国王。此举明显是表明粟特地区已经摆脱西突厥汗国的统治。拂呼缦（Varkhuman）是维旭匹尔的第二位继承者。公元 658 年，唐朝彻底击败突厥可汗阿史那贺鲁，将粟特九姓国并入大唐版图，称为"康居都督府"。同年，唐高宗派遣使臣董寄生前来加封撒马尔罕城主拂呼缦为粟特九姓之王；公元 662 年，唐朝另一使臣王名远则把唐帝国的旨意传到粟特以南的大夏地区 [1]。唐龙朔元年（661 年），以陇州南由令王名远为吐火罗道置州县使，自于阗以西，波斯以东，凡十六国，以其王都为都督府，以其属部为州

---

[1] 〔法〕葛乐耐：《撒马尔罕大使厅壁画都说了什么？》，毛铭译，所撰《驶向撒马尔罕的金色旅程》，第 35 页。

县。凡州八十八，县百一十，军、府百二十六[1]。

公元 658 年，唐朝灭西突厥汗国，战争甫过，力行仁政。天山南北，西尽波斯，西域诸族诸国款塞内属，成为大唐帝国的都督府州县，仍保持其原有之生产生活方式，并拥有自己的军队以自卫[2]。中亚的形势完全改变，唐朝成为粟特诸国新的宗主国，并且在粟特地区建立羁縻州府。唐永徽时期，由于大食的入侵，波斯、米国、康国都曾遣使入唐请求庇护与援助[3]。可见，唐朝灭西突厥汗国这一事件就足以让粟特人将唐朝的二圣视为如同奉了神谕解救尼尼微人的约拿。亦即，这可能就是将唐朝的武则天置于舟船之上，采用约拿石棺式构图的一个原因。

那么，当时中亚是否存在约拿石棺式构图影响粟特绘画的可能性呢？碎叶是中亚地区景教东传的重要据点，城内的景教遗迹非常丰富。碎叶发现的景教房址与吐鲁番地区的景教寺庙房址，以及伦敦大学在阿拉伯半岛挖掘的一座景教房址的基址图别无二致[4]。在基督教向东方传播的过程中，粟特人无疑起了很大的作用，在撒马尔罕设有府主教，在布哈拉、塔什干设有主教。西藏景教的传教中心仍是粟特人。在公元 6 至 8 世纪，在索格底亚那地区，摩尼教、景教教徒比率与过去的祆教徒相比增大了，粟特人还将景教、摩尼教传入吐蕃地区[5]。索格底亚那地区景教发展可见一斑，既然有景寺的存在，那该地区自然便存在约拿故事题材的绘画。

---

[1] 〔宋〕宋祁、欧阳修：《新唐书》卷四三《地理志七下》，第 1135 页。

[2] 王永兴：《唐代前期军事史略论稿》，北京：昆仑出版社，2003 年，第 294 页。

[3] 《册府元龟》卷九九五《外臣部·交侵》记载："〔永徽〕五年（654 年）五月，大食引兵击波斯及米国，皆破之。波斯五（王）伊嗣侯为大食兵所杀，伊嗣侯之子卑路期走投吐火罗，遣使来告难。上以路远不能救之。寻而大食兵退。吐火罗遣兵援立之而还。"（〔宋〕王钦若等编《册府元龟》，北京：中华书局影印本，1960 年，第 11686 页下栏）《唐会要》卷九九《康国》记载："永徽中，其国频遣使，告为大食所攻，兼征赋税。"详见〔宋〕王溥撰，牛继清校证《唐会要校证》，西安：三秦出版社，2012 年，第 1519 页。

[4] 陈怀宇：《高昌回鹘景教研究》，季羡林主编《敦煌吐鲁番研究》第四卷，北京大学出版社，1999 年，第 170～172 页。

[5] 〔日〕森安孝夫：《中亚史中的西藏——吐蕃在世界史中所居地位之展望》，钟美珠、俊谋译，《西藏研究》1987 年第 4 期，第 117～118 页。

从已发现的中古中国粟特裔的丧葬艺术来看，其祆教、佛教、景教艺术表现之间存在互融、共通的情况[1]，并非只是"将佛似祆"而已。不同宗教间神格、图像的混融、借用，一直存在于西亚、中亚的历史进程中。所以，大使厅借用景教约拿题材的绘画表现来展示武则天也并非不可能。

二、龙浮与狩猎

唐永徽六年（655 年），唐高宗废王皇后而立武宸妃为皇后。上元元年（674 年），高宗称天皇，武后亦称天后。天后素多智计，兼涉文史。高宗自显庆以后，多苦风疾，百司表奏，皆委天后详决。自此内辅国政数十年。麟德元年（664 年）十二月丙戌，宰相上官仪下狱。据《资治通鉴》记载：

> 自是上（高宗）每视事，则〔武〕后垂帘于后，政无大小，皆与闻之。天下大权，悉归中宫，黜陟、杀生，决于其口，天子拱手而已，中外谓之"二圣"。[2]

这就是唐代历史上著名的二圣临朝，从此武则天在群臣面前树立了和唐高宗并尊的地位。

对于并称"二圣"的武则天与唐高宗，后者已用西亚惯用的国王狩猎的场景来表现其帝王身份，那么如何通过图像来表现武则天[3]（图 1-14）的政治身份呢？此与乘坐舟船又有何关联呢？

---

[1] 沈睿文：《中古中国粟特裔石葬具综论》，吕章申主编《近藏集粹：中国国家博物馆新入藏文物》，北京时代华文书局，2016 年，第 43 页；后收入所撰《中古中国祆教信仰与丧葬》，第 10 页。

[2] 〔宋〕司马光：《资治通鉴》卷二〇一，北京：中华书局，1956 年，第 6342～6343 页。

[3] 按，这是目前所知中国境外最早的唐高宗和武则天的画像。另，在公元 14 世纪初成书的波斯拉施特《史集·中国史》也绘有唐高宗和武则天的画像。可参见王一丹：《波斯拉施特〈史集·中国史〉研究与文本翻译》，北京：昆仑出版社，2006 年，第 170 页。此承北京大学历史系党宝海教授见教，谨致谢忱。

图 1-14　大使厅北壁壁画鸟
舟上的武则天

〔苏联〕L. I. アリバウム著，加藤
九祚訳《古代サマルカンドの壁画》，
43 ページ図 39。

　　据已有研究，端午民俗之舟分为竞渡之舟与非竞渡之舟两大类。竞渡之舟
早期是鸟舟形制而非龙舟。鸟舟竞渡自先秦至唐代，绵延千年。南宋开始的龙
舟竞渡，形成了广泛的文化认同。而民间存留的鸟舟竞渡，以凤舟竞渡的称谓
继续传承，凤舟竞渡是比龙舟竞渡更加古老的端午文化传统。端午之舟还包括
非竞渡之舟，含载灵之舟与表演之舟两大类[1]。

　　最初的可能与龙舟相关的文字见载于《穆天子传》，该书卷五载：

　　　　天子乘鸟舟龙卒（萃）浮于大沼。

　　　　郭璞注："龙下有舟字。舟皆以龙鸟为形制。今吴之青雀舫，此其遗
制者。"[2]

---

[1]　田兆元：《论端午节俗与民俗舟船的谱系》，《社会科学家》2016 年第 4 期，第 7 ~ 13 页。

[2]　〔晋〕郭璞注《穆天子传》，《穆天子传·神异经·十洲记·博物志》，上海古籍出版社，1990 年，
　　第 16 页上栏。按，《九歌·湘君》中"驾飞龙今北征，遭吾道兮洞庭"，"石濑浅浅，飞龙兮翩翩"，
　　或以为此"飞龙"即龙舟。但从《洛神赋图》以及此类构图的"云车出行"来看，此"飞龙"指的
　　是以龙或马为云车的主要动力。之所以用马，缘于古人以马为龙。可见"飞龙"并非指龙舟。

图 1-15　南越国文帝陵出土的提筒器腹中部的鸟舟纹饰

李庆新：《海上丝绸之路》，第 23 页图。

对于这段文字，郭璞认为"龙"字下面还有一个"舟"字，即天子乘坐龙舟鸟舟。但一人不能同时踏上两条船。因此，这段文字指的是鸟舟像龙一样漂浮在大沼上。但无论是鸟形还是龙形，也都不是后来意义上的龙舟，因为这个舟船不是用来比赛的，而是乘坐的。从先秦（图 1-15）到唐代，端午竞渡都是鸟舟竞渡。从南宋开始，端午竞渡才变成龙舟竞渡（图 1-16）。综合《穆天子传》和《荆

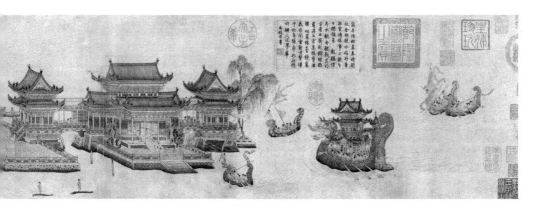

图 1-16 〔元〕王振鹏《龙池竞渡图》及局部（台北故宫博物院藏）

http://yingbishufa.eshufa.com/sfzx/huihua/wangzhenpeng001.jpg.

楚岁时记》[1] 等文献，可知现在所谓的"龙舟"原来叫"鸟舟"，对竞渡时的舟船，早期没有谁叫过"龙舟"。南朝时期人们开始用"鸟舟"竞渡，是取鸟飞之速。吴越之地本来就不是用龙舟来竞渡的，而是用鸟舟来竞渡[2]。

唐诗中关于龙舟的叙事，大多数是咏叹隋炀帝龙舟误国的事情，几乎与竞渡和端午节无关。唐人心中的龙舟，简直就是荒淫误国之形象。龙舟与竞渡是没有交集的两个概念。唐代关于竞渡的诗歌描述，也没有见到龙舟，只有彩船，反倒是鸟舟依然，如"分曹戏鹢舟"[3]。

"分曹戏鹢舟"语出唐李怀远《凝碧池侍宴看竞渡应制》诗[4]。鹢，是一种似鹭的水鸟。头上画着鹢的船，亦泛指船。《淮南子·本经训》云："龙舟鹢首，浮吹以娱。"高诱注："鹢，大鸟也。画其像著船头，故曰鹢首。于舟中吹籁与竽以为乐，故曰浮吹以娱。"[5] 后以"画鹢"为船的别称。南朝陈张正见《泛舟横大江》诗云："波中画鹢涌，帆上锦花飞。"[6] 唐温庭筠《昆明治水战词》有云："滇池海浦俱喧豗，青翰画鹢相次来。"[7]

可见，大使厅北壁壁画左侧的龙舟表现的是唐朝的风俗，该舟船正是鹢首（图1-17），而非龙，自然也不是采用中亚的鹰嘴狮身格里芬的形象（图1-18）来代替龙[8]。

至此可知，在总体上，大使厅北壁壁画左侧内容巧妙地采用《穆天子传》

---

[1] 按，在《荆楚岁时记》及其注文中有集中的表述："是日竞渡，采杂药。按：五月五日竞渡，俗为屈原投汨罗日，伤其死所，故并命舟楫以拯之。舸舟取其轻利，谓之飞凫，一自以为水车，一自以为水马。州将及土人，悉临水而观之，盖越人以舟为车，以楫为马也。邯郸淳曹娥碑云：'五月五日，时迎伍君，逆涛而上，为水所淹，斯乃东吴之俗，事在子胥，不关屈平也。'越地传云：'起于越王勾践。'不可详矣。是日竞采杂药，夏小正云：'此日蓄药，以蠲除毒气。'"此详见王毓荣：《荆楚岁时记校注》，台北：文津出版社，1988年，第163页。

[2] 田兆元：《论端午节俗与民俗舟船的谱系》，《社会科学家》2016年第4期，第8～9页。

[3] 田兆元：《鸟舟竞渡》，《光明日报》2015年6月22日第8版。

[4] 〔清〕彭定求编《全唐诗》卷四六，北京：中华书局，1960年，第558页。

[5] 刘文典：《淮南鸿烈集解》，冯逸、乔华点校，北京：中华书局，2013年，第315页。

[6] 逯钦立辑校《先秦汉魏晋南北朝诗·陈诗》卷二，北京：中华书局，1983年，第2481页。

[7] 刘学锴：《温庭筠全集校注》，北京：中华书局，2003年，第107页，第109页注10、11。

[8] 〔意〕康马泰、克里斯托弗拉编：《撒马尔罕大使厅壁画上的唐代端午节》，毛铭译，〔意〕康马泰：《唐风吹拂撒马尔罕：粟特艺术与中国、波斯、印度、拜占庭》，第12页。

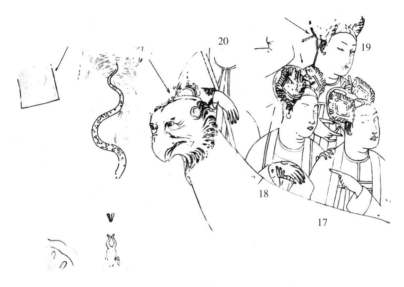

图1-17 大使厅北壁壁画鸟舟鹢首局部线图

Irina Arzhantseva, Olga Inevatkina, "Afrasiab wall-paintings revisited: new discoveries twenty-five years old", in *Rivista degli studi orientali, Nuova Serie, Vol.78, Suppl. No.1: Royal Naurūz in Samarkand: Proceedings of the Conference Held in Venice on the Pre-islamic Paintings at Afrasiab (2006)*, Roma, p.203fig.9.

图1-18 阿富汗吐哈特－伊－沙金遗址出土的带格里芬的剑柄（公元前1世纪）

〔意〕康马泰：《唐风吹拂撒马尔罕：粟特艺术与中国、波斯、印度、拜占庭》，毛铭译，第12页右图。

中描述的西征的穆天子乘坐鸟舟龙浮大泽的典故来表现乘船主角的天后身份[1]；而在龙舟内容的表达上同样准确地使用了汉地文献《淮南子·本经训》所云"龙舟鹢首，浮吹以娱"。若据《穆天子传》的记载，鸟舟上乐伎所奏应是广乐。《穆天子传》卷二载：

> 庚戌，天子西征，至于玄池。天子三日休于玄池之上，乃奏广乐，三日而终，是曰乐池。天子乃树之竹，是曰竹林。癸丑，天子乃遂西征。[2]

若置于唐朝灭西突厥，成为粟特诸国新宗主国的中亚新局势下，可知结合上引《穆天子传》卷五、卷二的记载，才共同构成大使厅北壁壁画西侧所要营造的意象。即，唐朝灭西突厥后，给粟特地区带来安宁升平的社会景象。

如此，我们不妨再进一步结合《穆天子传》的记载，重新审视大使厅北壁壁画。该壁壁画自右而左为：唐高宗狩猎（猎豹）、"备船出发"、天后鸟舟[3]龙浮大泽。《穆天子传》中多处载有穆天子狩猎，其卷五载：

> 天子四日休于濩泽，于是射鸟猎兽。……见许男于洧上。……是日也，天子饮许男于洧上。……许男不敢辞，升坐于出尊。乃用宴乐，天子赐许男骏马十六。……及暮，天子遣许男归。癸亥，天子乘鸟舟龙卒（萃）浮于大沼。夏庚午，天子饮于洧上，乃遣祭父如圃郑，用□诸侯。[4]

---

[1] 黄桢认为"龙舟上的天子"是中原历史记忆里反复出现的帝王形象（详见黄桢：《龙舟上的北魏皇帝》，叶炜主编《唐研究》第25卷，北京大学出版社，2020年，第417页）。实际上，该意象正是源自《穆天子传》所载"天子乘鸟舟龙卒（萃）浮于大沼"。不仅北魏统治者如此，辽朝、元朝的统治者也频有此举。

[2] 〔晋〕郭璞注《穆天子传》，第9页上栏～第9页下栏。

[3] 按，游红霞、田兆元认为"鸟舟"是"凤舟"的早期形态。清代《小方壶斋舆地丛钞·九·粤囊》中记录了"龙舟"和"凤船"两种形式的舟楫："龙舟以吊大夫，凤船以奉天后，皆以五日为胜会。"（详见游红霞、田兆元：《凤舟的民俗叙事与文化建构——以湖北洪湖的凤舟文化为例》，《长江大学学报》（社科版）2016年第10期，第13页）故大使厅北壁绘画西侧恐即凤舟（船）。

[4] 〔晋〕郭璞注《穆天子传》，第15页下栏～第16页上栏。

结合该文献，不能排除大使厅北壁壁画存在这种可能性：即，将穆天子狩猎和龙浮大泽的两个行为分别由唐高宗和武则天来担当主角。

《穆天子传》以日月为序，详细记载了周穆王驾八骏西巡天下，会见西王母的故事。周穆王西行路线大致是这样的：由周朝都城洛阳出发，渡过河南漳水，北上井陉，越过太行山，沿滹沱河西北行至今内蒙古，经由河套折而向西，经过青、甘边界，渡黄河至乐都、西宁，然后经大积石山上溯黄河之源，西行进入新疆，经由和田西南之昆仑山，而至于西王母之邦——今帕米尔地区，又沿叶尔羌河北，到巴基斯坦的瓦罕。也有人认为曾到达中亚锡尔河附近，并抵达欧洲大平原（或以为是吉尔吉斯草原），最后回到喀什，然后东归[1]；回国时走天山南路。它很可能说明远在张骞通西域以前，中国内地和中亚之间就已有册封朝贡的体系。由此可见，《穆天子传》最适合来表达此刻唐王朝与粟特地区政权之间的关系。

唐朝文献《北堂书钞》《艺文类聚》以及《初学记》等类书都摘录有《穆天子传》的相关掌故，其中《初学记》是唐玄宗时期官修类书。上引《穆天子传》卷二的记载，《艺文类聚》卷九、卷四一、卷八九亦都有摘录，这说明唐朝朝野是熟谙此事的。在画马名家辈出的唐代，源自周穆王与西王母会面的《八骏图》的神话与历史意义被充分地发掘出来，成为诗人和文人们热衷于歌咏和借以发挥的题材[2]。如，唐德宗时期，画家诗人仍用周穆王以八骏西巡的掌故来比拟德宗幸蜀之史实[3]。

至此，大使厅北壁壁画与唐朝端午节无涉便可成定谳。

但是，能如此熟谙运用汉文化和当地文化因素，那该壁面是由何者来规划、绘制的？

唐显庆二年（657年）十一月，伊丽道行军大总管苏定方大破贺鲁于金牙山，

---

[1] 《山海经·穆天子传》，长沙：岳麓书社，1992年，第10页；陈良：《丝路史话》，兰州：甘肃人民出版社，1983年，第9页。

[2] 张长虹：《神话与历史——唐代〈八骏图〉研究》，《"特殊与一般——美术史论中的个案与问题"第五届全国高校美术史学年会会议论文集》，2011年10月，第308～315页。

[3] 陈寅恪：《陈寅恪集·元白诗笺证稿》第五章"新乐府·八骏图"，北京：生活·读书·新知三联书店，2001年，第239～240页。

尽收其所据之地，西域悉平。西尽波斯国，皆隶属安西大都护府[1]。唐朝军队中随行有各方面的伎巧之人。尽管历史文献对此鲜有记载，所幸仍有线索可循。如，中亚、阿拉伯世界造纸、纺织和绘画技术的发展与公元 751 年怛逻斯战役中的唐朝战俘有莫大关系。根据阿拉伯方面的记载，怛逻斯战役中，许多中国战俘中有造纸工匠，这些工匠在撒马尔罕建立了穆斯林世界的第一座纸坊。阿拉伯作家阿卜勒·法德勒·瓦斯吉尔迪说："〔怛逻斯战役〕穆斯林掳获甚丰，掳来的一些人的孩子们就是现在在撒马尔干制造上好纸张、各种兵器、各种工具的人。"[2] 此外，中晚唐蜀地藩镇使府出于政治需要和个人喜好，也延揽专精与兼擅丹青者，亦可为辅证[3]。

更有甚者，当时在境外便有来自唐朝的工匠。如，杜环便亲见阿拔斯朝都城库法（今伊拉克南部）有许多中国的技师："绫绢机杼，金银匠，画匠，汉匠起作；画者京兆人樊淑、刘泚；织络者，河东人乐隈、吕礼。"[4]

但是，大使厅壁画作为康国的重大工程，其北壁壁画应非普通的唐朝工匠所可为的，也不大可能是出自当时唐朝军队中的画家之手。

正如已经揭橥的那样，大使厅壁画的某些元素与唐朝存在密切关系。如，其东壁绘有卫士和东北亚使者，其中戴羽毛的人物，在敦煌壁画《维摩经变》中也有提及，可能是高句丽人、靺鞨人或者渤海人。上部披发坐着的人是突厥使者，最左边的突厥使者拄着两根手杖，它的构图方法与形象同章怀太子墓壁画（唐景云二年，711 年）中的胡人将领一致。而且，大使厅壁画上使臣所穿

[1] 刘统：《唐代羁縻府州研究》，西安：西北大学出版社，1998 年，第 43 ～ 47、126 ～ 127 页。

[2] 张广达：《海舶来天方　丝路通大食——中国与阿拉伯世界的历史联系的回顾》，所撰《张广达文集·文本　图像与文化流传》，桂林：广西师范大学出版社，2008 年，第 154 页。

[3] 王静：《中晚唐蜀地藩镇使府与绘画》，《艺术史研究》第 16 辑，广州：中山大学出版社，2014 年，第 257 ～ 282 页。

[4] 〔唐〕杜佑：《通典》卷一九三《大食》引《杜环经行记》，王文锦等点校，第 5280 页。

服装与新城公主墓壁画（唐龙朔三年，663 年）中的贵族女子服装非常接近 [1]。

《唐会要》卷三六 "修撰" 条载：

> 其年（唐显庆三年，658 年）五月九日，以西域平，遣使分往康国及吐火罗等国，访其风俗、物产及古今废置，画图以进。令史官撰《西域图志》六十卷，许敬宗监领之。书成，学者称其博焉。[2]

综合这些现象，应可判断大使厅北壁壁画不只是当地用汉地的粉本绘制，而是由唐朝的工匠直接参与规划、绘画，可能是前来加封的唐朝使臣董寄生直接带过来所绘。换言之，对于北壁壁画的绘制时间，似乎应更倾向于是公元 658 年唐朝使臣董寄生前来加封撒马尔罕城主拂呼缦为粟特九姓之王前后所绘制。唯有此，才能更好地解释长安式样在大使厅壁画中的出现。

不过，我们注意到在大使厅北壁壁画的表现形式中，武则天是以帝王鸟舟龙浮的形式与唐高宗对等出现的。能以此来表现武则天，则只能是在则天称后之后，亦即在永徽六年（655 年）十一月丁卯之后。弘道元年（683 年），唐高宗驾崩，武则天在裴炎的配合下，临朝称制。684 年，废中宗为庐陵王，迁于房州（今属湖北），立小儿子李旦为帝，武则天仍临朝称制 [3]。也就是说，大使厅北壁壁画绘制时间范围为公元 655—683 年。

高宗显庆三年后至龙朔元年（661 年）以前，唐政府在西域开展了一系列有意地宣示中央管辖权的政治行为。如，《唐会要》卷九九 "罽宾国" 条载：

---

[1] 影山悦子：《サマルカソド壁画に见られる中国绘画の要素において——朝鲜人使节はワルフマソ王のもとを访れたか》，《西南アジア研究》49 号，1998 年，17～33 ページ；中译文详见〔日〕影山悦子：《撒马尔罕壁画所见中国绘画因素——朝鲜使节是否在拂呼缦王治时到访》，王东译，罗丰主编《丝绸之路考古》第 3 辑，北京：科学出版社，2019 年，第 167～178 页；Etsuko Kageyama, "A Chinese way of Depictions Foreign Delegates Discerned in the Painting of Afrasiab", in *Iran: Questions et Connaissance. Vol. I. La période ancienne, testes réunis par Ph. Huyse, Studia Iranica*, cahier 25, Paris, 2002, pp.313–327.

[2] 〔宋〕王溥撰，牛继清校证《唐会要校证》，第 564 页。

[3] 吴宗国：《隋唐五代简史》（修订版），福州：福建人民出版社，2006 年，第 148～149 页。

显庆三年，访其国俗，云："王始祖心孽，今王曰曷撷支，父子传位已十二代。"其年，列其城为修鲜都督府。龙朔初（661年），授其王修鲜等十一州诸军事，兼修鲜都督。[1]

又《唐会要》卷九九"石国"条载：

显庆三年，以其地噉羯城为大宛都督府，仍以其王职土屯摄舍提于屈昭穆为都督。[2]

又《唐会要》卷九九"吐火罗国"条载：

〔显庆〕三年，其叶护那史乌泾波奉表告立，高宗遣置州县使王名远到其国，以所理阿缓大城为月氏都督府，仍分其小城为二十四州，以乌泾波为都督。……

龙朔元年，授乌泾波使持节二十五州诸军事、月氏都督。

麟德二年（665年），遣其弟祖纥多献玛瑙灯树两具，高三尺余。[3]

此行王名远"仍立碑于吐火罗国以志之"[4]。王名远出使吐火罗的具体时间，应在高宗显庆三年后，龙朔元年以前[5]。在显庆四年（659年），唐有把握在于阗以西、波斯以东十六国设置羁縻府州，高宗遂预先撰就碑文，让王名远带上，到吐火罗去立碑。此一盛举于龙朔元年得以实现[6]。

当时与王名远一同出使的应该还有在唐朝的波斯国大酋长阿罗憾。20世

---

[1]　〔宋〕王溥撰，牛继清校证《唐会要校证》，第1520页。

[2]　〔宋〕王溥撰，牛继清校证《唐会要校证》，第1516页。

[3]　〔宋〕王溥撰，牛继清校证《唐会要校证》，第1517页。

[4]　〔后晋〕刘昫等：《旧唐书》卷四〇《地理志》，北京：中华书局，1975年，第1647页。

[5]　韩香：《隋唐西使活动与西域经略》，《中国边疆史地研究》2014年第4期，第37页。

[6]　马小鹤：《波斯国大酋长阿罗憾墓志考》，所撰《摩尼教与古代西域史研究》，北京：中国人民大学出版社，2008年，第551页。

纪初出土于洛阳的《阿罗憾墓志》载，阿罗憾"波斯国人也。显庆年中，高宗天皇大帝以功绩有称，名闻［西域］，出使召至来此，即授将军北门［右？］领使，侍卫驱驰。又差充拂菻国诸蕃招慰大使，并于拂菻西界立碑"[1]。阿罗憾是萨珊王朝的王族，也可能是前波斯王库萨和的孙子，比波斯末代主伊嗣俟晚不了几年，651 年伊嗣俟被杀，其子卑路斯逃亡吐火罗[2]。马小鹤认为，阿罗憾当时大概随卑路斯一起活动，因其在西域的威望，被高宗遣使召至长安，授将军北门右领使等[3]。显庆四年，唐以阿罗憾充拂菻诸蕃诏慰大使，并于拂菻西界立碑。鉴于此时波斯大部分已被大食占据，断不能逾波斯而西，此拂菻西界，应指吐火罗地区。岑仲勉、马小鹤皆认为阿罗憾出使拂菻（此指吐火罗）与王名远在吐火罗立碑，实为同一历史事件，所谓拂菻诸蕃，其实就是吐火罗诸蕃，阿罗憾实际上就是吐火罗诸蕃招慰大使[4]。由墓志铭文可以看出，阿罗憾这次招慰是成功的，"诸国肃清，于今无事。岂不由将军善导者，为功之大矣"[5]。韩香进一步认为前述王名远在显庆至龙朔年间出使册封活动中，对于吐火罗的一些府州的册封，有些大概是由阿罗憾来完成的。阿罗憾应是在完成任务后，和王名远一起返回唐朝复命[6]。

史载有明确名字的唐廷西域使者除了王玄策、王名远、阿罗憾之外，还有

[1]　转引自林梅村：《西域文明：考古、民族、语言与宗教新论》，北京：东方出版社，1995 年，第 95 页。

[2]　《唐会要》卷九九"波斯国"条载："龙朔元年，其（波斯）国王卑路斯使奏频被大食侵扰，请兵救援之。诏遣陇州南由令王名远充使西域，分置州县，因列其地疾陵城为波斯都督府，授卑路斯为都督。是后，数遣使贡献焉。咸亨中，卑路斯自来朝贡，高宗甚加恩赐，拜右武卫将军。仪凤三年（678年），令吏部侍郎裴行俭将兵，册送卑路斯还波斯国。行俭以路远，至安西碎叶而还。卑路斯独返，不得入其国，渐为大食所侵，客于吐火罗二十余年，部落数千人，后渐离散。至景龙二年（708 年），来朝，拜为左威将军。无何，病卒，其国遂灭，西部众犹存。自开元十年（722 年）至天宝六载（747年），凡十遣使朝贡，献方物。夏四月，遣使献玛瑙床。九载，献火毛绣舞筵、长毛绣舞筵、无孔真珠。至大历六年（771 年）九月，遣使献真珠等。"〔宋〕王溥撰，牛继清校证《唐会要校证》，第 1527 页。

[3]　马小鹤：《波斯国大酋长阿罗憾墓志考》，所撰《摩尼教与古代西域史研究》，第 573 ～ 574 页。

[4]　岑仲勉：《西突厥史料补阙及考证》，北京：中华书局，2004 年，第 231 页；马小鹤：《波斯国大酋长阿罗憾墓志考》，所撰《摩尼教与古代西域史研究》，第 553 页。

[5]　转引自林梅村：《西域文明：考古、民族、语言与宗教辩论》，第 95 页。

[6]　韩香：《隋唐西使活动与西域经略》，《中国边疆史地研究》2014 年第 4 期，第 37 页。

董寄生，而且尤需注意的是，董寄生的活动地区便有康国。

《唐会要》卷九九"史国"条载：

> 显庆三年，〔高宗〕遣果毅董寄生列其所治为佉沙洲，以其王昭武失
> 阿曷为刺史。[1]

《唐会要》卷九九"康国"条亦载：

> 显庆三年，高宗遣果毅董寄生列其所居城为康居都督府，仍以其王拂
> 呼缦为都督。
>
> 万岁通天元年（696 年），则天封其大首领笃婆钵提（696—697 年）为王。
> 钵提寻卒，又册立其子泥涅师师。神龙中，泥涅师师卒，又册立其子突
> 昏。[2]

这说明在武周时期，武则天与康居地方政权仍存在互动，可见双方应该了解对
方的基本政治态势，其中自然首先包括政权的掌控者。

据研究，拂呼缦在位时间为公元 650—不晚于 675 年 [3]，如果此论无误，
则可进一步将大使厅北壁壁画绘制时间范围调整为公元 650—675 年，而且其
绘制的时间节点很可能就是公元 650 年或公元 658 年左右。

综合上述史载可知，唐廷使者中与康国关系最为密切的当属显庆三年出使
的董寄生，但是从现有资料尚不能最终厘定大使厅北壁壁画题材由什么途径、
通过谁之手而出现。

不过，可以肯定的是此举应出自拂呼缦的敦请。实际上，这何尝不是唐朝

---

[1]　〔宋〕王溥撰，牛继清校证《唐会要校证》，第 1521 页。

[2]　〔宋〕王溥撰，牛继清校证《唐会要校证》，第 1519 页。

[3]　齐小艳：《撒马尔罕中国仿造币与伊赫希德王朝世系研究》，《新疆大学学报》（哲学·人文社会
科学版）2018 年第 2 期，第 75 ～ 76 页。按，关于伊赫希德（Ikhshid）王朝世系诸王及其在位时
间有不同说法，详见齐小艳：《撒马尔罕中国仿造币与伊赫希德王朝世系研究》，《新疆大学学报》
（哲学·人文社会科学版）2018 年第 2 期，第 71 ～ 79 页。

政权在中亚宣示宗主地位的政治需要。这恐是将北壁壁画规划为唐朝帝王的主要原因之一，因为面南而王是中原政权的表达传统。

当然，除了汉文化传统内涵之外，大使厅北壁壁画创作者应考量当地传统与文化。如，大使厅北壁壁画西侧中舟船和水下怪兽的构图则应该来自当地画家的灵感。

三、水下怪兽

这一部分讨论龙舟下部海洋中的怪兽。

大使厅北壁壁画西侧（图 1-19）船下水域中的怪兽长有双翅、卷曲分叉的鱼形尾以及一双马蹄足，这说明长有该尾巴的动物与水相关联。

在西亚地区关于古代海洋航行的图像中，在海底多绘有一只怪兽。这应该是古代西方对海洋航行艰难的想象[1]。但是，如上所言，大使厅北壁西侧表现出一种祥和的总体氛围，所以龙舟下部海洋中怪兽的神格应属于"善"，而非"恶"。

我们注意到，虞弘石椁外椁壁第 1 石（图 1-20）、第 2 石（图 1-21）下栏图像中各有一匹翼马，身系飘带，两后腿呈花边状。由此可知虞弘石椁鱼尾翼马的神性也与水密不可分。在史君石堂N2下部基座浮雕中，亦雕绘一翼马（图 1-22），更直接表现出身躯的鱼鳞及鱼尾。其鱼尾的卷曲状与上述虞弘翼马者同，可见后者所谓的花边尾巴应也为鱼尾。

在古伊朗和中亚的神话中，马与河流、雨水关系密切[2]。在虞弘石椁外椁壁第 2 石中，该鱼尾翼马与代表恶的狮子搏斗，可知它恰代表善神[3]。

---

[1] 〔美〕切特·凡·杜泽：《海怪：中世纪与文艺复兴时期地图中的海洋异兽》，王绍祥、张愉译，北京联合出版公司，2018 年，第 9～12 页。

[2] 张小贵：《祆教史考论与述评》，兰州大学出版社，2013 年，第 48 页。

[3] 按，毛民认为半马半鱼是希腊罗马艺术中常见的水怪形象。详见所撰 "The Art of Chinese Influence at the 'Hall of Ambassadors' in Afrasiab"，新疆吐鲁番地区文物局编《吐鲁番学研究：第二届吐鲁番学国际学术研讨会论文集》，上海辞书出版社，2006 年，第 448 页。

图 1-19   大使厅北壁壁画舟船下水中怪兽线图

Irina Arzhantseva, Olga Inevatkina, "Afrasiab wall-paintings revisited: new discoveries twenty-five years old", in *Rivista degli studi orientali, Nuova Serie, Vol.78, Suppl. No.1: Royal Naurūz in Samarkand: Proceedings of the Conference Held in Venice on the Pre-islamic Paintings at Afrasiab (2006)*, Roma, p.203fig.8.

图 1-20   虞弘石椁外椁壁第 1 石：鱼尾翼马

据山西省考古研究所、太原市考古研究所、太原市晋源区文物旅游局：《太原隋虞弘墓》，北京：文物出版社，2005 年，第 98 页图 136 改制。

图 1-21 虞弘石椁外椁壁第 2 石：狮与鱼尾翼马

据山西省考古研究所、太原市考古研究所、太原市晋源区文物旅游局：《太原隋虞弘墓》，第 99 页图 137 改制。

图 1-22 史君石堂 N2 下部基座浮雕

据西安市文物保护考古研究院：《北周史君墓》，北京：文物出版社，2014 年，第 160 页图 173 改制。

唐段成式《酉阳杂俎》前集卷一〇《物异》载：

> 铜马，俱德建国乌浒河中，滩派中有火祆祠。相传祆神本自波斯国乘
> 神通来此，常见灵异，因立祆祠。内无像，于大屋下置大小炉，舍檐向西，
> 人向东礼。有一铜马，大如次马，国人言自天下，屈前脚在空中而对神立，
> 后脚入土。自古数有穿视者，深数十丈，竟不及其蹄。西域以五月为岁，
> 每岁日，乌浒河中有马出，其色金，与此铜马嘶相应，俄复入水。近有大
> 食王不信，入祆祠，将坏之，忽有火烧其兵，遂不敢毁。[1]

伊朗人以春分为一年之始，祆教有七大节日。其中最重要的为诺鲁孜节（Nō
Rōz），即元旦节。它始于春分前一天的晚上，是七个节日中最后一个，也是
最早的一个 [2]。俱德建国"以五月为岁"，知其历法并非祆历。

"每岁日，乌浒河中有马出"，由此视之，该马似应与河水之神有关。乌
浒河（Oxus），即今之阿姆河（Amu Daria），发源于葱岭（今帕米尔高原）
东南部的冰川。汉代称其为妫水，乌浒河则为唐代音译。

在阿姆河南的大夏（粟特南部和撒马尔罕地区）还有对"妫水神"（即
阿姆河神）的崇拜，"妫水"的希腊语名是 Oxus，贵霜王朝所发行的一种钱
币上有 OAXSO 像，此为 Oxus 的伊朗语名称，读作 Wakhshu，这表明对妫水
神的崇拜在那里早已存在。公元 11 世纪时，比鲁尼（Abu Raihan al-Biruni，
973—1048 年）记载，"在花剌子模人的 Ispandarmaji 月的第 10 日有一节日称
Wakhsh-angam，Wakhsh 是神的名字，他守护河流，特别是对 Jihun 河（这是
妫水的阿拉伯语）"[3]。在大夏王国时期有许多希腊语的人名带上了妫水神的
印记，如 Oxybazos（因为妫水而强健）、Oxydates（妫水所授）、Mithroaxos（密
特拉和妫水）。对妫水神崇拜的意义在于当地琐罗亚斯德教信徒认为妫水是妫

---

[1] 〔唐〕段成式：《酉阳杂俎》，方南生点校，北京：中华书局，1981 年，第 98 ～ 99 页。

[2] 龚方镇、晏可佳：《祆教史》，上海社会科学院出版社，1998 年，第 69 页。

[3] 《比鲁尼选集》（俄译本）第一卷，1957 年，第 258 页；转引自龚方镇、晏可佳：《祆教史》，
第 152 页。

水神所创造[1]。

　　但是，《酉阳杂俎》中的这则记载却确实跟雨神有关。《耶斯特》（*Tîr Yast*）记载，雨神 Tištrya 每年化作漂亮的白色骏马，金耳鼻口金辔；恶神阿帕索（Apasao）化作黑马，无毛奇丑。在乌鲁卡沙海（the Sea Vouru-Kasha）边，两马展开一场恶斗。在人们的祷告声中，Tištrya 获得胜利，冲入大海，将雨水从海里释放出来。于是，百川灌河，草木生长。Tištrya 还是"一切星辰的主和守护者"[2]。《酉阳杂俎》所言祆祠铜马"大如次马"，"次马"即指劣质的马，似可视作阿帕索所化之无毛奇丑之黑马。而乌浒河中所出金色之马，则可视作 Tištrya 所化之金耳金辔之白色骏马。祆祠中所供奉之铜马应即乌浒河中之马，因为乌浒河中之马的神圣而立于该处进行供奉、献祭。而神祠之马以铜制成，盖意在表现乌浒河中之马的金色。《酉阳杂俎》上引文所言乌浒河中之马与祆祠中铜马嘶鸣相应，正是此二者相互感应为一体的表现。二马嘶鸣相应之后，俄复入水，则可视作 Tištrya 与 Apasao 相斗，并最终得胜冲入大海释放雨水。由此可见，《酉阳杂俎》所载与《耶斯特》第 8 章第 44 节所记的两则故事结构类同。换言之，前者所言应即后者所记。只不过前者将故事的场景从乌鲁卡沙海移至妫水，这其中很可能是杂糅进阿姆河地区妫水神崇拜所致，正可说明琐罗亚斯德教在该地区的传播和影响。反过来说，这应该也是琐罗亚斯德教入传中亚后内亚化的一个主要内容。

　　关于阿姆河神，在中古波斯语残片 M2 中也有提及。该残片记述，摩尼弟子阿莫（Ammō）东渡阿姆河（Oxus）进入河中地传教，却遇到守护阿姆河的女神巴格德（Bagard）的阻拦，但最终还是得到了女河神的许可。该

---

[1]　龚方镇、晏可佳：《祆教史》，第 152 页。按，比鲁尼是生活于公元 973—1048 年的花剌子模百科全书般渊博的学者，其著作提供了关于花剌子模历史和文化的资料。其主要信息来源于一些古代传说中的权威人士提供的口述史料，他在花剌子模时这些人还活着，但是他也很熟悉当时编纂的历史文献。他写于约公元 1000—1003 年的著作《古代诸民族编年史》（*Kitāb al-āthār al-bāqiya*），现代学者称为《编年史》。详见 B. A. 李特文斯基主编《中亚文明史》第三卷《文明的交会：公元 250 年至 750 年》，马小鹤译，北京：中国对外翻译出版公司，2003 年，第 186 页。

[2]　*The Zend-Avesta,* part II, *Sacred Books of the East*, Vol.23, Translated by James Darmesteter, The Oxford University Press, 1882, pp.98–107；龚方镇、晏可佳：《祆教史》，第 38 页。按，关于 Tištrya 的研究，详见张小贵：《祆教史考论与述评》，第 36 ～ 49 页。

记载颇具神话色彩，尽管可以确信阿莫确实渡过阿姆河进入河中地、撒马尔罕传教[1]。

中古波斯语残片 M2 中阿姆河女神巴格德（Bagard）是谁？我们认为，Bagard 应即粟特语 Baga（或 Adbag）的对音。粟特语的 Adbag 意为"大神"，是粟特人对祆教最高神阿胡拉·马兹达 (Ahura Mazda) 的称呼，粟特人避讳，避免直称其名，故称大神 Adbag。而 Baga 即是"胡天"神，亦即祆神。在十六国北朝时期流行的祆教，即所谓的"胡天"崇拜，主要即指中亚祆教或粟特人对 Baga（或称 Adbag）的崇拜。吐鲁番阿斯塔那 524 号墓所出《高昌章和五年（535 年）取牛羊供祀帐》言："丁谷天。次取孟阿石儿羊一口，供祀大坞阿摩。"其中"阿摩"二字的中古河西音拟音为 'a'ba，是粟特语 Adbag 对音，所谓"大坞阿摩"即大城堡奉祀的 Adbag 神[2]。换言之，阻拦阿莫东进的神祇巴格德（Bagard）便是指阿胡拉·马兹达。实际上，该神话反映了当时阿姆河地区祆教宗教力量对东进的摩尼教的排斥。

在河中地地区存在对阿姆河的妠水神信仰，后来因为琐罗亚斯德教入传该地区，而糅进了后者雨神 Tištrya 的传说。Tištrya 与 Apasao 相斗，并最终得胜冲入大海释放雨水的故事被嫁接到阿姆河，正可说明琐罗亚斯德教在该地区的传播和影响。既然如此，为什么在上述阿莫东进河中地传教的故事中，却并非以妠水神或女神 Tištrya[3] 的面目出现，而是以阿胡拉·马兹达出现，且是女性的形象？这原因恐怕有如下两点：其一，阿莫东进河中地时，该地区早已存在琐罗亚斯德教，而阿胡拉·马兹达毋庸置疑是该教中最具代表性的神祇；其二，阿姆河为阿莫东进河中地首先要跨过的地理边界。所以，故事的创造者便将妠水神或 Tištrya 的性别与阿胡拉·马兹达糅在一起，以女性的性别来暗示阿姆河的地理坐标特征。由此也可进一步映衬出河中地祆教徒妠水神信仰宗教基础

---

[1] 林悟殊：《早期摩尼教在中亚地区的成功传播》，载所撰《摩尼教及其东渐》，北京：中华书局，1987 年，第 38 ～ 40 页。

[2] 姜伯勤：《敦煌吐鲁番文书与丝绸之路》，北京：文物出版社，1994 年，第 243 ～ 260 页。

[3] 林梅村：《中国境内出土带铭文的波斯和中亚银器》，《文物》1997 年第 9 期，第 56 ～ 57 页；后收入所撰《汉唐西域与中国文明》，北京：文物出版社，1998 年，第 160 ～ 161 页。蔡鸿生：《唐代九姓胡与突厥文化》，北京：中华书局，1998 年，第 11 ～ 14 页。

图 1-23　Takht-i Sangin 遗址出土的象牙女神雕像

田辺勝美、前田耕作編集《世界美术大全集》东洋篇第 15 卷·"中央アジア"，東京：小学馆，1999 年，
74 ページ図 77。

　　的深厚传统，即他们认为妫水是由妫水神所创造。

　　1987 年，法国—乌兹别克斯坦考古队在粟特南部巴克特里亚（汉文所谓
大夏）的 Takht-i Sangin 发掘了一座祆祠，该祆祠是献给阿姆河之神 Vakhsh
的 [1]。在祆祠遗址所出遗物中，有一尊象牙女神雕像，人首、马腿、鱼尾（图
1-23），应是来源于琐罗亚斯德教中与马关系密切的雨水星辰之神 Tištrya[2]。
在伊朗神话中，马常作为水神的象征 [3]。Takht-i Sangin 祆祠的考古发现表明
马腿、鱼尾是与 Tištrya 有关的神祇的两个重要特征。既然该神祠是献给阿姆

---

[1] J.-P. Drège et F. Grenet, "Un temple de l'Oxus près de Takht-i Sangin, d'après un tèmoignage chinois du VIII e siècle", *Studia Iranica*, 16, 1987, pp.117–121.

[2] 张小贵：《祆教史考论与述评》，第 48 页。按，相关研究可参见 Martha L. Carter, "A Scythian Royal Legend from Ancient Uḍḍiyāna", *Bulletin of the Asia Institute*, New Series, Vol.6(1992), pp.67–78.

[3] J. Markwart, Wehrot und Arang, *Untersuchungen zur mythischen und geschichtichen Landeskunde von Ostiran*, Leiden, 1938, p.88.

河之神 Vakhsh 的，那么也就可以说马腿、鱼尾是与阿姆河神有关的神祇的重要特征。

联系上述 Tištrya 与 Apasao 相斗冲入大海释放雨水的故事，则可知该鱼尾翼马应该与 Tištrya 神（阿姆河神）有关，从它主要以马的形貌出现来看，甚而有可能便是阿姆河河神的符号。其鱼尾的特征正是意在表现它与水的关联。正如在解读《酉阳杂俎》上引文时，荣新江指出："在这则珍贵的记载中，不论是阿姆河岸边袄祠中供养的铜马，还是岁日从乌浒河中显现的金色神马，都充满了神异色彩，而且受到袄神或圣火的庇护。这两匹嘶鸣相应的马，或许就是水神得悉神的化身。"[1] 上述图像的主题恰是一匹与水有关联的神圣的马，同上述记载中的金马相似，因此该马可以判断为与 Tištrya 神（阿姆河神）有关。

同样，在史君石堂 N2 下部基座浮雕的鱼尾翼马，其象征意义应也相同。在汉语文献中，史国最早见载于《隋书·西域志》，隋时其国都在独莫水（Kaskarud 河）南十里，后渐强盛，乃创建乞史城（亦称碣石，Kesh），其地在今乌兹别克沙赫里萨布兹。"独莫"，伊朗语 tumaq，暴涨之意，其地邻阿姆河流域。所以，在史君石堂 N2 中出现鱼尾翼马应是阿姆河神信仰的结果。同理，虞弘石堂出现鱼尾翼马神祇形象，应也是虞弘信仰阿姆河神的映射，这恰表明虞弘原籍邻近阿姆河。而该结论也与虞弘线粒体 DNA 的分析结果相吻合[2]。当然，阿姆河神鱼尾翼马的形象尚不能排除是否受到希腊化影响[3]。

梳理阿姆河妙水神的故事以及相关的考古发现之后[4]，我们倾向于判定

---

[1] 荣新江：《Miho 美术馆粟特石棺屏风的图像及其组合》，中山大学艺术史研究中心编《艺术史研究》第 4 辑，广州：中山大学出版社，2002 年，第 210 页；后收入所撰《中古中国与粟特文明》，北京：生活·读书·新知三联书店，2014 年，第 349 页。

[2] 按，通过对虞弘的线粒体 DNA 分析，揭示他属于主要分布在西部欧亚大陆的单倍型类群 U5，而虞弘夫人的单倍型类群 G 主要分布在东部欧亚人群中。这是首次在古代中原地区发现西部欧亚特有的单倍型类群。详见谢承志：《新疆塔里木盆地周边地区古代人群及山西虞弘墓主人 DNA 分析》，吉林大学博士学位论文，2007 年，第 59 ～ 63 页。

[3] 张小贵：《袄教史考论与述评》，第 48 页。

[4] 按，此上梳理亦见于沈睿文：《中古中国袄教信仰与丧葬》，上海古籍出版社，2019 年，第 88 ～ 90 页。为了便于读者阅读，故此次修订后仍移录于此。

大使厅北壁西侧舟船之下的水中怪兽应为得悉神或阿姆河河神。该神祇之所以出现在该壁画中，缘于它是当地的保护神。这自然也就表明大使厅的主人崇奉祆教。

四、小　结

大使厅北壁壁画内容并非表示唐朝之端午节，它是采用《穆天子传》中穆王西征的典故来规划整个壁面内容的，将穆天子的狩猎和鸟舟龙浮分别由唐高宗和武则天来担当，其壁画左侧鸟舟内容准确地反映了《淮南子·本经训》所云"龙舟鹢首，浮吹以娱"。同时，这部分的构图恐与约拿石棺式构图有关，而之所以采用如此构图来表现唐朝天后，一方面与当时中亚的政治态势以及景教在该地区的传播有直接关系，另一方面也吻合大使厅四壁壁画帝（王）、后同时出现的设计理念。在营造的整体祥和气氛下，龙舟之下的鱼尾怪兽从原来的海怪被改造为阿姆河神／提斯特里亚。就目前的资料来看，该壁面壁画绘制时间范围为公元650—675年，而且其绘制的时间节点很可能就是公元658年左右，应该是有来自唐都长安画匠的直接参与，他们与粟特当地艺匠合作而成，可能缘于拂呼缦的敦请，与唐高宗朝在中亚宣示宗主地位的总体氛围是分不开的。

第二章 ——《摩诃婆罗多》与大使厅东壁壁画

在阿弗拉西阿卜（Afrasiab）大使厅四壁壁画中，相较于其余三面的保存状况，东壁壁画残缺较多，因此，对其内容的阐释也就困难得多。本章拟在梳理已有主要研究的基础上，试对该壁面壁画内容重做解释。

一、已往主要研究

关于大使厅东壁壁画内容的阐释，主要来自如下五位学者。

1975 年，苏联学者 L. I. 阿尔鲍姆（L. I. Al'baum）撰文阐释阿弗拉西阿卜大使厅壁画，她是第一位全面阐述该壁画的学者。关于大使厅东壁壁画，她认为源于印度，描绘一印度使团正要通过河中浅滩[1]。该观点可称之为"印度使团说"。尽管最后该说并未被学界接受，但是，L. I. 阿尔鲍姆对该壁面人物的印度服装和发型的判定，特别是该壁壁画内容与印度关系的论断，为此后学者的研究指明了正确的方向。

1993 年，德国学者 M. 莫德（M. Mode）指出大使厅东壁图像为突厥在额济纳河（Etsin-gol）湖附近的传说和起源[2]。其观点归纳起来主要有如下

---

[1] L. I. Al'baum, *Zhivopis' Afrasiaba (Painting from Afrasiab)*; 此据〔苏联〕L.I. アリバウム著，加藤九祚訳《古代サマルカンドの壁画》，東京：文化出版局，1980 年，115 ～ 121 ページ。

[2] M. Mode, *Sogdien und die Herrscher der Welt. Türken, Sasaniden und Chinesen in Historiengemälden des 7. Hahrhunderts n. Chr. Aus Alt-Samarqand [=Europäische Hochschulschriften. Reihe XXVII. Kunstgeschichte, Bd. 162]*, pp.98-104; M. Mode, "Court art of Sogdian Samarqand in the 7th century AD. Some remarks to an old problem", in Online publication (2002) at: http://www.orientarch.uni-halle.de/ca/afras/index.htm; M. Mode, *Die Türken vor Samarkand-Von Eisenleuten, Gesandten und Empfangszeremonien*, in «Hallesche Beiträge zur Orientwissenschaft». Halle/Saale, Bd. 37, 2004, pp.241-296.

四个方面：

  A. 画面上的河就是指突厥人的发源地西海，编号为 1～2 的人物形象就是突厥人的祖先。B. 敌人（3～5）袭击河边的居民，杀死了大水鸟。C. 岸边是一位母亲，正试图救一个男孩。D. 长大成人的男孩（7A）和母狼成亲了。联系大使厅西壁的内容来看，在东壁上绘制有关突厥民族起源的传说，是为了让坐在对面的突厥可汗直接看到。[1]

我们称之为"突厥起源说"。尽管 M. 莫德的论证过于牵强，但是他指出了壁画中诸多已被忽视的迹象。

  L. I. 阿尔鲍姆对东壁壁面人物的印度服饰和头饰的判定逐渐得到研究者的支持，亦成为研究该壁面的主要思考方向。1994 年，俄国学者 B. I. 马尔萨克（B. I. Marshak）撰文《撒马尔罕阿弗拉西阿卜"大使出行壁画"图像学研究》[2]，认同东壁人物是印度人形象，进而认为该图像描述的是印度灌输给粟特人的天堂印象，并认为此图可能是东壁的主题。

  东壁的下半部，在东门门道（大使厅入口处）左侧最靠左边的角落，可以看到两个人物面对面对坐（编号 8、9，见图 2-16）。两个人物之间是一个圆形物。2003 年，法国学者 F. 葛乐耐（F. Grenet）撰文指出该场景中，在最靠左边场景中的圆形物为天球仪，表示古希腊天文学家托勒密（公元 90—168 年）正在教授印度学者天文学知识，相似的图像可以在罗马时代的壁画中找到 [3]。

  2004 年 4 月 23—25 日，在北京举办的"粟特人在中国——历史、考古、语言的新探索"国际研讨会上，F. 葛乐耐撰文否定 M. 莫德的"突厥起源说"。

---

[1] 此上 M. 莫德观点的总结引自荣新江：《粟特与突厥——粟特石棺图像的新印证》，所撰《中古中国与粟特文明》，第 371 页。相关编号的图像可参考图 2-16。

[2] B. I. Marshak, Małgorżata Sadowska-Daguin and F. Grenet, "Le programme iconographique des peintures de la «Salle des ambassadeurs» à Afrasiab (Samarkand)", *Arts Asiatiques,* Tome 49, 1994, pp.16-18.

[3] F. Grenet, "L'Inde des astrologues sur une peinture sogdienne du VIIe siècle", in *Religious themes and texts in pre-Islamic Iran and Central Asia, Studies in honour of Professor Gherardo Gnoli*, ed. by C. Cereti, M. Maggi, E. Provasi, Wiesbaden, Reichert, 2003, pp.123-129, pls.2-3.

他同样认同该壁面内容与印度有关，并修订了自己之前有关东壁下半部的观点，进而试图对东壁整体图像进行辨识。他认为，画面的最左端所绘为源于罗马的图像——掌管天文学的缪斯女神乌拉尼亚（Urania），正在向诗人阿拉图斯（Aratus）传授艺术（图 2-1）。此处人物服装有些变形，表现的是一个希腊人在教一位印度人天文学知识，历史上印度人就是从希腊人那里获得天文知识的。其余的部分表现常见的沼泽景色。F. 葛乐耐试图将此解释为关于印度神克里希纳（Krishina）的几个童年传说：先是婴儿时的克里希纳在被仙鹤状怪物普塔那袭击之前，由养母雅索达（Yashoda）抱在怀中（图 2-2）；然后是少年克里希纳与化身为马的魔鬼克辛（Keshin）搏斗（图 2-3）；又肥又壮的裸体童子形象是模仿希腊罗马艺术中的小爱神厄洛斯（Erotes）（图 2-4），有时候在印度艺术里他被重新塑造为爱神卡玛（Kama），这也预示着克里希纳后来与牛女发生的爱情故事 [1]。2005 年 3 月 14 日，在威尼斯举行的"撒马尔罕壁画国际学术会议"上，F. 葛乐耐又重复了该观点 [2]。此后，对该壁壁画内容的理解，F. 葛乐耐仍持该观点 [3]。这个观点我们不妨称之为"克里希纳说"。

　　至于大使厅入口右侧壁画左侧上方（本章编号 7a → 7c，本书作者编，见图 2-16）内容为何？ 2006 年，在梳理了相关马祭的图像资料后，意大利学者 M. 康马泰（Matteo Compareti）认为该场景可能就是古印度《吠陀经》中描述的马祭。他提出，波斯人从印度人那里了解了以马献祭的风俗仪式，仿而效之；

---

[1]　〔法〕葛乐耐：《粟特人的自画像》，毛铭译，荣新江、华澜、张志清主编《法国汉学》第 10 辑"粟特人在中国——历史、考古、语言的新探索"，北京：中华书局，2005 年，第 307 ～ 308 页。F. Grenet, "The Self-Image of the Sogdians", in *Les Sogdiens en Chine*, eds. É. de la Vaissière, É. Trombert, Paris, 2005, pp.123-140; 此据〔法〕葛乐耐：《驶向撒马尔罕的金色旅程》，毛铭译，第 10 ～ 11 页。

[2]　F. Grenet, "What was the Afrasyab Painting About?", in *Rivista degli studi orientali, Nuova Serie, Vol.78, Suppl. No.1: Royal Naurūz in Samarkand:Proceedings of the Conference Held in Venice on the Pre-islamic Paintings at Afrasiab (2006),* Roma, pp.43-58; 此据〔法〕葛乐耐：《撒马尔罕大使厅壁画都说了什么？》，毛铭译，所撰《驶向撒马尔罕的金色旅程》，第 25 ～ 29 页。

[3]　如，F. Grenet, "The 7th -century AD 'Ambassadors' painting' at Samarkand, Mural Paintings and the Silk Road, Cultural Exchanges Between East and West", in *Proceedings of the 29th Annual International Symposium on the Conservation and Restoration of Cultural Property*, National Research Institute for Cultural Properties, Tokyo, Jan. 2006, pp.10-11, 14-15.

图 2-1　特里尔（Trier）：蒙纳斯马赛克（Monnus mosaic）镜像

F. Grenet, "The 7th -century AD 'Ambassadors' painting' at Samarkand, Mural Paintings and the Silk Road, Cultural Exchanges Between East and West", in *Proceedings of the 29th Annual International Symposium on the Conservation and Restoration of Cultural Property*, National Research Institute for Cultural Properties, Tokyo, Jan. 2006, p.14 fig.11.

图 2-2　迪奥加尔（Deogarh）浮雕：雅索达抱着婴儿时期的克里希纳

F. Grenet, "What was the Afrasyab Painting About?", in *Rivista degli studi orientali, Nuova Serie, Vol.78, Suppl. No.1: Royal Naurūz in Samarkand:Proceedings of the Conference Held in Venice on the Pre-islamic Paintings at Afrasiab (2006)*, Roma, p.44 fig.1 Right.

图 2-3 曼德尔（Mandor）浮雕：
克里希纳与克辛搏斗

F. Grenet, "What was the Afrasyab Painting About?", in *Rivista degli studi orientali, Nuova Serie, Vol.78, Suppl. No.1: Royal Naurūz in Samarkand:Proceedings of the Conference Held in Venice on the Pre-islamic Paintings at Afrasiab (2006)*, Roma, p.45 fig.2 Right.

图 2-4 吉塔·戈文达（Gita Govinda）手稿插画 ［孟买威尔士亲王博物馆藏，图中卡
玛（Kama）朝克里希纳和拉达射箭，可能是北方邦（1525—1530 年）］

F. Grenet, "What was the Afrasyab Painting About?", in *Rivista degli studi orientali, Nuova Serie, Vol.78, Suppl. No.1: Royal Naurūz in Samarkand:Proceedings of the Conference Held in Venice on the Pre-islamic Paintings at Afrasiab (2006)*, Roma, p.46 fig.3 Left.

那么粟特人从印度人那里学了同样的风俗，放在大使厅东壁上也合情合理。M. 康马泰进而认为东壁表现的是热衷于马祭的摩揭陀国王[1]。该观点我们不妨称之为"马祭说"。至于水中的牛和裸体小儿射箭的场景，M. 康马泰臆测可能与法国巴黎吉美博物馆所藏 Kooros 石棺床第 8 屏的"沼泽地"内容有关。但是，他并未进行论证。

　　不过，诸说都存在明显的矛盾抵牾之处。这也是上述后四位学者之间持续相互辩驳的原因。如，在前述"撒马尔罕壁画国际学术会议"上，B. I. 马尔萨克就对 F. 葛乐耐的"克里希纳说"令人信服地提出异议。他说：

　　　　河边坐着怀抱婴儿的养母"雅索达"，看上去不可思议地小，只有40 厘米高；对于粟特艺术而言，英雄史诗中的重要人物不该画成那么小。此外，葛乐耐认为那些仙鹤般的大鸟是鸟怪，正在袭击婴儿。但是我（指马尔萨克）看来大鸟温驯，并无攻击之态。另一个场景中有个穿着中亚式皮靴的人，还有马匹。葛乐耐认为穿靴的是克里希纳，马是马怪，两者正在搏斗。此处只有残痕断片，漫漶难辨，但是从人和马的姿态来看，我并没有察觉到两者搏斗的节奏。还有就是一遍遍重复出现的肥胖裸身童子，在葛乐耐看来是射箭的印度小爱神。真的有必要出现那么多次小爱神吗？以此来昭示到底世间有多少女子恋上克里希纳不可自拔？后期印度画家对于克里希纳的罗曼史，就干脆画上一大群艳女完事。[2]

　　此外，B. I. 马尔萨克又说，印度史诗场景充满了搏斗和厮杀，与南壁的节

[1]　M. Compareti, "Further Evidence for the Interpretation of the 'India Scene' in the Pre-Islamic Paintings at Afrasyab (Samarkand)", *The Silk Road*, 4/2, 2006-2007, pp.32-42;〔意〕康马泰：《撒马尔罕大使厅东墙的印度场景》，毛铭译，所撰《唐风吹拂撒马尔罕：粟特艺术与中国、波斯、印度、拜占庭》，第 91 ～ 93 页。

[2]　B. I. Marshak, "Remarks on the Murals of the Ambassadors Hall", in *Rivista degli studi orientali, Nuova Serie, Vol.78, Suppl. No.1: Royal Naurūz in Samarkand:Proceedings of the Conference Held in Venice on the Pre-islamic Paintings at Afrasiab (2006)*, Roma, p.83; 此据〔俄〕马尔萨克：《辉煌的撒马尔罕大使厅壁画》，毛铭译，所撰《突厥人、粟特人与娜娜女神》，第 68 ～ 69 页。

日游行和西壁的宴饮喜庆，不是一个基调。最后，他说东壁是印度英雄史诗，还夹带一个希腊天文学家。虽然这是一个可能性较小的版本，但不是不可能。[1] 尽管具体为何英雄史诗，B. I.马尔萨克并没有给出明确的答案，但这个判断仍对我们具有重大的启发意义。

究竟大使厅东壁壁画内容为何？下面我们先来分析东壁壁画的构成及诸元素和各单元。

二、东壁壁画复原

大使厅东壁壁画，因为中间的进出门道而分成左右两侧。其门道右侧依照传统的描述，发现的壁画保存状况又分作右侧和左侧两部分。其右侧为一水域的场景，该场景的最右侧为一胡跪的白色的人，其身体朝左，头部亡佚。此人身前水中有一人双手抓揪一水牛尾，水牛朝左似作挣脱状（图 2-5）。再往左，至少可见三位健硕的裸体孩童或蹲，或站朝左作射箭状（图 2-6）。这个场景

图 2-5　大使厅东壁右侧壁画之右侧整体

http://www.orientarch.uni-halle.de/ca/afras/text/eright1.htm.

---

[1] B. I. Marshak, "Remarks on the Murals of the Ambassadors Hall", in *Rivista degli studi orientali, Nuova Serie, Vol.78, Suppl. No.1: Royal Naurūz in Samarkand:Proceedings of the Conference Held in Venice on the Pre-islamic Paintings at Afrasiab (2006)*, Roma, p.83; 此据〔俄〕马尔萨克：《辉煌的撒马尔罕大使厅壁画》，毛铭译，所撰《突厥人、粟特人与娜娜女神》，第 69 页。

图 2-6　大使厅东壁右侧至少三位裸体孩童射箭

http://www.orientarch.uni-halle.de/ca/afras/text/eright1.htm.

的下部水域绘有水中动物，自右而左依次为游鱼、乌龟、游鱼、三只水凫以及
对游玩水的四条鱼，乌龟与游鱼之间饰一莲花。边饰自上而下为水平的联珠带
和忍冬纹样。射箭的小孩往左有一大片空白处，之后是若干壁画碎片。

　　接着，便是东壁右侧的左侧部分（图 2-7）。右上可明显见一张翅白鸟，
可知此处绘有数只水鸟（鹤或天鹅），最左侧下部贴着东门的右侧为一长袍及
踝的跣足女子立姿怀抱一裸体婴孩，该女子头部已缺失（图 2-8）。最左侧上
部有一深色动物（马）的四足和一人的双足，二者之右侧残存一马的一对后腿，
还有很多人物（图 2-9、图 2-10）。遗憾的是，这对马的后腿以及众多人物今
天已经遗失了。所以，在已有的复原方案中也都被遗忘了。再往左便是大使厅
的入口处，没有壁画图像。在怀抱婴孩的跣足女子的下部可见水平联珠带的残
存，可知水平联珠带和忍冬纹为东壁壁画的边饰。

　　大使厅东门门道左侧（自左而右）（图 2-11、图 2-12）为：二人跣足相对，
最左一人坐于方形坐具上，身体向右，另一人则胡跪与之相对。二人皆着宽长袍，

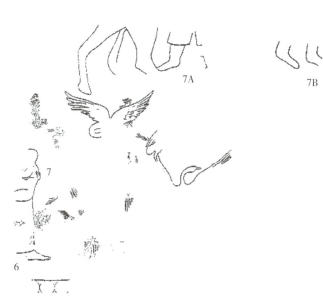

7A

7B

7

6

图 2-7 大使厅东壁右侧壁画之最左侧整体线图（M. 莫德绘）

http://www.orientarch.uni-halle.de/ca/afras/text/eright2.htm.

图 2-8 大使厅东壁右侧壁画之最左侧下部

http://www.orientarch.uni-halle.de/ca/afras/text/eright2.htm.

图 2-9 大使厅东壁右侧壁画最左侧上部

http://www.orientarch.uni-halle.de/ca/afras/text/eright2.htm.

7A

7B

图 2-10 大使厅东壁右侧壁画最左侧上部线图

http://www.orientarch.uni-halle.de/ca/afras/text/eright3.htm.

图 2-11　大使厅东壁门道左侧整体壁画

http://www.orientarch.uni-halle.de/ca/afras/text/eleft.htm.

图 2-12　大使厅东壁门道左侧整体线图

〔苏联〕L. I. アリバウム著，加藤九祚訳《古代サマルカンドの壁画》，118 ページ図 27。图缺右部残存及底部装饰纹样。

图 2-13　大使厅东壁左侧壁画之最左侧
http://www.orientarch.uni-halle.de/ca/afras/text/eleft.htm.

前者形体相对较大，其上身稍俯，左手上抬，右手虎口张开，手指下垂，指向
一球状物；后者形体相对较小，呈俯首倾听状（图 2-13）。后者的身后有一
扬蹄向右的马匹，可见马背上骑有一人。该马的前面（本章编号 10b，见图 2-16）
可能还有另一匹马的尾部。该场景的底部为装饰纹样，自上而下依次是一水平
联珠纹带和忍冬纹。该装饰纹样与门道右侧之右侧水域部分下部的装饰纹样相
同，但是，在已知的线图里，大多没有绘制出来。

　　2005 年，F. 葛乐耐对东壁右侧部分进行了复原[1]（图 2-14）。不过，在
该部分的左侧上部的右前方，F. 葛乐耐遗忘了 L. I. 阿尔鲍姆所描述的：东壁
右侧最左侧上部除了明显可见的马、人之外，还有很多人物（本章编号 7c，

---

[1] 〔法〕葛乐耐：《撒马尔罕大使厅壁画都说了什么？》，毛铭译，所撰《驶向撒马尔罕的金色旅程》，
　　第 26 页图。

图 2-14　大使厅东壁右侧壁面 F. 葛乐耐复原图（2005 年）

〔法〕葛乐耐：《粟特人的自画像》，毛铭译，荣新江、华澜、张志清主编《法国汉学》第 10 辑 "粟特人在中国——历史、考古、语言的新探索"，北京：中华书局，2005 年，第 322 页图 5。

见图 2-9、图 2-10）。根据 M. 莫德的介绍，该场景现已遗失 [1]。如此，显然 F. 葛乐耐将该部分的左侧摆放得偏低了。因为，这么摆放的话，壁面原有的马、人必定无法避免与右侧相邻的射箭的裸体小孩的图像重叠。而这种情况是断无可能的。

2007 年，M. 康马泰也对整个东壁壁画进行复原（图 2-15）。在该壁面右侧部分，M. 康马泰又重复了此前 F. 葛乐耐教授的错误。可能是注意到门道右

_____

[1]　M. Mode, "Court art of Sogdian Samarqand in the 7th century AD. Some remarks to an old problem", in Online publication (2002) at: http://www.orientarch.uni-halle.de/ca/afras/index.htm.

侧最左侧上部与射箭的裸体小孩的位置，M.康马泰将该部分左侧，即抱小孩的人、马腿和人的下肢以及水鸟的位置靠上方摆放。从其中残存的马腿和人的下肢的右侧处（本章编号7c，图2-16）原尚有很多人物的画像来看，显然，M.康马泰复原方案的这个位置较为合理。但是，因为没有以壁面下部装饰纹样为水平位置参照系，该位置又偏高。

这样的话，我们便可重新复原大使厅东壁壁面（图2-16）。为了下文叙述之便，我们在 L. I. 阿尔鲍姆原始报道及 M. 莫德编号的基础上，对该壁面诸元素进行补充编号。

图 2-15　大使厅东壁壁面 M. 康马泰复原图（2007 年）

M. Compareti, S. Cristoforetti, *New Elements on the Chinese Scene in the "Hall of the Ambassadors" at Afrāsyāb along with a reconsideration of "Zoroastrian" Calendar*, Venice, Università Ca' Foscari Venezia, 2007, p.32fig.11.

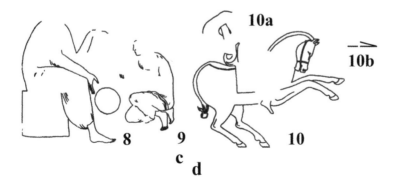

图 2-16　大使厅东壁壁面复原示意图

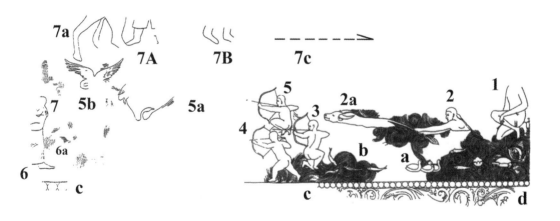

三、壁画若干元素的辨析

下面我们对该壁面构成中若干有争议的元素进行辨析。

1975 年，L. I. 阿尔鲍姆便准确地指出大使厅东壁壁画人物中的印度式服装和头饰。但是，关于东壁中的编号 8、9 是印度人抑或是希腊人，以及是否与天文学有关仍是争议的内容之一。

2005 年 3 月，在前述"撒马尔罕壁画国际学术会议"上，B. I. 马尔萨克发言说：

> 学者们辨认出东壁上有一些印度人物。我（指B. I. 马尔萨克，下同）以前的文章里判定天球仪旁边的人是个哲学家，在此我赞同葛乐耐的解读，这个哲学家是希腊人，教授天文学。但是我不能肯定那个学习天文学的一定是印度人，因为在粟特画家眼里，希腊人和印度人差不多，都是穿宽松、不剪裁的袍子的人。[1]

亦即 B. I. 马尔萨克认为编号 9 也可能是希腊人。从东壁壁画图像来看，所谓希腊哲学家（编号 8）的穿着便是宽松、不剪裁的袍子，此正与其"传授"对象（编号 9）穿着相同。既然"传授"对象并非一定是印度人，同样的道理，"传授者"也并非必是希腊人。值得注意的是，编号 8、9 所穿衣袍也见于大使厅东壁人物编号 6（图 2-17）。

古希腊的服饰多采用不经裁剪、缝合的矩形面料，通过在人体上的披挂、缠绕、别饰针、束带等基本方式，形成了"无形之形"的特殊服装风貌，其样式主要有：多立安旗同（Doric chiton）、爱奥尼亚旗同（Ioric chiton）、克莱米斯（Chlamys）、佩普罗斯（Peplos）、希马申（Himation）、克莱米顿（Chlamydon）等。上述式样又可划分为"披挂型"和"缠绕型"两大基本类型，前者以"旗

---

[1] 〔俄〕马尔萨克：《辉煌的撒马尔罕大使厅壁画》，毛铭译，所撰《突厥人、粟特人与娜娜女神》，第 67 页。

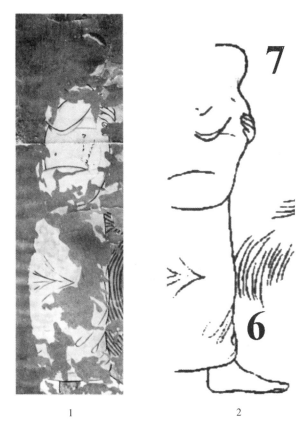

1　　　　　　　　　　　　　　2

图 2-17　大使厅东壁右侧编号 6、7 细部及线图

1.F. Grenet, "What was the Afrasyab Painting About?", in *Rivista degli studi orientali, Nuova Serie, Vol.78, Suppl. No.1: Royal Naurūz in Samarkand:Proceedings of the Conference Held in Venice on the Pre-islamic Paintings at Afrasiab (2006)*, Roma, p.44 fig.1 Right;

2.据〔苏联〕L. I. アリバウム著，加藤九祚訳《古代サマルカンドの壁画》，117 ページ図 26 改制。

同衫"为代表，后者以"希马申"为典型。形成自然下垂的褶裥是古希腊服饰风格的主要特点 [1]，这是印度传统服饰裹裙（Dhoti）所不见的。很显然，编号 6、8、9 身上的衣袍未见刻意表现的褶裥。

　　印度最古老、最具有本土特色的民族服饰就是裹裙和搭帕。早在吠陀时代，男性的裹裙覆盖了从腰部到小腿或小腿根部。女性的裹裙由短小的布条缠成，

---

[1]　http://wenwen.sogou.com/z/q67525086.htm.

图 2-18　梵蒂冈博物馆"拉斐尔画室"《雅典学院》壁画局部：
手托地球仪的托勒密（右侧背对者）

〔德〕安雅·格雷贝：《梵蒂冈博物馆全品珍藏》，郑柯译，北京联合出版公司，2018 年，第 229 页图。

另一块布固定在正面腰带中间再穿过两腿之间并固定在背后的腰带上。比较长的裹裙遮住了膝盖，还有一种穿法是紧紧地把布条裹住臀部做成筒裙[1]。大使厅东壁人物编号 6 身上的衣裙应即如此。

　　综上，可知大使厅编号 6、8、9 人物所着应为印度裹裙。换言之，此三者表现的应为印度人物。

　　F. 葛乐耐先后用古希腊天文学家托勒密（图 2-18）、罗马天文学的缪斯女神乌拉尼亚（见图 2-1）来论证大使厅编号 8、9 的场景，他关于该场景与天文学之间的关系无疑是正确的。"天文"女神乌拉尼亚身份的符号便是天球，在罗浮宫藏缪斯石棺的浮雕中，乌拉尼亚就是以杖指着天球（图 2-19）。如上所言，"传授者"（编号 8）与"传授对象"（编号 9）应该同为印度人，

---

[1]　https://baike.baidu.com/item/%E5%8D%B0%E5%BA%A6%E6%B0%91%E6%97%8F%E6%9C%8D/29
　　5530?fr=aladdin.

图 2-19　罗浮宫藏缪斯石棺局部:
　　　　"天文"女神乌拉尼亚以
　　　　杖指天球

据本社编辑委员会编译《罗浮宫美术馆全
集》Ⅱ，新北市：龙和出版有限公司，
1987 年，第 141 页图 185 改制。

不过，该"传授者"借用了罗马时代图像中表示天文学的程式来表现该人物具备占星候气之技艺。《旧唐书》卷一九六《康国传》载，康国"有婆罗门为之占星候气，以定吉凶"[1]。综合视之，大使厅东壁壁画该场景中的圆球成为相关人物神性的符号，表达该人像所指为熟谙占星、候气等技艺的婆罗门仙人，亦即该人物（编号 8）是婆罗门仙人之类。

　　还需要辨析的是编号 1 → 2a 和 7a → 7c 的场景。上文已言及，M. 康马泰推测其与法国巴黎吉美博物馆所藏 Vahid Kooros 石棺床第 8 屏（图 2-20）的内容有关。

　　Vahid Kooros 石棺床第 8 屏画面的下半部为一大水域，其北岸有一植物。水域中有一人骑于张口露齿的水牛背上，其下部浩渺的水面上另有一口中衔鸟的怪兽。骑牛之人昂首作张弓拉弦射物状。半空中山岭重重，下承三层之台，

────────────

[1]　〔后晋〕刘昫等：《旧唐书》，第 5310 页。

图 2-20　吉美博物馆 Vahid Kooros 石棺床背屏第 8 屏

Guimet, Musée éd., *Lit de pierre, sommeil barbare: Présentation, après restauration et remontage, d'une banquette funéraire ayant appartenu à un aristocrate d'Asie centrale venu s'établir en Chine au VIe siècle*, Paris, Musée Guimet, 2004, p.24fig.24, p.24fig.25.

图 2-21 吉美博物馆 Vahid Kooros
石棺床第 8 屏局部之豪摩树

据 Guimet, Musée éd., *Lit de pierre, sommeil
barbare: Présentation, après restauration et
remontage, d'une banquette funéraire ayant
appartenu à un aristocrate d'Asie centrale venu
s'établir en Chine au VIe siècle*, p.24fig.24 改制。

恐意在表现重峦叠嶂与画面下半部场景的距离。在山岭后伸出一巨型鸟头，鸟头后方则衬以光芒闪烁的太阳[1]。该背屏究竟表现什么内容？

对照伊朗 - 雅利安神话[2]，吉美博物馆 Vahid Kooros 石棺床背屏 8 的图像意蕴基本可以释读。其中图像下部表现的正是乌鲁卡沙海（the Sea Vouru-Kasha），其北岸的植物应为万种之树（Tree of All Seeds）（图 2-21），海中

---

[1] Guimet, Musée éd., *Lit de pierre, sommeil barbare: Présentation, après restauration et remontage, d'une banquette funéraire ayant appartenu à un aristocrate d'Asie centrale venu s'établir en Chine au VIe siècle*, Paris, Musée Guimet, 2004;〔法〕德凯琳 (Catherine Delacour)、黎北岚 (Pénélope Riboud)：《巴黎吉美博物馆展围屏石榻上刻绘的宴饮和宗教题材》，施纯琳译，张庆捷、李书吉、李钢主编《4 ～ 6 世纪的北中国与欧亚大陆》，北京：科学出版社，2006 年，第 108 ～ 125 页; Pénélope Riboud, "Réflexion sur les pratiques religieuses désignées sous le nom de xian 祆", in *Les Sogdiens en Chine*, pp. 73-93; 中译本《祆神崇拜：中国境内的中亚聚落信仰何种宗教》，荣新江、华澜、张志清主编《法国汉学》第 10 辑"粟特人在中国——历史、考古、语言的新探索"，第 416 ～ 429 页。

[2] 龚方镇、晏可佳：《祆教史》，第 45 页；魏庆征编《古代伊朗神话》，太原：北岳文艺出版社 / 山西人民出版社，1999 年，第 297、373 页。

口中衔鸟的怪兽便是看护该树的卡拉（Kara）鱼。图像上部的大鸟便是猎鹰塞伊纳（Saena），山岭则为位于赫瓦尼拉塔（Khvaniratha）中央的哈拉（Hara）圣山，屏中的太阳环绕哈拉山运行。而乌鲁卡沙海中的人与牛，表现的则应是诸神在赫瓦尼拉塔中创造的动物原人（Gayomeretan）和原牛（Gavaevodata）。综上可知，吉美博物馆 Vahid Kooros 石棺床背屏 8 图像大体是对伊朗－雅利安关于宇宙起源创始神话的描绘 [1]。显然，吉美博物馆所藏 Vahid Kooros 石棺床第 8 屏表现的并非沼泽场景，而大使厅东壁编号 1 → 2a 和 7a → 7c 的场景也与之无关。

编号 7a、7A 表现的是否为马祭？祭马是为了亡魂或神祇使用，所以，一般会有特别的装扮 [2]。从现有资料来看，装扮的形式主要有三种情况。其一，脚踝处系有飘带。若有人骑乘，则四个脚踝都系有飘带。如，虞弘石椁椁壁浮雕第 9 幅（图 2-22），该马为豪麻神 [3] 所骑。又如，虞弘石椁椁壁浮雕第 7 幅（图 2-23），该马为墓主虞弘所骑。若无人骑乘，则只在两个前肢的脚踝处系有飘带。这在大使厅南壁壁画上体现得尤为明显（图 2-24），国王的乘骑便是四肢的脚踝处皆有飘带，而祭司身后的祭马只有两前肢的脚踝处有之。其二，马身后有一曲盖。这种情况在中古中国粟特裔石葬具图像上多见，如 Miho 美术馆藏石棺床 B 屏（图 2-25）。其三，马头佩有头饰，如 Sivaz 遗址所见公元 7 世纪纳骨器上袄教祭司身旁之马（图 2-26）。从 7a → 7c 现有图像来看，7a、7B 皆仅存马的后肢，难以判定其前肢脚踝是否系有飘带。而从大使厅南壁来看，马祭中使用的祭马在脚踝处是系有飘带的。更为重要的是，同处大使厅的语境中，一般不会重复出现相同的题材。因为在大使厅壁画设计者的规划中，正是

[1] 按，对该屏内容的详细论证，详见沈睿文：《吉美博物馆所藏石重床的几点思考》，张小贵、王媛媛主编《三夷教研究——林悟殊先生古稀纪念论文集》，第 472～474 页；Shen Ruiwen, "Research on the Stone Funeral Bed Exhibiter in Guimet Museum", in Bruno Genito e Lucia Caterina ed., *Archeologia Delle Vie Della Seta: Percorsi, Immagini e Cultura Materiale,* VIII, Roma: Scienze e Lettere, 2017, pp.83-97, 后收入沈睿文：《中古中国袄教信仰与丧葬》，第 91～93 页。

[2] 沈睿文：《内亚游牧社会丧葬中的马》，魏坚主编《北方民族考古》第 2 辑，北京：科学出版社，2015 年，第 251～265 页；沈睿文：《中古中国袄教信仰与丧葬》，第 370～386 页。

[3] 姜伯勤：《中国袄教艺术史研究》，北京：生活·读书·新知 三联书店，2004 年，第 149 页。

图 2-22 虞弘石椁椁壁浮雕
第 9 幅线图

山西省考古研究所、太原市考古研究
所、太原市晋源区文物旅游局:《太
原隋虞弘墓》,第 114 页图 154。

图 2-23 虞弘石椁椁壁浮雕第 7 幅线图

山西省考古研究所、太原市考古研究所、太原市
晋源区文物旅游局:《太原隋虞弘墓》,第 111
页图 150。

要利用不同壁面的壁画内容承担不同的功能[1]。换言之，祭马不会在大使厅不同壁面上同时出现。因此，可以排除 M. 康马泰的"马祭说"。

最后，还需要讨论的是东壁所谓"一遍遍重复出现的肥胖裸身童子"。从东壁壁画的现状来看，在编号 3、4、5 处至少可以看到三个形态一样的"童子"，其意为何？实际上，这是表示同一射箭动作的不断重复。这种表现手法也见于大使厅北壁壁画中。正如 M. 康马泰指出的，在北壁壁画中，"同一头花豹在一个画面上重复出现两次，一次是被唐高宗手中的长矛刺穿，第二次是颓然倒在马蹄边"[2]。

我们也注意到，大使厅北壁绘有两幅唐高宗不同狩猎动作的定格（见图

---

[1]　按，此详见本书第五章"大使厅壁画何以如此？"。

[2]　〔意〕康马泰、克里斯托弗拉提：《撒马尔罕大使厅壁画上的唐代端午节》，毛铭译，〔意〕康马泰：《唐风吹拂撒马尔罕：粟特艺术与中国、波斯、印度、拜占庭》，第 12 页；M. Compareti, S. Cristoforetti, *New Elements on the Chinese Scene in the "Hall of the Ambassadors" at Afrāsyāb along with a reconsideration of "Zoroastrian" Calendar*, p.32, fig.11.

1-8：3），显然这并非表现两位"唐高宗"的存在，而是用相同人物形象的
两个不同场景来表示主角的狩猎行为。换言之，壁画的设计者用这个手法来表
示唐高宗猎豹的过程。可见，在大使厅壁画中是存在同一人物重复出现的现象
的，而且还借助该人物的重复出现来表现某种行为。因此，我们有理由认为大
使厅东壁壁画中"一遍遍重复出现的肥胖裸身童子"也是该手法的表现。换言
之，该方式是在表示同一"肥胖裸身童子"在不断地射箭。F. 葛乐耐便认为这
群小孩射手是表现一个人物多次重叠出现。只是，他认为这群小孩是印度小爱
神卡玛（Kama）[1]。

图 2-24　加藤九祚根据 L. I. 阿尔鲍姆摹本拼合的大使厅南壁壁画

据〔苏联〕L. I. アリバウム著，加藤九祚訳《古代サマルカンドの壁画》，85 ページ図 8 改制。

---

[1] 〔法〕葛乐耐：《撒马尔罕大使厅壁画都说了什么？》，毛铭译，所撰《驶向撒马尔罕的金色旅程》，
第 27 页。

图 2-25   Miho 美术馆藏石棺床 B 屏

郑岩：《逝者的面具——汉唐墓葬艺术研究》，北京大学出版社，2013 年，第 292 页图 29。

图 2-26 Sivaz 遗址纳骨器（公元 7 世纪）

N. I. Krashennikova, «Deux ossuaires à décor moulé trouvés aux environs du village de Sivaz, district de Kitab, Sogdiane méridio-nale», *Studia Iranica*, 22, 1993, pl. IV, fig.6.

四、毗湿摩诞生：《摩诃婆罗多》的故事

那么，究竟大使厅东壁壁画是什么内容呢？如上所述，2005 年，B. I. 马尔萨克推测其为印度某英雄史诗，唯憾不见任何论证。众所周知，《摩诃婆罗多》（*Mahābhārata*）和《罗摩衍那》（*Rāmāyaṇa*）并称为印度两大史诗。《摩诃婆罗多》是印度史诗时代和古典时代的"圣典"，即"第五吠陀"。摩诃婆罗多，一译"玛哈帕腊达"。书名的意思是"伟大的婆罗多族的故事"。这部史诗以印度列国纷争时代为背景，描写婆罗多族的两支后裔俱卢族和般度族为争夺王位继承权而展开的种种斗争，最终导致大战。大战互有胜败，最后双方将士几乎全部捐躯疆场。

福身王（Santanu）是婆罗多族和俱卢族的一代名王，"他的辉煌历史，

被称为《摩诃婆罗多》"[1]。关于福身王的故事是从他何以升至天堂，又降生至凡人开始的，这又跟毗湿摩（Bhishma）的诞生联系在一起。这便是《摩诃婆罗多》的《初篇》中的主要故事之一。

　　根据金克木、赵国华、席必庄所译《摩诃婆罗多》[2]，我们将该故事的梗概叙述如次：

　　甘蔗族系始于国王摩诃毗奢，他因举行一千次马祭、一百次强力酒祭，天帝十分满意，得以升至天堂。某日，众神拜见大梵天，席间，唯独摩诃毗奢毫不胆怯地注视着恒河女神（Goddess Ganga，甘伽）[3]。大梵天斥责摩诃毗奢，对他说："你降生到凡人中之后，才能重新获得众世界。"摩诃毗奢选择波罗底波王为父亲。恒河女神把摩诃毗奢铭记在心，走了出去。途中，遇见天上神圣的众位婆薮，个个身体灰暗，灰尘遮住了神光。问其故，众位婆薮告知：他们因为犯错，受到口宣梵典的极裕仙人（阿波婆）激烈的诅咒，只能投胎到女人腹中。众位婆薮请求恒河女神变成凡间女人，与凡间的福身王结婚，生下他们为儿子。孩子一出生，就扔到水中。这样，不要多久他们便可以复位。同时，他们又和恒河女神约定，众位婆薮各拿出八分之一的元阳，请恒河女神以此元阳生一儿子留给福身王。但是，该儿子在凡人中将不会再生下后代。

---

[1]　〔印〕毗耶苏：《摩诃婆罗多》第一《初篇》，1.92.91～1.94.59，金克木、赵国华、席必庄译，《摩诃婆罗多》（一），北京：中国社会科学出版社，2005年，第242页。

[2]　〔印〕毗耶苏：《摩诃婆罗多》第一《初篇》，1.92.91～1.94.59，金克木、赵国华、席必庄译，《摩诃婆罗多》（一）。按，1919年，印度班达卡尔（Bhandarkar）东方研究所在现存并不古老的抄本基础上，提供一种尽可能古老的版本，这就是精校本编订。精校本以青项本（Nīlakaṇṭha）为基础，逐字逐句进行对勘，记录下不同之处，排除重复的抄本，用作校勘的抄本有七百多种，1966年出齐。精校本以校勘记和附录的方式将所有重要抄本的重要异文——列出，这使它实际上比现存任何抄本都完全，为现存抄本中最古老和最纯洁的版本。金克木等人翻译的《摩诃婆罗多》原则上依据精校本正文，精校本列出的译文只是用作参考。详见黄宝生：《摩诃婆罗多（一）·前言》，〔印〕毗耶苏：《摩诃婆罗多》（一），金克木、赵国华、席必庄译，第14～16页。

[3]　按，在印度神话中，恒河原是一位女神，是希马华特（意为雪王）的公主，为滋润大地，解救民众而下凡人间。女神既是雪王之女，家乡就在对门山缥缈的冰雪王国，这与恒河之源喜马拉雅山脉南坡加姆尔的甘戈特力冰川相呼应，愈加带有神话色彩。加姆尔在印度语中是"牛嘴"之意，而牛在印度是被视为神圣的，恒河水是从神灵——牛的嘴里流出来的圣洁清泉，于是便被视为圣洁无比。此详见 http://xiuxing.baike.com/article-1425954.html。

来到恒河岸边祈祷的波罗底波王拒绝了恒河女神结婚的请求，但是，波罗底波王同恒河女神约定将来自己的子嗣再与之结合，且不该知道后者的出身，对后者所做之事亦绝对没有丝毫的疑虑。

波罗底波王为了求子，和妻子一道修炼苦行，到了晚年，终于得子，他就是摩诃毗奢，称为福身。福身长大后，波罗底波王将此前与恒河女神的约定告诉福身，一再吩咐福身不要询问女子的出身，盘问她的所作所为。在给福身灌顶、立为王之后，波罗底波王住进了森林。

福身王的箭术闻名于世，嗜好打猎，经常奔走于森林之中。有一次，为了猎鹿和野牛，福身王独自一人沿着小神灵悉陀和遮罗纳看护的恒河行进。一日，"他看见一位绝色美女，神采辉焕，光艳照人，俨然红莲下凡。她全身美丽无瑕，皓齿粲然，佩戴着神妙的珠宝，穿着轻柔的衣裙，只身一人，犹如灼灼莲花的花蕊一般"，即恒河女神。福身王向她求婚，恒河女神回忆起和众婆薮的约定，举步相迎，跟福身王约定：无论她做什么，福身王都不能出手、出口制止，否则，她就离开。福身王同意遵守该约定。二人婚后，福身王对她更是百般宠爱。该女子先后生了八个儿子，"一个个形若天神。每个儿子刚一出生，她就扔到河水中。婆罗多的子孙啊！'我多么喜欢你呀！'"她说完这句话，就把儿子扔进恒河的波涛之中。福身王对此虽然极为不悦，但是因为害怕她会离去只能不语。第八个儿子生下之后，福身王终于违背了约定，对女子进行盘问并恶语相向，女子不得不告知福身王自己是恒河女神、阇诃奴的女儿，以及事情的原委、她和众婆薮的约定：

楼拿的儿子，极裕仙人，又叫阿波婆（水神之子），有一座神圣的森林道院，坐落在众山之王弥卢山的山坡上。他有一头不同凡响的如意神牛，是陀刹之女怡悦女神和迦叶波所生。为了恩惠世界，他将该牛作为祭祀奶牛。某日，以广袤为首的众位婆薮，偕同妻子，一齐来到了这座森林道院。神光神的夫人妙腰女郎想让她的朋友睿智王仙优湿那罗之女怀胜喝一点神牛的乳汁以免衰老和疾病，为了讨取夫人妙腰女郎的欢心，神光神和广袤神等众婆薮一起，偷走了如意神牛。极裕仙人回到森林道院后，发现了事情原委，大怒，诅咒了众婆薮。其中陀罗等七位婆薮将会一年一个从他的诅咒中解脱，而神光神则要在凡人世界度过漫长的岁月，也不会生下后代。众婆薮向她（恒河女神）请求一个恩典，就是后来她所做的事情。

恒河女神把这些告诉福身王之后，随即抱着那个孩子（刚生的第八子）离去了。这个儿子，后来取名天誓（Devarath），又称恒河之子。

十三年后的某日，福身王射中一头鹿，他沿着恒河河道追踪前行，发现恒河水流很小，正纳闷为何河流今天不像往日那样奔腾流泻，便看见一个男孩，"相貌堂堂，身躯高大，十分英俊。他俨然毁敌城堡的天帝，正舞动着一张神弓，用射出的密密麻麻的利箭，去阻挡整条恒河的滔滔流水。恒河的水流，被他用利箭阻挡在面前"。福身王惊异于此神奇非凡的举动，但却不知他就是自己的儿子。那男孩一见到父亲，便施展幻术，趁福身王迷乱之际消逝了。福身王猜想他是自己的儿子，便对恒河呼唤："让他出现吧！"恒河女神"以种种珠宝盛装华饰，身着一尘不染的仙衣"，"拉着孩子的右手，将精心打扮的儿子呈现在他的面前"。恒河女神告诉福身王，男孩是从前他俩生的第八个儿子，请他把男孩领回家。男孩从极裕仙人处学习了吠陀和吠陀支，十分勇武，精通各种兵器，是最杰出的射手。他通晓太白仙人的学问，以及莺耆罗之子（毗诃波提）的学问，包括其分支和细节。他也谙练仙人（持斧）罗摩的武艺。他是伟大的射（骑）手，"精通王者之法，深知王者之利，是一个英雄"。

"就这样，得到恒河女神的允许，福身王领着太阳般辉煌的儿子，返回自己的京城"[1]。恒河之子在宫中长大后，没有继承王位，而是把王位让给了福身王续娶王后的孩子。他终身未娶，是全族公认最有学问的人、最受尊敬的族长，活了很长时间才死去。

结合上述《摩诃婆罗多》所载毗湿摩出生的故事，我们比对大使厅东壁壁面现存诸壁画单元的内容，具体对应如下：

编号6为恒河女神，编号7为刚出生的毗湿摩——恒河女神与福身王所生的第八子（神光神的转世），该场景很可能表现恒河女神要将刚出生的毗湿摩

---

[1] 〔印〕毗耶苏：《摩诃婆罗多》第一《初篇》，1.92.91～1.94.59，金克木、赵国华、席必庄译，《摩诃婆罗多》（一），第234～244页。按，本文正文中引号内为译文原文。

扔进恒河（编号 6a）中，福身王违背诺言，出言阻止。之后，恒河女神带走毗湿摩离开福身王。

场景编号 1 → 2a 表现的是神光神（编号 2）在妻子妙腰女郎的撺掇下，偷走极裕仙人（阿波婆）的如意神牛（编号 2a）。编号 1 可能为广袤神。因为如果是神光神的夫人的话，应该是腰肢婀娜的形象。但是，显然编号 1 并非如此。编号 1 为广袤神或其他某位婆薮，也就可以理解其绘以白色，意在表现婆薮神性之高洁，即通体发出神光。此外，需要指出的是，壁画将该故事发生的场景从森林道院改至恒河水中，很可能是为了壁画整体构图之便而变通。

门道东侧 7a、7A、7B 分别为马、人、马各一，在 7c 处还有很多人物，可知 7a → 7c 表示的是出行仪仗，即福身王的出行仪仗。换言之，7a → 7c 表示的应该是福身王在恒河边散步。根据《摩诃婆罗多》中关于毗湿摩出生神话的记载，福身王出现在恒河边有三处。其一，7a → 7c 有可能表现福身王在恒河边初次邂逅一女子（即恒河女神），向恒河女神求婚。其二，福身王在恒河边散步，见童子（编号 3、4、5）向恒河中射箭，恒河女神现身告知福身王该童子为其生子。可见，在这两种解释方案中，在 7c 处都会有恒河女神的形象。我们将这种解释方案分别称为①、②。其三，福身王在恒河边散步，见童子（编号 3、4、5）射箭，得知该童子为其生子，经恒河女神允许后，带走该童子。我们将该方案称为③。

编号 3、4、5 通过相同形象的重复，表示毗湿摩在恒河边不断地朝恒河射箭，箭头所朝之大空白（编号 5a）原应绘恒河之水。此处表现的是恒河的水流被毗湿摩的利箭阻挡在面前。

编号 8、9 场景表现的是恒河女神告诉福身王毗湿摩（编号 9、10a）向极裕仙人（编号 8）学习吠陀和吠陀支，编号 10a/10 以及右侧（编号 10b）可能表现的是毗湿摩从太白仙人、毗诃波提以及罗摩等仙人学习骑射、各种学问和技艺。

编号 5b 的水鸟以及编号 a、b 的动植物，表示整体气氛的祥和。正如大使厅北壁壁画左侧水中动物的蕴意一般[1]（见图1-6：2），而非如 F. 葛乐耐所言攻击婴儿时期的克里希纳的大鸟怪普塔那[2]。另文已具，此不赘述。

综上，可以判断大使厅东壁壁画的内容为《摩诃婆罗多》中的毗湿摩诞生。这就是为何在婴儿身侧会铭刻两个粟特词"重要婴儿"[3]的重要原因。因为东壁壁面叙述的便是该婴儿毗湿摩出生的故事。

五、余　论

M. 莫德认为门道右侧壁面内容的叙述顺序为：先从右下角往左读，然后再折从左上往右读[4]。虽然他没有对门道左侧的壁画内容进行阐释，但是，他判断这是发生在吐鲁番的东突厥的故事。同时，他认为从大使厅装饰的总体意图来看，门道左右两侧的壁画内容应该有着必然的关联[5]。

下面我们对应 7a → 7c 的三种解释方案，分别按照《摩诃婆罗多》的叙事顺序和所述事情发生之先后，条列大使厅东壁壁画的阅读次序，如下表（表2-1）。

---

[1]　详见本书第一章"《穆天子传》与大使厅北壁壁画"。

[2]　〔法〕葛乐耐：《撒马尔罕大使厅壁画都说了什么？》，毛铭译，所撰《驶向撒马尔罕的金色旅程》，第26页。

[3]　〔法〕葛乐耐：《撒马尔罕大使厅壁画都说了什么？》，毛铭译，所撰《驶向撒马尔罕的金色旅程》，第26页。

[4]　M. Mode, "Court art of Sogdian Samarqand in the 7th century AD. Some remarks to an old problem", in Online publication (2002) at: http://www.orientarch.uni-halle.de/ca/afras/index.htm.

[5]　M. Mode, *op. cit.*

表 2-1 大使厅东壁壁画诸单元的次序

方案	《摩诃婆罗多》的叙事顺序	所述事情发生之先后
①	7a → 7c；6/7 → 6a；1 → 2a；3 → 5；8 → 10b	1 → 2a；7a → 7c；6/7 → 6a；8 → 10b；3 → 5
②	6/7 → 6a；1 → 2a；7a → 7c；3 → 5；8 → 10b	1 → 2a；6/7 → 6a；8 → 10b；7a → 7c；3 → 5
③	6/7 → 6a；1 → 2a；3 → 5；8 → 10b；7a → 7c	1 → 2a；6/7 → 6a；8 → 10b；3 → 5；7a → 7c

　　根据《摩诃婆罗多》的记载，福身王第一次在恒河边邂逅恒河女神时，是独自一人为了猎鹿和野牛。从 7a → 7c 中现存可知有两匹马的情况来看，可以断定 7a → 7c 并非表示福身王第一次邂逅恒河女神。换言之，方案①的可能性是不存在的。显然，如果从毗湿摩出生故事的完整性来看，方案③中对 7a → 7c 的解释是最为合理的。因为它表示福身王将毗湿摩从恒河边带回京城，如此才完成了毗湿摩诞生中相对完整的一段故事。

　　《摩诃婆罗多》的原始形式不可能出现在吠陀时代结束前，即不可能早于公元前 4 世纪，其现存形式不可能晚于公元 4 世纪。《摩诃婆罗多》成书后，以口耳相传和抄本的形式传承。抄本的年代绝大多数属于 15 世纪以后，其中流行最广的天城体青项本是 17 世纪晚期的产物。抄本使用的材料主要是贝叶和纸张，少数是桦树皮。《摩诃婆罗多》抄本分为北传本和南传本两大类，北传本全书分为十八篇，南传本分为二十四篇，南传本在故事细节描写上更为丰富，诗句更为正确，语义更为连贯。因此北传本又称作"简朴本"，南传本称作"修饰本"[1]。

　　鸠摩罗什（344—413 年）译《大庄严论经》卷五曰："时聚落中多诸婆罗门，有亲近者为聚落主说《罗摩衍那》，又《婆罗他书》，说阵战死者，命终生天。"可知，中国早在 5 世纪初就已知道印度有《摩诃婆罗多》和《罗摩衍那》两大

---

[1] 黄宝生：《摩诃婆罗多（一）·前言》，〔印〕毗耶苏：《摩诃婆罗多》（一），金克木、赵国华、席必庄译，第 8 ~ 16 页。

史诗[1]，但是，当时是否已知其具体内容，史无明载，不得而知。福身王是婆罗多族和俱卢族的一代名王，其子毗湿摩是神光神在人间的化身，是摩诃婆罗多中难敌一方（俱卢族）最主要的英雄，其诞生是《摩诃婆罗多》主线故事情节中叙述的第一个故事。大使厅东壁壁画以福身王故事中有关毗湿摩诞生的情节为主题，表明粟特地区至迟在公元 7 世纪[2] 对此已熟谙，并能将之视为印度及其历史文化的代表。

---

[1] 黄宝生：《摩诃婆罗多（一）·前言》，〔印〕毗耶苏：《摩诃婆罗多》（一），金克木、赵国华、席必庄译，第 5 页。

[2] 按，目前，关于大使厅壁画创作年代集中于公元 7 世纪中期左右，F. 葛乐耐认为创作于公元 660 年或者 663 年；我们认为很可能创作于公元 658 年。详见〔法〕葛乐耐：《撒马尔罕大使厅壁画都说了什么？》，毛铭译，所撰《驶向撒马尔罕的金色旅程》，第 36 页；〔俄〕马尔萨克：《辉煌的撒马尔罕大使厅壁画》，毛铭译，所撰《突厥人、粟特人与娜娜女神》，第 64 ～ 65 页；又见本书第一章 "《穆天子传》与大使厅北壁壁画"。

第三章 ——刺鹅荐庙：大使厅南壁壁画研究

一、已有研究

如同大使厅其他壁面绘画一样，南壁壁画（图 3-1）保持状况亦不佳。1975 年，L. I. 阿尔鲍姆（L. I. Al'baum）描摹及描述的大使厅南壁壁画内容，摘要如次：在前壁（东壁）侧描绘有建筑入口一类的事物，其中站立四人（顺次编号：L1 ~ L4）。骑士队伍朝着他们行进。大象在前，其后是侧坐白马的三位女性（L6 ~ L8）、骑骆驼的两位男性（L9、L10）、马和四只白鸟、白布覆口的两人（L11、L12）、骑着一匹大马的男性（L13）和手持权标（旌节）的两位骑马男性（L14、L15），其后还可见三匹马的头部和前蹄。队伍上方还残存一些动物的腿[1]。在撰述中，L. I. 阿尔鲍姆把该壁面壁画分作若干单元介绍，并没有提供所见南壁壁画面貌的整体线图（图 3-2）。

1978 年，阿弗拉西阿卜考古探险队的领队 G. V. 希什吉娜（G.V. Shishkina）组建一个团队，用黑白两种颜色对当时的部分壁画进行复原。她原拟描摹所有壁画内容，但实验室修复的漫长过程阻止了研究团队的工作。同年，A. A. 阿卜杜拉扎科夫（A. A. Abdurazakov）领导的乌兹别克斯坦科学院考古研究所化学技术实验室（The Chemical-technological Laboratory of the Institute of Archaeology of Uzbekistan Academy of Sciences）团队重新清理、绘制壁画，他们发现了此前 L. I. 阿尔鲍姆并未报道的若干细节，认为后者的描述存在很多错误[2]。遗憾的是，大使厅壁画全图虽于当年绘成，但最终并未发表。1986

---

[1]　L. I. Al'baum, *Zhivopis' Afrasiaba (Painting from Afrasiab)*, pp.40-60; 此据〔苏联〕L. I. アリバウム著，加藤九祚訳《古代サマルカンドの壁画》，85 ~ 98 ページ。

[2]　参见 I. A. Arzhantseva, O. N. Inevatkina, "Rospisi Afrasiaba: noviye otkrytiya, kotorym chetvert' veka - Tsentral'naya Aziya. Istochniki, istoriya, kul'tura", in *Tezisy dokladov konferentsii*, ed. by T.K. Mkrtychev, Moscow, 2003, pp.18-21.

图 3-1　大使厅南壁壁画残存图像轮廓线描

"INTRODUCTORY PLATES", in *Rivista degli studi orientali, Nuova Serie, Vol.78, Suppl. No.1: Royal Naurūz in Samarkand: Proceedings of the Conference Held in Venice on the Pre-islamic Paintings at Afrasiab (2006)*, Roma, p.26, Pl.4. 图中序号为 L. I. 阿尔鲍姆所编。

年，G. V. 希什吉娜根据新见细节，在题为"阿尔鲍姆'撒马尔罕，露天博物馆'解释者未提到的"小章节中进行了部分的重新诠释[1]。不过，此文并未得到应有的关注[2]。因此，在很长时间里，L. I. 阿尔鲍姆关于大使厅南壁的复原方案仍被广为接受，成为研究者进一步探讨的基础。2005 年 3 月，在威尼斯举行的"撒马尔罕壁画国际学术会议"上，I. A. 阿罕塞瓦（I. A. Arzhantseva）和 O. N.

---

[1]　G. V. Šiškina, "O čem molčal tomač (What the interpreter failed to mention)", in V. A. Bulatova, G. A. Šiškina, *Samarkand-muzei pod otkrytym nebom,* Taškent, 1986, pp.33-34.

[2]　关于 G.V. 希什吉娜此文的影响情况，详见 Irina Arzhantseva, Olga Inevatkina, "Afrasiab wall-paintings revisited: new discoveries twenty-five years old", in *Rivista degli studi orientali, Nuova Serie, Vol.78, Suppl. No.1: Royal Naurūz in Samarkand: Proceedings of the Conference Held in Venice on the Pre-islamic Paintings at Afrasiab (2006)*, Roma, p.188.

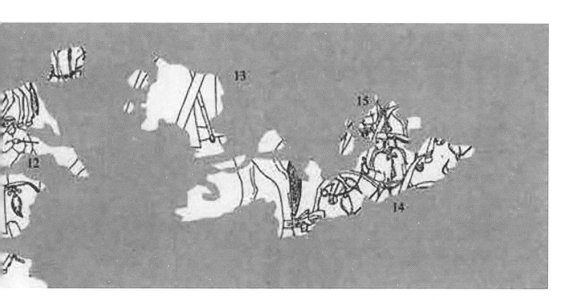

伊涅瓦吉娜（O. N. Inevatkina）对 G. V. 希什吉娜的描摹做了刊布[1]，可知它与 L. I. 阿尔鲍姆摹本的不同集中在大使厅西壁和北壁的局部。

　　1966 年，V. A. 希什金（V. A. Shishkin）就注意到南壁壁画人物 L13 残存有 2 米高，进而推断其图像应有 4 米高，其身份应为统治王朝的王者或是王子[2]。而在 1971 年撰写的一篇短文中，L. I. 阿尔鲍姆便认为南壁是西壁的一部分[3]，所绘为赤鄂衍那（Chaghanian，《册府元龟》作"支汗那"）使节给

[1]　详见 Irina Arzhantseva, Olga Inevatkina, "Afrasiab wall-paintings revisited: new discoveries twenty-five years old", in *Rivista degli studi orientali, Nuova Serie, Vol.78, Suppl. No.1: Royal Naurūz in Samarkand: Proceedings of the Conference Held in Venice on the Pre-islamic Paintings at Afrasiab (2006)*, Roma, pp. 185-211.

[2]　V. A. Šiškin, *Afrasiab-sokroviščnica drevnej kul'tury*, Taškent,1966, p.18.

[3]　L. I. Al'baum, "Novye Rospisi Afrasiaba (New paintings at Afrāsiāb)", in *Strany I narody Vostoka 13*, Moskow, 1971, pp.83-89.

图 3-2　加藤九祚根据 L. I. 阿尔鲍姆摹本拼合的大使厅南壁壁画及其编号

据〔苏联〕L. I. アリバウム著，加藤九祚訳《古代サマルカンドの壁画》，85 ページ図 8 改制。

撒马尔罕统治者带来一位公主和珍贵的礼物 [1]，他判断西壁壁画人物 M4 为康
国国王拂呼缦（Varkhuman），并推定大使厅壁画描绘了拂呼缦被宣布为索格
底亚那的摄政王（Ikhshid）[2]。在大使厅发掘结束之后出版的正式报告中，L. I.
阿尔鲍姆继续沿用了上述观点，认为大使厅南壁壁画展示了撒马尔罕新娘及其
仪仗婚礼出行的场面。骑者（L13）是西壁粟特铭文中提到的赤鄂衍那使节，
前导大象的上方，原本绘有赤鄂衍那公主。鞍马和四只鸵鸟，应该是给拂呼缦
的礼物 [3]。L. I. 阿尔鲍姆的上述观点主导了大使厅壁画的早期研究。不过，她
认为西壁人物 M4 为拂呼缦，据以判定的是该人物颈部的粟特铭文，而该铭文

[1]　L. I. Al'baum, "Novye Rospisi Afrasiaba (New paintings at Afrāsiāb)", in *Strany I narody Vostoka 13*,
　　　Moskow, 1971, p.86.

[2]　L. I. Al'baum, *op. cit.*, p.89.

[3]　〔苏联〕L. I. アリバウム著，加藤九祚訳《古代サマルカンドの壁画》，90 ～ 91 ページ。

在后来被确认为误释。

1981 年，A. M. 别列尼茨基（A. M. Belenitsky）和 B. I. 马尔萨克（B. I. Marshak）采纳了 L. I. 阿尔鲍姆对西壁人物 M4 的上述判断以及西壁与南壁内容的关联性，认为大使厅的铭文表明其内容是向统治者拂呼缦赠送礼物的场景，而这可能是从端墙开始的婚礼队伍 [1]。南壁是赤鄂衍那使者往撒马尔罕粟特皇宫的仪仗 [2]。

1982 年，Л・И・列穆佩撰文同样认为大使厅南壁壁画内容是婚礼行列。行列为首的是坐在白象象舆内的公主（本章编号 L4A，本书作者编，特指象背上的核心人物），紧随其后的是护送新娘的一名女仆（L5），继而是这位

[1]　A. M. Belenitskii and B. I. Marshak, "The Paintings of Sogdiana", G. Azarpay, *Sogdian Painting. The pictorial epic in Oriental art*, with Contributions by A.M. Beleniskii, B. I. Maršak and M.J. Dresden, p.63.

[2]　A. M. Belenitskii and B. I. Marshak, *op. cit.*, pp.117-118.

女主人公（L4A）的一群侍从（L6、L7、L8）。她们侧坐在欢快的马上。而后是各骑单峰驼的两个老者模样的人，其中一人是白须红脸老人（L9），微凸的淡蓝色双眼发出锐利的目光，另一人面色白皙，留着黑色络腮胡和精致的髭（L10），两人衣着华丽，举起的手中每人各持一状如穿山甲的手杖或槌。接着是一只驮东西的马匹，披着华丽的鞍鞯，由宫廷饲马总管（L11）小心地牵着。在这匹马的上方有四只野禽（鸵鸟？），由另一名仆人（L12）驱赶着（两名仆人都系有带子把嘴捂住）。之后是送亲的主要使者——穿红衣骑黄马的高大骑士形象（L13）（他与整个画面同高，占据画面的中心位置）。最末殿后的是衣着华丽手持仪仗武器的五名骑士（L14、L15 等）。整个送亲队伍有马队护卫。另一端在城门口有一群显贵的人们（L1 ～ L4）在迎候（图形已破损不全）[1]。今已毋庸赘言，Л·И·列穆佩关于南壁行列中若干元素的描述显然存在问题。如，他误以为人物 L11 为宫廷饲马总管。

　　但是，对此逐渐有了不同意见，这始于意大利学者 C. S. 安东尼尼（Chiara Silvi Antonini）的研究。

　　1989 年，C. S. 安东尼尼对大使厅西壁壁画内容进行了考证，认为它是初夏波斯历新年（Nawrūz）节日里，各国使臣在突厥武士陪同下庆贺粟特国王拂呼缦接受唐高宗册封的场面[2]。该观点对此后大使厅壁画研究影响深远，学者多以此为出发点讨论大使厅北壁与南壁内容在历法上的时间共性，并据此判定大使厅壁画的绘制年代。对于南壁壁画，C. S. 安东尼尼认为戴着白口罩"帕达姆"（padhām）的两人（L11、L12）是祭司，所携动物是献祭的牺牲。她推测骑象的是王妃（L4A），而 L13 是拂呼缦。该观点多被后来的研究者所接纳。同时，她指出南壁壁画中的出行队伍 L13 → L4A 是往东行进的，而非朝西壁而行。南壁、西壁壁画的内容应该是各自独立的。

　　1993 年，德国学者 M. 莫德（M. Mode）撰文支持上述 A. M. 别列尼茨基和 B.

---

[1]　此据〔苏联〕Г·А·普加琴科娃、Л·И·列穆佩：《中亚古代艺术》，陈继周、李琪译，乌鲁木齐：新疆美术摄影出版社，1994 年，第 58 ～ 59 页。按，括号内壁画人物的编号为笔者所加。下同。

[2]　Chiara Silvi Antonini, "The Paintings in the Palace of Asfrasiab (Samarkand)", in *Rivista delgi Studi Orientali,* Vol.63, Fasc. 1/3 (1989), pp.109-144.

I. 马尔萨克的观点。根据多次到阿弗拉西阿卜博物馆观摩原作所得，M. 莫德
绘制了正壁（西壁）和右壁（北壁）的全图，并对 L. I. 阿尔鲍姆的描述做了
若干修订。他认为白象后背处为一女伎乐（L5）。象项系一金色铃铛。其后
三位女骑从（L6～L8）并非皆乘白马，L6、L7、L8 坐骑的颜色分别为黑
色、黄色和狐红色（foxy-red）。其中最前出的红衣女子（L6）的手臂上有一
处粟特文题记，V. 里夫什茨（Vladimir Livšic）的录文为： "*ztch pw(n)h/āzatč
pun?/*"，英译作： "a noble lady" [1]，意即"贵族女子"。据此可知，三位侧
坐女骑从皆为贵族。特别需要指出的是，M. 莫德把此前 L. I. 阿尔鲍姆提供的
各壁面单元拼合成一个完整的画面。关于南壁壁画内容，M. 莫德认为华丽的
祭马预示着南壁壁画表现的是葬礼，即：史国和撒马尔罕的王西希庇尔的后继
者拂呼缦在史国为西希庇尔举行追悼会的场景。人物 L11、L12 是祭司，L13
是拂呼缦；并声称塔吉克斯坦和乌兹别克斯坦的人类学证据支持该观点 [2]。他
采纳了 O. I. 斯米尔诺娃（O. I. Smirnova）在 1970 年发表的意见，认为撒马尔
罕所出钱币上的刻铭 "šyšpyr" 是《新唐书·西域传》"史国"条的史国王沙
瑟毕（即西希庇尔王）[3]，并进而认为南壁表达撒马尔罕王拂呼缦在史国为其
前任沙瑟毕举行追悼会的场景，西壁 M4A 比定为西希庇尔王。对撒马尔罕（康
国）和片治肯特历史的误解是造成该误判的主要原因。对此，日本学者影山悦

---

[1] M. Mode, *Sogdien und die Herrscher der Welt. Türken, Sasaniden und Chinesen in Historiengemälden des 7. Jahrhunderts n. Chr. aus Alt-Samarqand* [*=Europäische Hochschulschriften. Reihe XXVII. Kunstgeschichte, Bd. 162*], pp.98-104. 关于该粟特文题记的释读，详悉：V. Livšic， "The Sogdian Wall Inscriptions on the Site of Afrasiab"， in *Rivista degli studi orientali, Nuova Serie, Vol. 78, Supplemento No. 1: Royal Naurūz in Samarkand: Proceedings of the Conference Held in Venice on the Pre-islamic Paintings at Afrasiab (2006)*, Roma, p.66. 按，V. 里夫什茨认为女子（L6）所乘为一匹 "black-gray horse"，即黑灰色马。详见 V. Livšic， "The Sogdian Wall Inscriptions on the Site of Afrasiab"， in *Rivista degli studi orientali, Nuova Serie, Vol. 78, Supplemento No. 1: Royal Naurūz in Samarkand: Proceedings of the Conference Held in Venice on the Pre-islamic Paintings at Afrasiab (2006)*, Roma, p.66.

[2] M. Mode, *Sogdien und die Herrscher der Welt. Türken, Sasaniden und Chinesen in Historiengemälden des 7. Jahrhunderts n. Chr. aus Alt-Samarqand* [*=Europäische Hochschulschriften. Reihe XXVII. Kunstgeschichte, Bd. 162*], pp.98-104.

[3] O. I. Smirnova, "Sogd (K istorii izutchenija strany i o zadatchakh ee issledovanija)"， *Palestinskij sbornik*, vyp. (21)94, Leningrad, 1970, pp.121-150.

子（Etsuko Kageyama）已一再指出，M. 莫德将西壁壁画人物 M4A 比定为西希庇尔王（即沙瑟毕）有误。冈本孝（Takashi Okamoto）在 1984 年已经提出，O. I. 斯米尔诺娃在 1981 年便已意识到钱币上的 šyšpyr 更可能是指康国王世失毕，而非沙瑟毕。因此，M. 莫德对左壁（即南壁）的解释是没有根据的，他对正壁（即西壁）的解释，也须重新检讨 [1]。

1994 年，B. I. 马尔萨克、M. 萨多斯卡 - 达金（Malgoržata Sadowska-Daguin）和 F. 葛乐耐（F. Grenet）撰文指出，大使厅南壁描绘着撒马尔罕国主拂呼缦在波斯新年出行到双亲陵寝祭祀的场景 [2]。在拂呼缦的皇家仪仗出行图中，出行队伍携带着准备献祭给位于都城东郊的双亲陵墓的牺牲动物——四只白鹅和一匹空鞍马（即祭马）。同时，他们仍坚持认为出行队伍在南壁并未结束，应是接续着正壁（即西壁）的左侧。正壁的左侧表现将拂呼缦的先祖们送往天国过幸福生活的场景，拂呼缦自身也在其中。正壁的左侧，可能是象征世界秩序的宇宙的图像。此后该思路成为 B. I. 马尔萨克认识大使厅南壁壁画内容的基调。2001 年，B. I. 马尔萨克撰文再次指出大使厅南壁所绘是一奔赴帝王陵墓的仪仗，

---

[1]　Takashi Okamoto, "Chronology of Kings of Sogd", in *Tōyō Gakuhō (Tokyo)*, 65, 1984, p.IV;〔日〕冈本孝：《粟特钱币考》，冯继钦译，《中国钱币》1987 年第 4 期，第 43 ～ 46 页。按，关于这一点吉田丰 1996 年早已指出。详见：Y. Yoshida, "Additional notes on Sims-Williams' article on the Sogdian merchants in China and India", in A. Cadonna and L. Lanciotti (eds.), *Cina e Iran, da Alessandro Magno alla dinastia Tang*, 1996, pp.70-71. 影山悦子：《サマルカソド壁画に见られる中国绘画の要素において——朝鲜人使节はワルフマソ王のもとを访れたか》，《西南アジア研究》49 号，1998 年，23 ページ；中译文详见〔日〕影山悦子：《撒马尔罕壁画所见中国绘画因素——朝鲜使节是否在拂呼缦王治时到访》，王东译，罗丰主编《丝绸之路考古》第 3 辑，第 172 页。

[2]　B. I. Marshak, Malgoržata Sadowska-Daguin and F. Grenet, "Le programme iconographique des peintures de la «Salle des ambassadeurs» à Afrasiab (Samarkand)", *Arts Asiatiques*, Tome 49, 1994, pp.5-20. 按，据 F. 葛乐耐和 M. 莫德介绍，该观点是 B.I. 马尔萨克宣布于 1990 年大使厅博物馆落成纪念日上。详见 F. Grenet, "What was the Afrasyab Painting About?", in *Rivista degli studi orientali, Nuova Serie, Vol.78, Suppl. No.1: Royal Naurūz in Samarkand: Proceedings of the Conference Held in Venice on the Pre-islamic Paintings at Afrasiab (2006)*, Roma, p.43. 此据〔法〕葛乐耐：《撒马尔罕大使厅壁画都说了什么？》，毛铭译，所撰《驶向撒马尔罕的金色旅程》，第 24 页。按，文中"双亲陵寝（墓）"，毛铭译作"祖先神庙"。M. Mode, "Reading the Afrasiab murals: some comments on reconstructions and details", in *Rivista degli studi orientali, Nuova Serie, Vol.78, Suppl. No.1: Royal Naurūz in Samarkand: Proceedings of the Conference Held in Venice on the Pre-islamic Paintings at Afrasiab (2006)*, Roma, p.107.

图 3-3　大使厅南壁壁画中的祭司与祭马线图

据〔苏联〕L. I. アリバウム著，加藤九祚訳《古代サマルカンドの壁画》，90 ページ図 12 改制。

其中一位戴口罩"帕达姆"的祭司手牵一匹空鞍马[1]（图 3-3）。

　　一个法国研究小组多年与 F. 葛乐耐、A. 巴贝特（Alix Barbet）和 F. 欧里（François Ory）共同致力于大使厅四壁的记录和复原。2002 年，F. 欧里描摹了修复后的壁画，F. 葛乐耐据此重新复原了整个大使厅壁画[2]，复原图由 F. 葛乐耐和 F. 欧里共同完成。其南壁复原方案（图 3-4）与此前的区别主要有五。其一，复原了队伍前端建筑样式及站立的三位迎谒者（L2 ～ L4）和一位武士（L1）；武士（L1）戴着中亚士兵的典型鳞片盔甲。其二，复原了大象背上的四位人物（L4A、L5 等）及性质。其三，根据片治肯特壁画，复原了四只走"鹅"上部男骑从及手持之长矛状工具。其四，根据片治肯特壁画中的粟特王冠、王座和斧钺等图像，复原了队伍中心地位的男子（L13，其图像大小为其他人物的两倍），包括服饰和手持之器具。他们认为该男子（L13）手持权钺，与其前骑驼者（L9、L10）不同，应为粟特王拂呼缦，而乘象的核心人物（L4A）为"王后"。其五，复原了出行队伍（L14、L15）后之男骑从，他们所持为一红色长杆，

[1]　B. I. Marshak，"La thèmatique sogdienne dans l'art de la Chine de la seconde moitiè du Vie siècle"，*Académie des Inscriptions & Belles Inscriptions & Belles-Lettres, Comptes rendus des séances de l'année 2001 janvier-mars,* Paris, 2001, p.238.

[2]　F. Grenet, M. Samibaev, *«Hall of the Ambassadors» in the Museum of Afrasiab (middle of the VIIth Century),* Samarkand, 2002, pp.6-7, fig.2.

图 3-4　大使厅南壁壁画 F. 葛乐耐、F. 欧里复原方案

F. Ory, "Essai de restitution des parties manquantes de la peinture d'Afrasiab", in *Rivista degli studi orientali, Nuova Serie, Vol.78, Suppl. No.1: Royal Naurūz in Samarkand: Proceedings of the Conference Held in Venice on the Pre-islamic Paintings at Afrasiab (2006)*, Roma, p.91fig.3.

其杆头金属质，顶端有大流苏下垂，与 L14、L15 手持旌节同，而与前述男骑从不同。

也就是在这一年，M. 莫德撰文指出：

> 大象头部的背景是浓郁的蓝色。该蓝色背景已被用于整面南壁。现在看图片（图 3-5）的左端：黄色建筑单元后面除了一个清晰的白色区域之外，根本没有蓝色背景。这就是我们从上述观察中得出的结论。游行队伍在一座宏伟的金门前结束，通往一座城市或一座建筑物。后者的墙壁在画面的左角用白色标出。目前看来法国学者的复原（即图 3-4）完全是错误的。[1]

具体言之，M. 莫德认为 F. 葛乐耐错将"金门"复原成陵墓，误把象背上的女

---

[1]　M. Mode, "Court art of Sogdian Samarqand in the 7th century AD. Some remarks to an old problem", in Online publication (2002) at: http://www.orientarch.uni-halle.de/ca/afras/index.htm.

图 3-5　大使厅南壁壁画前导大象与建筑部分（M. 莫德复原）

http://www.orientarch.uni-halle.de/ca/afras/text/sleftend.htm.

乐伎（即 L4A）复原为拂呼缦的妻子。同时，他说，如果把骑兵队视作一个
葬礼队伍，则关于该仪式主题的任何论断都难成定谳。作为壁画的赞助人，如
果南壁上超大男骑手（L13）是拂呼缦本人，那么似不可能将该场景阐释成为
拂呼缦亲属送葬的队伍。借助南壁壁画背景颜色的不同，M. 莫德敏锐地将该
壁壁画内容分作相应的空间，极具启发性。

　　2003 年，S. A. 亚岑科（Sergey A. Yatsenko）着眼于大使厅四壁壁画人物的
服饰进行系统研究，再次申明 L. I. 阿尔鲍姆的观点，认为南壁壁画表现乘象的
新娘（L4A）在华丽仪仗簇拥下到来[1]。他敏锐地指出，大使厅南壁上为何盛

[1]　S. A. Yatsenko, "The Late Sogdian Costume (the 5th - 8th cc. AD)", in *Ēran ud Anērān: Studies presented to Boris Il'ich Marshak on the Occasion of His 70th Birthday,* ed. by M. Compareti, P. Raffetta, G. Scarcia. Electronic Version, Oct. 2003; in Online publication (2006) at: http://www.transoxiana.org/Eran/Articles/yatsenko.html. 又载：S. A. Yatsenko, "The Costume of Foreign Embassies and Inhabitants of Samarkand on Wall Painting of the 7th c. in the 'Hall of Ambassadors' from Afrasiab as a Historical Source", in *Transoxiana*, Vol. I, no.8, Junio 2004; in Online publication at: http://www.transoxiana.org/0108/yatsenko-afrasiab_costume.html. 按，Transoxiana 版有大量增补，其中译文详见〔俄〕塞尔吉·A·亚岑科（Sergey A. Yatsenko）：《阿弗拉西阿卜"大使厅"7 世纪壁画所见外国使者及撒马尔罕居民服饰的历史渊源》，周杨译，罗丰主编《丝绸之路考古》第 3 辑，第 128～166 页。此据中译文。下同。

装打扮的贵族女子（即 L6、L7、L8）在队伍中行进却没有表现出任何悲伤的
迹象；（西壁上）由撑杆组成的建筑物既不属于用于葬礼的寂静塔，也不属于
寺庙。也就是说，大使厅南壁壁画内容与丧葬无关。他进而试图用公元 9—13
世纪时西突厥中突厥 - 乌古斯部的婚礼习俗来解释南壁壁画诸元素。他认为
南壁上描绘有四位粟特贵族（即 L1～L4），一起站在特殊平台上的华盖下，
从赤鄂衍那到来的方向迎接婚礼的仪仗队列，最中间的 L3 很可能是乌纳什
（Unash）家族的拂呼缦王（或是可汗的代表——"ihshid"）。空鞍马是来自
赤鄂衍那上层的礼物。同样地，S. A. 亚岑科将南壁、西壁的壁画内容关联起来，
试图用婚礼的馈赠来解释西壁所绘盛宴和礼物。更有意思的是，他认为南壁出
行队列所见弓箭等兵器是用于婚庆典礼中的射箭比赛。这显然是 L. I. 阿尔鲍
姆观点的进一步展开。S. A. 亚岑科阐释道：

　　　新娘（即使是很普通的家庭）都会乘坐在骆驼背上一种特别的叫作
"ogyrmak"的轿舆中（中世纪时赤鄂衍那的公主则会乘坐于大象背上类
似的轿舆中）。同时会为新郎建一座特殊的华盖或是叫作"girdek"的小
房子，他的朋友们将会在新娘到来前享受盛宴（参见平台上特殊建筑物中
的人物 L1～L4）。接下来新郎和新娘相互隐藏起来，新娘到来的时候，
贵族男子们站起来迎接她（参见 L1～L4）。在婚礼开始前（在新郎给新
娘交付聘金之后），新郎的家族成员会收到一些（相比而言逊色的）礼物，
它们可能即南壁上所绘的，是由人物 L11 牵引着的盛装鞍马，以及跟随着
年轻男子 L12 的圣鹅（其中一人上写着题记"farn"，另一人上则写有"一
只鹅"）。西壁上所绘的则很可能是女方的回礼：两套具有男女特征的衣
服以及一卷做衣服的丝绸布料（人物 M2～M4）。
　　　送亲的队列由大量的突厥人组成，通常是新娘的亲戚（如姨妈）陪伴，
有时也可以是与红娘（yenge）相类似的女性朋友（参照：跟随轿舆的贵
族女子 L6～L8 以及乘坐大象的 L5 五个人）。最后，我们就很容易理解
在阿弗拉西阿卜的壁画中，那个我们假定的处于婚礼队列和随行人员之首
的骑马者，为何除了持有一些不寻常的武器，同时也为欢迎宴会携带了体
量庞大的弓箭。重点在于，婚礼庆典上必须要相应地举办射箭比赛，那么

随身带上他们所熟悉的物品便是很好理解的。

　　与上述描述的相反，古代的粟特人则有完全不同的送亲传统，亦即可以这样讲，新娘要在晚上用火把或者篝火来迎接，而不是在白天。

　　南壁所绘的赤鄂衍那的队列由新娘（人物没有被保存下来）及骑在大象上的伴娘或红娘（L5）率领。接下来跟随着三位伴娘（可能是新娘的亲戚），其中最下面一人注有题记（粟特文题记意为"一位贵族女士"）。在他们身后有一位年轻与一位年长"大使"，分别手持一根装饰龙头的长杆。我们所看到的动物队列以一个两倍于常人大小的人坐镇于后，他是整个婚礼仪仗的核心，很可能是新娘的叔叔（人物的上半部分没有保存下来，但是按照 L. I. 阿尔鲍姆的观点，可以推测他手持一面叫作"bunchuq"的大旗），其装备与跟随他的骑手们相似，但是其长杆上没有装饰龙头（人物 L13）。在队列的末尾，有两位手持旗帜的骑马者带领着两匹跟在身后且没有载人的马。

　　西壁所绘的三位大使很可能比其他赤鄂衍那人到达撒马尔罕的时间略早，用以展现拂呼缦王自己的敬意（如墙上文字所写的），而且并没有赠送给他很多珍贵的盛装作为礼物（普卡泽特和他的同伴戴着金色的一条项圈，一条金项链、有珍贵宝石吊坠的腰带以及一匹波斯布料）。其中项链可能是为一位女士准备的（新郎的母亲？）。[1]

S. A. 亚岑科试图结合西壁内容，将南壁壁画诸元素都给予较为圆满的解释，尽管如此，其中仍存在诸多可商榷之处。

　　2004 年 4 月 23—25 日，"粟特人在中国"国际学术研讨会在中国国家图书馆（北京）举办。会上，在所做复原方案的基础上，F. 葛乐耐又发表对大使厅南壁壁面内容的看法，其观点归纳起来主要有如下六个方面。其一，此乃石国（今塔什干）国王的新年庆典，粟特其他地区的形式亦大同。显然此得意于

---

[1]　〔俄〕塞尔吉·A·亚岑科（Sergey A. Yatsenko）：《阿弗拉西阿卜"大使厅"7 世纪壁画所见外国使者及撒马尔罕居民服饰的历史渊源》，周杨译，罗丰主编《丝绸之路考古》第 3 辑，第 140 页。按，引文中的编号为笔者依照 L. I. 阿尔鲍姆的编号改订，与原文表达有异。

上述 C. S. 安东尼尼的观点。其二，庆典内容是向国王父母的陵寝祭祀。其三，祆教是粟特的国教，以动物为牺牲献祭是粟特祆教典型的风俗。其四，该祆教仪轨掺杂着印度教神祇和象征物。即，一匹无人乘骑的空鞍马（即祭马）准备祭献给日神密特拉（此与伊朗同风俗），四只通常是献给大梵天的鹅可能是献给波斯时间之神祖尔万。其五，国王的步从或戴着祆教仪式用的口罩"帕达姆"，骑驼者手持宰杀祭品的权杖，是准备将鹅和祭马献祭的。最后，他认为在石国，王家陵寝位于城外东郊，这与阿弗拉西阿卜大使厅壁画恰相呼应。因为大使厅南壁壁画所绘马队从西边（即撒马尔罕城）出发，然后往东走[1]。

意大利学者 M. 康马泰（Matteo Compareti）和 S. 克里斯托弗拉提（S. Cristoforetti）接受了 F. 葛乐耐和 F. 欧里关于大使厅南壁的复原方案，且同样持南壁壁画内容为祭祖的观点。他们进一步发挥了 C. S. 安东尼尼的思路，认为大使厅北壁壁画表现唐代端午节，根据天文历法推算，进而推断唐高宗朝的 7 世纪中叶，波斯新年的日期则在公历 6 月中，而同一时期的端午节也是在公历 6 月中。《隋书·石国传》记载，石国在波斯新年前往城东南的祖庙拜祭先祖。该风俗在粟特其他城国也同样流行，大使厅南壁壁画表示的应也是此意[2]。M. 康马泰所引《隋书·石国传》其文曰：

> 正月六日、七月十五日，以王父母烧余之骨，金瓮盛之，置于床上，

---

[1] 〔法〕葛乐耐：《粟特人的自画像》，毛铭译，荣新江、华澜、张志清主编《法国汉学》第 10 辑 "粟特人在中国——历史、考古、语言的新探索"，第 307～308 页；F. Grenet, "The Self-Image of the Sogdians", in *Les Sogdiens en Chine, eds. É. de la Vaissière*, É. Trombert, pp.123-140. 按，此译文后收入〔法〕葛乐耐：《驶向撒马尔罕的金色旅程》，第 8～9 页，但是译文发生了变化，其中"国王父母的陵寝"毛铭译作"祖庙"，"王家陵寝"毛铭则译作"皇家太庙"。

[2] M. Compareti, S. Cristoforetti, "Proposal for a New Interpretation of the Northern Wall of the «Hall of the Ambassadors» at Afrasyab", in *Central Asia from the Achaemenids to the Timurids: Archaeology, History, Ethnology, Culture. Materials of an International Scientific Conference Dedicated to the Centenary of Aleksandr Markovich Belenitsky*, ed. by V. P. Nikonorov, p.216; Online publication (2004) at: http://www.cinaoggi.it/storia/tipica-festa-cinese.htm；〔意〕康马泰、克里斯托弗拉提：《撒马尔罕大使厅壁画上的唐代端午节》，毛铭译，康马泰：《唐风吹拂撒马尔罕：粟特艺术与中国、波斯、印度、拜占庭》，第 10～11 页。按，文中"祭祖"，毛铭亦译作"祖庙祭祖"。

巡绕而行，散以花香杂果，王率臣下设祭焉。礼终，王与夫人出就别帐，臣下以次列坐，享宴而罢。[1]

2005 年 3 月，在威尼斯举行的"撒马尔罕壁画国际学术会议"上，法国学者魏义天（É. de la Vaissière）呼应了 M. 康马泰、S. 克里斯托弗拉提的上述观点，并进而认为《隋书·石国传》上文所载粟特风俗在撒马尔罕也同样存在[2]。后一点与 F. 葛乐耐的看法一致。不过，对《隋书·石国传》上引文存在不同的理解。韩伟认为它表明石国粟特人实行火葬[3]；而林悟殊则认为火葬习俗在世界范围内比较普遍，并非某一民族某一宗教专有，因此石国的做法未必一定与祆教有关，并认为石国葬俗类似突厥法[4]。2004—2005 年，吐鲁番地区交河故城沟西墓地康氏家族茔院的发掘[5]提供了更为直接的线索，其中 M22、M28 两墓中袝葬骨灰罐与裸葬的骨殖同处，据此可进一步确定上引《隋书·石国传》所载本为该国本土之葬俗，与佛教信仰并无必然之关联，亦与祆教信仰无涉[6]。

虽然大使厅南壁壁画残缺，但从现有情况视之，出行仪仗部分的主体尚存，这也是目前对该壁面壁画复原能基本达成共识的主要原因。从画面上看，显然可以肯定的是，在仪仗中并未见《隋书·石国传》所载金瓮之类的器具。因此，若将大使厅南壁壁画内容同上引《隋书·石国传》所载相勘合，证据过于单薄，

[1] 〔唐〕魏征：《隋书》卷八三，北京：中华书局，1973 年，第 1850 页。按，对该文献的辨析，详见沈睿文：《吐峪沟所见纳骨器的宗教属性》，荣新江、朱玉麒主编《丝绸之路新探索：考古、文献与学术史》，南京：凤凰出版社，2019 年，第 113 ～ 128 页；又收入所撰《中古中国祆教信仰与丧葬》，第 335 ～ 355 页。

[2] É. de la Vaissière, "LES TURCS, ROIS DU MONDE À SAMARCANDE", in *Rivista degli studi orientali, Nuova Serie, Vol.78, Suppl. No.1: Royal Naurūz in Samarkand: Proceedings of the Conference Held in Venice on the Pre-islamic Paintings at Afrasiab (2006)*, Roma, pp.147-162.

[3] 韩伟：《北周安伽墓围屏石榻之相关问题浅见》，《文物》2001 年第 1 期，第 93 ～ 94 页；后收入所撰《磨砚书稿——韩伟考古文集》，北京：科学出版社，2001 年，第 112 页。

[4] 林悟殊：《西安北周安伽墓葬式的再思考》，《考古与文物》2005 年第 5 期，第 67 ～ 68 页。

[5] 吐鲁番地区文物局：《新疆吐鲁番地区交河故城沟西墓地康氏家族墓》，《考古》2006 年第 12 期，第 13 ～ 17 页。

[6] 沈睿文：《吐峪沟所见纳骨器的宗教属性》，所撰《中古中国祆教信仰与丧葬》，第 335 ～ 355 页。

论证失于粗疏。不过，上引《隋书·石国传》描绘的是石国祭祖程式，应无疑义。

在上述"撒马尔罕壁画国际学术会议"上，B. I. 马尔萨克、F. 欧里、M. 莫德等学者 [1] 也都对大使厅壁画发表了新看法。

会上，B. I. 马尔萨克进一步明确了 1994 年发表的观点，他指出，比鲁尼（Abu Raihan al-Biruni，973—1048 年）的著作并未记录粟特地区第一个月的第六天举行庆祝活动。但是，中国文献（指《隋书·石国传》）记载的这个节日应即伟大的诺鲁孜节，是公元 6 世纪时受波斯影响的结果。因为，除此别无选择。南壁壁画诸元素与婚礼庆典无关。因此，赤鄂衍那国与拂呼缦国王联姻的提法受到质疑。南壁壁画的构成比较复杂，其中一个关键元素是东南角的身着片状盔甲的武士 [2]。同时，他赞同 F. 葛乐耐在 2004 年提出的队伍中的骑驼者为祭品（鹅、祭马）的献祭者。最后，他又重点讨论南壁壁画前端（即南壁壁画东侧）迎谒处，视之为"神庙"，并进而讨论了壁画中并未表现的神庙的结构。需要指出的是，他所依据的是考古发掘的片治肯特神庙建筑结构，尽管他并没有明指。可见，"出行祭祖"（1994 年）、"奔赴帝王陵墓"（2001 年）是 B. I. 马尔萨克判断大使厅南壁壁画内容的基调。在此基础上，他又将南壁壁画内容与神庙祭祀相联系。至于先帝陵墓与神庙之关系为何，并没有展开阐述。

M. 莫德对前述他本人 1993、2002 年的观点做了若干修订和调整。保持不变的是，他仍坚持认为南壁壁画内容描绘了拂呼缦国王参与并主持了一场丧葬

---

[1]　按，在该会议上，I. A. 阿孕塞瓦和 O. N. 伊涅瓦吉娜发表了 25 年前重新清理、描摹大使厅西壁壁画的新发现。详见 Irina Arzhantseva, Olga Inevatkina, "Afrasiab wall-paintings revisited: new discoveries twenty-five years old", in *Rivista degli studi orientali, Nuova Serie, Vol.78, Suppl. No.1: Royal Naurūz in Samarkand: Proceedings of the Conference Held in Venice on the Pre-islamic Paintings at Afrasiab (2006)*, Roma, pp.185-211.

[2]　B. I. Marshak, "Remarks on the Murals of the Ambassadors Hall", in *Rivista degli studi orientali, Nuova Serie, Vol.78, Suppl. No.1: Royal Naurūz in Samarkand: Proceedings of the Conference Held in Venice on the Pre-islamic Paintings at Afrasiab (2006)*, Roma, pp.82-83; 〔俄〕马尔萨克：《辉煌的撒马尔罕大使厅壁画》，毛铭译，所撰《突厥人、粟特人与娜娜女神》，第 65～66 页。按，毛铭译文所据为 B. I. 马尔萨克在威尼斯会议上的发言稿，而非最后发表的定稿。若干相应部分的译文作："如今我们心中一片澄明：南壁图景完全是出行祭祖的拜火教丧葬礼仪盛典，与婚礼无关。因此，赤鄂衍那国与拂呼缦国王联姻的提法受到质疑。"

活动。不过，至于死者的身份，他转而认为可能是拂呼缦为其近亲，甚而是其前任举行的仪式。同时，他说南壁壁画内容的关键主题是在队伍中间的给死者准备的马。该队伍抵达一个金色的门。在队伍中，除了拂呼缦国王之外，还有大象背上的乐队、骑着骆驼的祭司和各种朝臣[1]。换言之，M. 莫德认为大使厅南壁壁画内容为丧葬出行，只是对拂呼缦国王的前任是否是"史国王沙瑟毕"采取了存疑的暧昧的处理方式。

F. 欧里则较为详细地说明了他与 F. 葛乐耐所做的大使厅南壁壁画复原方案。同时，从绘画技术的角度，他认为南壁壁画中四只天鹅可能是画家使用纸板绘就，画家只是改变了鹅的腿部和颈部的方向以使重复使用的纸板模型能呈现出多样性[2]。

2006 年 1 月，在日本东京举办的第 29 届文化财产保护和修复国际研讨会上，F. 葛乐耐又再次强调了他在 2004 年中国国家图书馆（北京）"粟特人在中国"国际学术研讨会上发表的观点[3]。

2015 年 10 月，在陕西西安举办的第二届曲江壁画论坛上，阿弗拉西阿卜博物馆馆长萨马瑞迪·伊·穆斯塔佛库洛夫介绍了大使厅壁画修复的 3D 影像及壁画修复的新方法[4]，有关南壁 3D 影像的制作是根据 F. 葛乐耐和 F. 欧里的复原方案而制作的。

---

[1] M. Mode, "Reading the Afrasiab murals: some comments on reconstructions and details", in *Rivista degli studi orientali, Nuova Serie, Vol.78, Suppl. No.1: Royal Naurūz in Samarkand: Proceedings of the Conference Held in Venice on the Pre-islamic Paintings at Afrasiab (2006)*, Roma, p.124.

[2] F. Ory, "Essai de restitution des parties manquantes de la peinture d'Afrasiab", in *Rivista degli studi orientali, Nuova Serie, Vol.78, Suppl. No.1: Royal Naurūz in Samarkand: Proceedings of the Conference Held in Venice on the Pre-islamic Paintings at Afrasiab (2006)*, Roma, pp. 87-105, p.88, p.92 fig4.

[3] F. Grenet, "The 7th -century AD 'Ambassadors' painting' at Samarkand, Mural Paintings and the Silk Road, Cultural Exchanges Between East and West", in *Proceedings of the 29th Annual International Symposium on the Conservation and Restoration of Cultural Property*, National Research Institute for Cultural Properties, Tokyo, Jan. 2006, pp.13-14.

[4] 〔乌兹别克斯坦〕萨马瑞迪·伊·穆斯塔佛库洛夫：《阿夫拉西亚卜壁画：修复的新方法》，周天游主编《再获秋实：第二届曲江壁画论坛论文集》，北京：商务印书馆，2017 年，第 41～55 页。视频资料可参：https://v.qq.com/x/page/x0180de5qo7.html 或 https://video.artron.net/20160205/n809547.html.

要之，关于大使厅南壁壁画内容，主要有两种观点。其一，L. I. 阿尔鲍姆、B. I. 马尔萨克、Л·И·列穆佩、S. A. 亚岑科等学者认为是护送新娘赤鄂衍那公主的仪仗，将之归结为粟特贵族的婚礼习俗。但因皆未能明指为何要表现结婚场景，该场景在大使厅壁画中的意义为何，从而使得其结论尚未能令人信服。可能这是 B. I. 马尔萨克观点后来发生转变的原因之一。其二，肇始于意大利学者 C. S. 安东尼尼，近年来主要研究者大多认为，该壁壁画表现流行于粟特地区的向祖庙或陵墓献祭仪式，人物 L13 为国王拂呼缦，四只白鹅和一匹空鞍马皆为牺牲（祭品），该仪轨为袄教仪轨。在国王的步从中有两位袄教祭司（L11、L12），二者戴着袄教仪式用的口罩"帕达姆"。不过，需要指出的是，所谓"丧葬礼仪"应该指的是出殡、埋葬等过程中的仪轨，在大使厅南壁壁画中并无可勘出殡或埋葬之元素，若以"丧葬礼仪"涵盖之，显然不妥。换言之，将它归结为"祭祀礼仪"更为妥帖。

此外，1998、2002 年，影山悦子先后撰文认为大使厅南壁表现的是一支大军队[1]。不过，关于军队其意具体何在，则避而不谈。

那么，大使厅南壁壁画究竟要表现的是什么内容？下文首先辨析其中的若干元素，然后再尝试对此进行分析。

二、祭马与天鹅

如上所言，在大使厅南壁壁画中并无确切表达出殡或埋葬等丧葬元素，可暂将其内容性质归结为"祭祀礼仪"，而非"丧葬礼仪"。

大使厅南壁壁画中绘有一匹无人乘骑的佩戴鞍鞯的马，马腿上系有飘带，

---

[1]　影山悦子：《サマルカソド壁画に見られる中国絵画の要素において——朝鲜人使节はワルフマソ王のもとを访れたか》，《西南アジア研究》49 号，1998 年，17～33 ページ；中译文详见〔日〕影山悦子：《撒马尔罕壁画所见中国绘画因素——朝鲜使节是否在拂呼缦王治时到访》，王东译，《丝绸之路考古》第 3 辑，第 167～178 页；Etsuko Kageyama, "A Chinese way of Depictions Foreign Delegates Discerned in the Painting of Afrasiab", in *Iran: Questions et Connaissance. Vol. I. La période ancienne, testes réunis par Ph. Huyse, Studia Iranica*, cahier 25, pp.313-327.

一位佩戴口罩的祭司手牵于前。同样的飘带，也见于人物 L13 所乘之马。V. I. 腊丝波波娃（V. I. Raspopova）博士指出，在粟特本土，马勒子下的流苏（即飘带）专用于装饰牺牲祭祀用的马匹，或者是最重要的人物所配马匹 [1]。即，如果马成为重要人物的骑乘，也可能会系有飘带。其中用于牺牲祭祀的马匹，并非祭献给日神密特拉，也非代指琐罗亚斯德教之提斯特里亚（Tištrya，得悉神）[2]，而是祭马 [3]。

在祭祀中使用马进行祭祀，即马祭是内亚的共同习俗之一。一般地，祭马会有特别之装扮 [4]。从现有图像资料来看，祭马装扮的形式主要有三种情况。其一，脚踝处系有飘带。若有人骑乘，则四个脚踝都系有飘带；若无人骑乘，则只在两个前肢的脚踝处系有飘带。其二，马身后有一曲盖。这种情况在中古中国粟特裔石葬具图像上多见。其三，马头佩有头饰 [5]。可知，大使厅南壁壁画中祭司手牵之无人乘骑的佩戴鞍辔的马即为祭马，是为了供亡魂或神祇使用。这也是为何该马之前有一位祭司牵引。

敦煌古藏文写卷 P.T.1042 记载了吐蕃苯教丧葬仪轨当中，以大量动物向死者供祭，是其中一个重要的程式。P.T.1042 第 22 ～ 38 行记载：

> 22.……此后便是哭丧仪式。此后到王府内的丧宴之地。
> 23. 仪轨和次序和上午（nar-ma）一样。供上青稞酒三瓢。

[1] V. I. Raspopova, "Life and Artistic Conventions in the Reliefs of the Miho Couch", *Bulletin of Miho Museum*, 4, March, Shumei Culture Foundation, pp.43-89; 此据〔俄〕腊丝波波娃：《Miho 石雕上的粟特生活和艺术样式》，毛铭译，〔俄〕马尔萨克：《突厥人、粟特人与娜娜女神》，第 144 页。

[2] 按，有关论述详悉荣新江：《Miho 美术馆粟特石棺屏风的图像及其组合》，中山大学艺术史研究中心编《艺术史研究》第 4 辑，第 208 ～ 210 页；此据所撰《中古中国与粟特文明》，第 347 ～ 349 页。

[3] 沈睿文：《吉美博物馆所藏石重床的几点思考》，张小贵、王媛媛主编《三夷教研究——林悟殊先生古稀纪念论文集》，第 426 ～ 483 页。Shen Ruiwen, "Research on the Stone Funeral Bed Exhibiter in Guimet Museum", in Bruno Genito e Lucia Caterina ed., *Archeologia Delle Vie Della Seta: Percorsi, Immagini e Cultura Materiale*, VIII, pp.83-97; 此据沈睿文：《中古中国祆教信仰与丧葬》，第 59 ～ 102 页。

[4] 沈睿文：《内亚游牧社会丧葬中的马》，魏坚主编《北方民族考古》第 2 辑，第 251 ～ 265 页；后收入所撰《中古中国祆教信仰与丧葬》，第 370 ～ 386 页。

[5] 详见本书第二章 "《摩诃婆罗多》与大使厅东壁壁画"。

24.（缺第一瓢酒）供第二瓢酒时献上牛羊（pha-ba-ma-ma?）和乘骑飞快跑(ye-ru-vphang 马的名字?)、大宝马、供食等，乘骑

25～27（略）……

28.此后是灵魂归附尸体的仪式。归附的仪轨和次序是：灵魂（象征物）左

29.右放上兵器，灵魂（象征物）顶端站有殡葬本波和供献本波。

30.其后是乳品桶，其后是彩线结，其后是食物（smra-zhal?），其后是（死者）像，

31～33.（略）……

34.……两排顶端都有

35.一个飞跑马(?)，其后是大宝马，其后是小香马，其后是一般的骑士（phang-sga-pa-phal）。

36.其后是亲人所供之养料，其后是诸侯列邦所供财物，

37.其后是妙佳乐器、佩饰马，其后一个窦辛牵来能驮的犏牛（mdzo-bang-sgal）、

38.母犏牛（lcam-mdzo）。两排末尾的中间，两个御用辛牵来绵羊，

39.其后两个大解剖者(vdral-chen)把宝马和能犁地的牦牛和香牦牛等，

40.牵到贵人衣冠代用品前……[1]

P.T.1042 中提到的献祭动物既有用以乘骑的马，也有被称为"大宝马""小香马""佩饰马""香牦牛"的具有某种特殊含义的供祭动物，以及犏牛、母犏牛、绵羊等常见的牲畜[2]。

　　揆诸史籍，在《元史》中将用于祭祀的祭马称作"金灵马"。同书卷七九《祭祀志》载：

　　　　〔棺舆〕前行，用蒙古巫媪一人，衣新衣，骑马，牵马一匹，以黄金

---

[1] 褚俊杰：《吐蕃苯教丧葬仪轨研究——敦煌古藏文写卷 P.T.1042 解读》，《中国藏学》1989 年第 3 期，第 23 页。

[2] 霍巍：《青海出土吐蕃木棺画的初步观察与研究》，《西藏研究》2007 年第 2 期，第 55 页。

饰鞍辔，笼以纳失失，谓之金灵马。日三次，用羊奠祭。至所葬陵地，其开穴所起之土成块，依次排列之。棺既下，复依次掩覆之。其有剩土，则远置他所，送葬官三员，居五里外。日一次烧饭致祭，三年然后返。[1]

引文所言"巫媪"为神职人员，即祭司。纳失失，即纳石失，也称"织金锦"，它是一种以扁金线或圆金线来织造纹饰的丝织物[2]。金灵马，不仅用诸丧葬，同样见诸其他祭祀场合，后者今仍可见于蒙古族的敖包祭祀中。金灵马"以黄金饰鞍辔，笼以纳失失"，表示需饰以盛装。大使厅南壁壁画中祭司（L11）身后祭马（见图3-3）鞍鞯、鞍袱皆为织锦，前者可见至少饰有六对联珠纹圈野猪纹，纹样繁缛华丽；后者可见饰有颈系绶带的走羊纹。该马的笼头装饰也是华丽之极。《元史》所载金灵马应与它是一脉相承的。

为何祭祀中要使用祭马？此恐是马所具备的骑乘、跳跃升腾的功能，使之成为古代世界最为快速的交通方式，自然也成为在另一世界仍旧服务死者的首选。更为重要的是，这与马在游牧社会中的重要作用有关，此从马在游牧社会族源传说中所充当的角色可见[3]。北周史君石堂东壁E1～E3（图3-6）表现的就是马祭之后，墓主史君夫妇骑乘祭马升至中界的场景[4]。

《辽史》对祭祀中使用马进行了解释。据《辽史》诸帝本纪所载，共有二十多次，祭天之山有乌孤山、乌山、黑山、秋山、黑岭、永安山、赤山、阴山等，祭天用品有青牛、白马、黑白羊、鹅、黑兔、酒脯等，其中以青牛、白马为最多，因其曾驮祖有功而尊贵，成为最上等的奠祭品。祭天地也不限于节日，狩猎有得，作战有功，瑞象降临，求天福佑，皆可随时以祭，比较灵活，没有固定的制度。此外，还有祭水，以混同江祭祀最隆。当然，也会以羊牲祭祀。

---

[1] 〔明〕宋濂等：《元史》，北京：中华书局，1976年，第1926页。

[2] 相关研究可参见尚刚：《元代工艺美术史》，沈阳：辽宁教育出版社，1999年，第83～93页。尚刚：《纳石失在中国》，《东南文化》2003年第8期，第54～63页；又收入叶奕良主编《伊朗学在中国论文集》第3集，北京大学出版社，2003年，第144～159页。

[3] 沈睿文：《内亚族源传说与考古学》，待刊。

[4] 沈睿文：《北周史君石堂W1、N5的图像内容》，《陕西历史博物馆馆刊》第22辑，西安：三秦出版社，2015年，第5～31页；此据所撰《中古中国祆教信仰与丧葬》，第166～205页。

图 3-6 史君石堂东壁（E1～E3）之"钦瓦特桥"图像

西安市文物保护考古研究院：《北周史君墓》，第 137 页图 145。

《辽史》载："遂以黑白羊祭天地。"[1] 同书亦载："盖辽国旧俗，于此刑殺羊以祭。"[2] 在 Sivaz 遗址所出公元 7 世纪纳骨器器表饰有对羊（见图 2-26），表现的便是以羊祭祀的场景。牺牲的选择实与游牧社会的自然环境相关，而祭祀牺牲或白色，或黑色，祭马则为白色。牺牲之所以皆为纯色，盖缘于纯色相对难觅，意欲以此纯色之祭品表示牺牲之尊贵与祭祀之至诚。

《辽史·礼志》载，祭山仪设天神、地祇位于木叶山，东向；中立君树，前植群树，以像朝班；又偶植二树，以为神门。牲用赭白马、玄牛、赤白羊，皆牡，杀之悬于君树。皇帝皇后穿戴礼服乘马至君树前下马，受群臣拜过，至天神地祇位致奠，使读祝文。之后有拜群树、匝神门树、上香、奠果品等礼仪，皇帝皇后多次礼拜，巫与太巫参与其中[3]。该史载进一步指出供奉牺牲皆为牡，即雄性。

综上，可知在马祭中所用祭马多为白色或赭白色公马，而且在祭祀仪式中有巫师的参与、主持。从壁画现状的颜色来看，大使厅南壁壁画中祭司（L11）身后的祭马为灰褐色（图 3-7），或许原本是所谓赭色。值得注意的是，从图像来看，该祭马亦为纯色马。

在大使厅南壁壁画中，与祭马和祭司（L11）并列的尚有四只行进的大鹅和另一个戴口罩的祭司（L12）（图 3-8）。相同的位置表明后者也是用于祭祀。为何使用大鹅祭祀？如上所述，F. 葛乐耐认为是用于祭祀祆教之祖尔万神。但是，所绘是否为"大鹅"？这是首先要确定的问题。即便如此，辄能据之断定祖庙（神庙）之中供奉有祖尔万神？

首先，神职人员戴口罩是琐罗亚斯德教或祆教祭司独有的吗？换言之，只有琐罗亚斯德教或祆教祭司才戴口罩，它与其他宗教的神职人员不会发生任何关系？的确，从中亚祆教纳骨器所饰图像来看，口戴"帕达姆"者确实是祆教之神职人员——祭司无误。南壁壁画绘制的祆教祭司手执祭马（金灵马）应是

---

[1]　〔元〕脱脱等：《辽史》卷一《太祖上》，北京：中华书局，2017 年，第 7 页。

[2]　〔元〕脱脱等：《辽史》卷五〇《礼志二》，第 934 页。

[3]　牟钟鉴：《中国宗教通史》（修订本）（下册），北京：中国社会科学出版社，2007 年，第 585 ～ 586 页。

图 3-7   大使厅南壁壁画中的祭司与祭马

〔苏联〕L. I. アリバウム著，加藤九祚訳《古代サマルカンドの壁画》，31 ページ図 27。

图 3-8　大使厅南壁壁画中行进的四只"鹅"与祭司（L. I. 阿尔鲍姆绘）

据〔苏联〕L. I. アリバウム著，加藤九祚訳《古代サマルカンドの壁画》，90 ページ図 12 改制。

琐罗亚斯德教内亚化后，其祭祀行为受到内亚习俗渗透所致。但是，如果脱离开具体明确的语境，仅凭戴口罩便将佩戴者遽断为祆教祭司恐怕危险。因为，如所周知，在其他宗教中为了表示对神祇的敬畏与至诚，在处理相关宗教事宜时也会戴口罩。如，藏传佛教僧侣在绘制坛城时要戴着口罩，以免在制作过程中受到口水玷污，他们认为口水玷污坛城是亵渎和大不敬。供养时，同样要小心翼翼，先洗好手，戴好口罩，尽量不要喷到口水，要以非常虔诚的态度来供养。可见防止口水玷污而亵渎神祇，才是祭司等宗教神职人员戴口罩的用意所在。故此将大使厅南壁壁画中戴口罩的祭司暂称为神职人员为宜，亦即上引《辽史·礼志》所载之"巫与太巫"、《元史·祭祀志》所言之"巫媪"之类，不可先入为主径将之定性为琐罗亚斯德教（或祆教）之祭司。

即便大使厅南壁壁画主体的宗教信仰为祆教，但是，目前在该壁画内容所见并没有提供出确凿无疑的具排他性的证据。换言之，根据大使厅南壁现有图像资料，尚难以断定该壁壁画表现有祆教内涵，唯一可以确定的只是在祭祀中出现宗教神职人员（祭司）。但若要据此断定为祆教之仪轨则嫌于牵强，到这里只可暂将它视为游牧社会的习俗而已。不过，需要注意的是，正如 V. 里夫什茨所言，在大使厅壁画绘制的 7 世纪，尽管粟特已有摩尼教徒、基督教徒和佛教徒活动，但是，本地粟特人大部分仍然保留其祆教信仰。

　　既如此，那么大使厅南壁中所绘是否即代表祖尔万神的鹅，抑或天鹅，或是鸵鸟[1]？这是首先要辨析的问题。

　　毋庸置疑，从鸵鸟的图像和生物学特征来看，该图像显然与鸵鸟无关。

　　鸵鸟原产西亚和非洲。鸵鸟的形象在西亚古物上常见，阿卡得、亚述、巴比伦、乌拉尔图、古波斯等地的陶器、青铜器、象牙器、印章以及建筑浮雕上均有其例[2]。但饰鸵鸟纹的金银器比较少。南俄库班地区克列尔梅斯（Kelermes）公元前6世纪的斯基泰墓葬所出金碗（图3-9），锤鍱出成排的鸵鸟。新疆焉耆七个星乡出土一七鸵纹银盘（图3-10），为公元5世纪左右的粟特产品。该器圈底，盘内单线錾刻七只鸵鸟，底心一只，周围六只。另有一件带鸵鸟纹的萨珊银盘（图3-11），制于公元6世纪中叶至7世纪中叶，表现萨珊国王瓦拉伦五世（420—438年）为王子时，在美索不达米亚南部狩猎的情景。王子骑马张弓，其猎物是一只羚羊和两只鸵鸟[3]。上述银器所饰鸵鸟纹皆呈奔走状。

　　鸵鸟，起初汉代人泛称为"大鸟"，或依其所来之处称为"安息雀"，它们主要来自西亚一带，经陆上丝绸之路来到中国。《史记·大宛列传》载，安息使者曾"以大鸟卵及黎轩善眩人献于汉"[4]。可见，西汉时我国已接触过鸵鸟卵。但是，活的鸵鸟则到东汉时才输入我国[5]。《后汉书·安息国传》载永元十三年（101年），"安息王满屈复献师子及条支大鸟，时谓之安息雀"[6]。

[1]　〔苏联〕L. I. アリバウム著，加藤九祚訳《古代サマルカンドの壁画》，97ページ；Chiara Silvi Antonini, "The Paintings in the Palace of Asfrasiab (Samarkand)", in *Rivista degli studi orientali*, Vol. 63, Fasc. 1/3 (1989), p.119. 按，毛铭也认为该动物为鸵鸟。详见毛铭：《武则天在一千多年前的中亚壁画里是什么形象》，https://www.bilibili.com/video/av11555293/。

[2]　田辺勝美：《所谓大鸟、大鸟卵に关する西アジア美术史の考察》，《东洋文化研究所纪要》第89册，1982年，18～27ページ。

[3]　孙机：《七鸵纹银盘与飞廉纹银盘》，所撰《中国圣火——中国古文物与东西文化交流中的若干问题》，沈阳：辽宁教育出版社，1996年，第161页。

[4]　〔汉〕司马迁：《史记》卷一二三《大宛列传》，北京：中华书局，1959年，第3173页。

[5]　孙机：《七鸵纹银盘与飞廉纹银盘》，所撰《中国圣火——中国古文物与东西文化交流中的若干问题》，第158～159页。

[6]　〔宋〕范晔：《后汉书》卷八八《安息国传》，〔唐〕李贤等注，北京：中华书局，1965年，第2918页。

图 3-9　南俄库班地区克列尔梅斯（Kelermes）斯基泰墓葬鸵鸟纹金碗及展开线图
　　　　（孙机绘）

孙机：《七鸵纹银盘与飞廉纹银盘》，所撰《中国圣火——中国古文物与东西文化交流中的若干问题》，
沈阳：辽宁教育出版社，1996 年，第 160 页图三。

及至晋代，我国对鸵鸟已有相当的认识。至唐朝时，始引起朝野重视和兴趣，"鸵
鸟"一名也开始正式流行[1]。此后随着中西交通与交往的中断，逐渐消失在中
国人的视野之外。直到明朝郑和下西洋时，阿拉伯半岛等地才重新入贡[2]。

关于鸵鸟，唐杜佑《通典》卷一九三"吐火罗国"条云：

> 高宗永徽初（650 年），〔吐火罗国〕遣使献大鸟，高七尺，其色玄。

---

[1] 按，张明认为，在唐以前，鸵鸟的称呼多种多样。到了唐代，"鸵鸟"这一称呼已经固定，说明时
　　人对鸵鸟形成了普遍认识。此时"鸵鸟"一名，是唐人根据中古波斯语"ushturmurgh"（骆驼鸟）
　　这种合成语写成的译名，这种称呼一直流传至今。详见张明：《中古史籍中的鸵鸟"啖火食铁"考》，
　　《石家庄学院学报》2016 年第 4 期，第 47 页。

[2] 韩香：《鸵鸟及鸵鸟卵传入中国考证》，《西域研究》2009 年第 3 期，第 65 ～ 72 页。

图 3-10 新疆焉耆七个星乡七
　　　　　鸵纹银盘（孙机绘）

孙机：《七鸵纹银盘与飞廉纹银盘》，
所撰《中国圣火——中国古文物与东西
文化交流中的若干问题》，第158页图一。

图 3-11 萨珊猎鸵纹银盘（孙机绘）

孙机：《七鸵纹银盘与飞廉纹银盘》，所撰
《中国圣火——中国古文物与东西文化交流
中的若干问题》，第161页图四。

足如驼，鼓翅而行，日三百里，能噉铁。夷俗谓为驼鸟。[1]

可见，唐人认为鸵鸟具有如下特点：其一，能日行三百里；其二，能噉铁；其三，其足像骆驼足。《汉书·西域传》颜师古注引郭义恭《广志》说："大爵（雀）：颈及（长），膺（鹰）身，蹄似橐驼，色苍。举头高八九尺，张翅丈余。"[2] 这也是为何在历史文献中"鸵鸟"多作"驼鸟"的缘故[3]。

鸵鸟足并不呈鸟爪状。上引诸器物所饰鸵鸟纹样除了斯基泰金碗之外，余者皆忠实表现其足部的立体感，而非平铺状之蹼足。但是，比较鸵鸟足（图3-12）和骆驼足（图3-13），可知二者的形态还是有明显差异的。不过，骆驼的脚掌只有两趾，鸵鸟的脚亦仅两趾。该共性应即古人以驼脚比拟大鸟（鸵鸟）脚的原因。

唐人明晰鸵鸟的生物学特征与他们能直接接触鸵鸟有关。永徽初，吐火罗国所献鸵鸟，唐高宗以太宗怀远所致，献于昭陵，仍刻像于〔昭〕陵之内[4]。此后的乾陵式神道遂列置鸵鸟石屏[5] 一对。鸵鸟作浮雕，或作侍立状，或行进于山间，或腹下衬以山石。图形模写，对鸵鸟的生物特征应有较为深入的了解。粟特地区发现过錾刻或锤鍱鸵鸟纹的器物。开元初，康国还送过鸵鸟卵[6]。这都说明大使厅南壁壁画是有可能绘鸵鸟形象的。若仔细观察大使厅南壁中的图像（图3-14），则可清晰地看到该动物足部并非二趾，而是呈明显的蹼足。

---

[1] 〔唐〕杜佑：《通典》，王文锦等点校，第5277页。此事亦见载于〔宋〕宋祁、欧阳修：《新唐书》卷二二一下《西域传》，第6252页；《唐会要》卷九九"吐火罗国"条，〔宋〕王溥撰，牛继清校证《唐会要校证》，第1517页。

[2] 〔汉〕班固：《汉书》卷九六上《西域传》，北京：中华书局，1962年，第3890页。按，《后汉书》卷四《和帝纪》（第189页）李贤注亦引郭义恭《广志》，其文作："大爵，颈及身膺蹄都似橐驼，举头高八九尺，张翅丈余，食大麦，其卵如瓮，即今之驼鸟也。"

[3] 孙机：《七驼纹银盘与飞廉纹银盘》，所撰《中国圣火——中国古文物与东西文化交流中的若干问题》，第159页。

[4] 〔唐〕王钦若等编《册府元龟》卷三〇，第323页上栏。

[5] 按，石屏鸵鸟形象的确认，可参见韩伟：《〈乾陵神道鸵鸟为射侯说〉驳正》，《文博》2007年第2期，第35～37页；又刊于樊英峰主编《乾陵文化研究》第3辑，西安：三秦出版社，2007年，第117～120页。

[6] 〔宋〕宋祁、欧阳修：《新唐书》卷二二一《康国传》，第6244页。

图 3-12　非洲鸵鸟及足细部
（沈睿文摄于上海野生动物园）

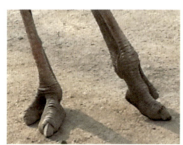

图 3-13　骆驼足细部（宝音楚古拉拍摄）

由此可以断定该动物并非鸵鸟，而是鹅。

　　既然大使厅南壁该动物形象表现的是鹅，那么是天鹅，抑或家鹅？如果是前者，可否进一步判断是天鹅的哪个亚种？

　　当然，这四只动物身上的铭文是最为直接有力的证据。自左向右，第一只至第四只动物的躯干或腹下部有粟特或大夏铭文。2006 年，V. 里夫什茨发表了最新的英文释读，兹移录相关释文于下 [1]：

---

[1]　Livšic, "The Sogdian Wall Inscriptions on the Site of Afrasiab", in *Rivista degli studi orientali, Nuova Serie, Vol.78, Supplemento No. 1: Royal Naurūz in Samarkand: Proceedings of the Conference Held in Venice on the Pre-Islamic Paintings at Afrasiab (2006)*, Roma, pp.67-71. 按，句子中英译之后的中文为笔者所添加。

图 3-14　大使厅南壁壁画天鹅局部及线图（L. I. 阿尔鲍姆绘）

据〔苏联〕L. I. アリバウム著，加藤九祚訳《古代サマルカンドの壁画》，31 ページ図 27、90 ページ図 12 改制。

第一只，在身体躯干有三处竖书粟特铭文，具体为：

(1) *pr* [　]

(2) *sych /sīča?* / "goose" 鹅 [cf. Buddh. *Syc'kk* "sparrow"　麻雀]

(3) *'mγh* "bird" 鸟

在腿部有一处粟特铭文：*p'δh* "leg" 腿

第二只，在身体躯干有四处竖书粟特铭文，具体为：

(1)（*ZK?β...* ）

(2) *ctβ'γ(k?.)* "four..." 四

(3) *rt(y?)*

(4) *sych* 鹅

下部有六处铭文，具体为：

(1) *(ZNH?)*

(2) *(...)'y*

(3) *(...)'yw*

(4) *(.) [ ] ('?)kw*

(5) *sych ctβ'γ*　鹅四

(6) *ctβ'γ*　四

第三只，在身体躯干的前部仍存有两行粟特铭文，具体为：

(1) *](.)c?r[*

(2) *]t?r [*

下部有一处铭文，具体为：*ZNH δβ'rk* "gift" 礼物

第四只，在身体躯干的前部仍存有三行潦草的大夏铭文，具体为：

(1) *(μαλο) [*

(2) *σιδο λαδ(ο) σογδιαναγο [*

(3) *πορο[γα?]δο* ["hither the Sogdian(?)[　] came? 粟特人（？）来到此处？

下部有一处铭文，具体为：sych, 鹅 further 而且 *ptmwc'k 'kw* ["clothing for...?" "捐献衣服给......？"

在腿部有一处粟特铭文：*p'δh*　腿

从第一只动物身上的铭文 "sych" 来看，这四只动物显然是 "鹅"。但为何该动物又有铭文 ""mγh"，即 "鸟" 呢？换言之，从粟特铭文视之，这四只动物既为 "鹅"，又为 "鸟"，并未明指天鹅。为何？这其中是否存在抵牾之处？

　　大使厅南壁壁画中的"鹅"生物学形态不像家鹅。图像中的动物脖子长，头无疣鼻，腿长，参较片治肯特壁画中杀鹅取蛋壁画里家鹅的形象（图3-15），可确定大使厅南壁壁画中所绘动物并非家鹅，应为天鹅，一如 V. A. Šiškin 所

1

2

图3-15　片治肯特之杀鹅取金蛋壁画（Penjikent room 1, sector 21.）

1.据田辺勝美、前田耕作編集《世界美術大全集》東洋篇第15巻・"中央アジア"，173ページ図192改制。
2. B. I. Marshak, *Legends, Tales, and Fables in the Art of Sogdiana*, New York, Bibliotheca Persica Press, 2002, fig.86.

图 3-16   天鹅（谷程程摄于山东荣城）

论[1]。如此可知为何大使厅南壁该动物的题铭既写作"鹅"，又写作"鸟"，其原因就在于天鹅是会高飞的鸟。

天鹅为鸭科雁族（Cygnus）鸟类，属游禽。除非洲、南极洲之外的各大陆均有分布。天鹅是鸭科中个体最大的类群，其颈修长，超过体长或与身躯等长；嘴基部高而前端缓平，眼腺裸露；尾短而圆，尾羽20～24枚；蹼强大，但后趾不具瓣蹼[2]。

天鹅有疣鼻天鹅（Cygnus olor）、大天鹅（Cyguns cygnus）、小天鹅(Cygnus columbianus) 等不同亚种。

疣鼻天鹅别名瘤鼻天鹅、哑音天鹅、赤嘴天鹅、瘤鹄、亮天鹅等。体色洁白，脖颈细长，前额有一块瘤疣的突起，因此得名。如上所述，大使厅南壁壁画图像中的动物脖子长，头无疣鼻，可知并非疣鼻天鹅。

大天鹅、小天鹅二者并非指天鹅岁数之大小。大天鹅（图 3-16）除了体型比小天鹅大一些之外，还有一些显著的差异：大天鹅的头更像三角形，而小天鹅的头显得更加圆滑；大天鹅嘴部的黄色更多一些，一直延伸过鼻孔，而小

---

[1]   V. A. Šiškin, *Afrasiab-sokroviščnica drevnej kul'tury*, p.16.

[2]   https://baike.baidu.com/item/%E5%A4%A9%E9%B9%85/53209?fr=aladdin.

天鹅嘴基部的黄斑不延伸至鼻孔。

　　大天鹅是一种候鸟，没有亚种分化，体型高大，体长 120～160 厘米，翼展 218～243 厘米，体重 8～12 公斤，寿命 20～25 年。大天鹅全身羽毛均为雪白，雌雄同色，雌略较雄小，仅头稍沾棕黄色。虹膜暗褐色，上嘴基部黄色，此黄斑沿两侧向前延伸至鼻孔之下，形成一喇叭形。嘴端黑色。跗跖、蹼、爪亦为黑色。幼鸟全身灰褐色，头和颈部较暗，下体、尾和飞羽较淡，嘴基部粉红色，嘴端黑色。

　　综上可知，大使厅南壁壁画中所绘确实应为大天鹅[1]。这也是为何在壁画中天鹅皆以白色表现。而天鹅之所以能被驱赶行走，在于其双翅毛羽被剪短无法高飞，这也是壁画中天鹅躯体状似"鸵鸟"的原因。

　　大天鹅分布于亚洲，冬季分布于中国长江流域及附近湖泊；春季迁经中国华北、新疆、内蒙古而到黑龙江、蒙古人民共和国及西伯利亚等地繁殖。由此可知，大使厅南壁壁画表现的时节恐为春季。

三、器　具

　　南壁壁画人物 L13 因其画幅之大，而被研究者视为身份重要之政治人物。至于其身份，除了在早期的研究中被判断为赤鄂衍那使团使节之外，在晚近的研究中则多被推定为粟特王拂呼缦。

　　关于 L13 手持之物，大使厅南壁壁画该处破损极其严重（图 3-17），线索难觅。发掘者 L. I. 阿尔鲍姆视之与前导骑从骑驼者（L9、L10）手持相同，将之描述为样式化的"金色棍子"——"锤矛"，朝上一端呈鳄鱼头部张口吐

---

[1] 按，在汉语文献中，"天鹅"一词最早出现于唐朝李商隐《镜槛》诗，其诗云："拨弦警火凤，交扇拂天鹅。"详见刘学锴、余恕诚：《李商隐诗歌集解》，北京：中华书局，2004 年，第 441 页。

图 3-17　大使厅南壁壁画人物 L13

〔苏联〕L. I. アリバウム著，加藤九祚訳《古代サマルカンドの壁画》，32 ページ図 28。

舌状 [1]。2002 年，参考了片治肯特壁画中的粟特王冠、王座和斧钺（权钺）的图像，F. 葛乐耐和 F. 欧里复原了南壁壁画中人物 L13 形象及其手持之物，他们视人物 L13 为粟特王，认为其手持之物为权钺 [2]，此亦见于二人复原的大使厅西壁壁画王座上国王之手。不过，上述复原皆非根据南壁壁画自身的壁画遗痕，而是借助"旁证"所为。因此，于此仍暂采纳发掘者 L. I. 阿尔鲍姆的复

[1]　〔苏联〕L. I. アリバウム著，加藤九祚訳《古代サマルカンドの壁画》，88～89、94 ページ。按，C. S. 安东尼尼认为这是权杖，其状如水生动物（鳄鱼？），口中含蛋。详见 Chiara Silvi Antonini, "The Paintings in the Palace of Asfrasiab (Samarkand)", in *Rivista degli studi orientali,* Vol. 63, Fasc. 1/3 (1989), p.129.

[2]　F. Ory, "Essai de restitution des parties manquantes de la peinture d'Afrasiab", in *Rivista degli studi orientali, Nuova Serie, Vol.78, Suppl. No.1: Royal Naurūz in Samarkand: Proceedings of the Conference Held in Venice on the Pre-islamic Paintings at Afrasiab (2006)*, Roma,, pp. 87-105.

图 3-18　L. I. 阿尔鲍姆复原的国王
（大使厅南壁 L13）

〔苏联〕L. I. アリバウム著，加藤九祚訳《古
代サマルカンドの壁画》，91 ページ図 13。

原方案（图 3-18）。萨珊国王经常被描绘成不戴王冠[1]。这可能是 L. I. 阿尔
鲍姆在复原 L13 时的一个依据。

　　如此，人物 L13 前后骑从手持有两类器具。第一类，前导骑从（L9、
L10）为两位骑驼者，根据 L. I. 阿尔鲍姆的复原方案，其手持之物（图 3-19）
与人物 L13 手持者形态相同。即 L. I. 阿尔鲍姆所谓"锤矛"，一如上具。第二类，
后骑从（L14、L15）各手持一红色长杆，杆头为金属质，且杆子上端有下垂
的大流苏。从壁画残存来看，L14 保留了长杆的一部分，以及杆头饰的右大半，
L15 则保留了杆头饰的左半部（图 3-20），发掘者 L. I. 阿尔鲍姆的复原便是
结合此二者所得。这也是在此后诸复原方案中，该样式未曾更改之故。L. I. 阿
尔鲍姆称之为"权标"，以为是使团使节所持表示权威之物旌节[2]。另外，尚

---

[1]　E. Herzfeld, "Khusrav Parwez und der Taq I Vastan", *AMI* IX:2(1938), pl. IX; A.M. Beleniskii and B.I.
Maršak, "The Paintings of Sogdiana", G. Azarpay, *Sogdian Painting. The pictorial epic in Oriental art,*
with Contributions by A.M. Beleniskii, B. I. Maršak and M.J. Dresden, p.63.

[2]　〔苏联〕L. I. アリバウム著，加藤九祚訳《古代サマルカンドの壁画》，91 〜 92、94 ページ。

图 3-19　大使厅南壁壁画骑从 L9、L10 细部

〔苏联〕L. I. アリバウム著，加藤九祚訳《古代サマルカンドの壁画》，29 ページ図 24。

图 3-20　大使厅南壁壁画骑从 L14、L15

〔苏联〕L. I. アリバウム著，加藤九祚訳《古代サマルカンドの壁画》，33 ページ図 29。

图 3-21　史君石堂 W3 局部线图

据西安市文物保护考古研究院：《北周史君墓》，第 112 页图 118 改制。

需言及的是，在 F. 葛乐耐和 F. 欧里的复原方案中，将四只天鹅上方骑马者的手持绘为长矛。该部分的壁画残泐甚厉，仅余马匹的躯干及下肢若干。同样地，F. 葛乐耐和 F. 欧里的复原是借助片治肯特所见壁画"旁证"，故此亦暂不予讨论。

骑驼骑从（L9、L10）手执第一类器具并非权钺。F. 葛乐耐和 F. 欧里[1]复原所据片治肯特壁画中国王所持权钺亦明显与之不同。从已发现的与粟特有关的图像中，可见若干马鞭的图像（图 3-21、图 3-22、图 3-23）。稍做比较，便可知第一类器具绝非马鞭。

---

[1] F. Ory, "Essai de restitution des parties manquantes de la peinture d'Afrasiab", in *Rivista degli studi orientali, Nuova Serie, Vol.78, Suppl. No.1: Royal Naurūz in Samarkand: Proceedings of the Conference Held in Venice on the Pre-islamic Paintings at Afrasiab (2006)*, Roma,, pp. 87-105.

图 3-22　史君石堂 N3 线图

西安市文物保护考古研究院：《北周史君墓》，第 125 页图 131。

　　还要提及的是，史君石堂 W3 屏右下骑者右手所持尖锥状条形器具（图 3-21、图 3-24），考古报告《北周史君墓》中称之为千里眼（望筒）[1]。显然，该物与史君石堂 N1 下部左侧男子左手所持匕首（图 3-25）形态不同，故可知该物亦非匕首。

　　若是千里眼（望筒），则依照光学原理，应是粗径端朝前、细径端贴近眼部，而史君石堂 W3 屏中图像的表现形式却恰与之相悖。换言之，以图像的表现方式来看，是完全实现不了望远放大的光学效果的。故此，该锥状条形器断非千里眼（望筒）。如上所言，史君石堂 W3 右下骑乘者所持者为尖锥状条形器，亦与牛角状鹿哨（图 3-26）有异。鹿哨是北方游牧民族狩猎时用来发声引诱鹿群的器具，其状多似牛角。更为重要的是，史君石堂 W3 右下表现的是出行场景，而非狩猎。从已见的狩猎图像[2]来看，狩猎者除了多手持弓箭和长矛之外，还有一种条形器具，即"樋（挃）"。樋可用于狩猎，亦可作为出行仪仗[3]。在北朝隋唐时期考古资料的图像中可见。如，北周安伽石床屏风中便有两幅手持条形器具狩猎的场景（图 3-27、图 3-28）。西安何家村窖藏出土的鎏金仕女狩猎纹八瓣银杯（图 3-29）杯体装饰有狩猎图案，其中便可见手持樋的狩猎者。

　　综上，史君石堂 W3 右下骑乘者所持尖锥状条形器既非千里眼（望筒），亦非樋。具体为何，犹待今后进一步研究。

　　大使厅南壁国王出行卤簿中，人物 L13 前导男骑从骑驼者（L9、L10）手持工具是否为匕首或其他呢？

---

[1]　陕西省考古研究所：《西安北周凉州萨保史君墓发掘简报》，《文物》2005 年第 3 期，第 11 页。西安市文物保护考古研究院：《北周史君墓》，北京：文物出版社，2014 年，第 113 页。荣新江：《北周史君墓石椁所见之粟特商队》，原载《文物》2005 年第 3 期，第 47 页；此据所撰《中古中国与粟特文明》，第 217 页。

[2]　按，有关狩猎图像的梳理可参见〔德〕魏骏骁（Patrick Wertmann）：《入华粟特人葬具上的狩猎图》，《丝绸之路研究》第 1 辑，北京：生活·读书·新知三联书店，2017 年，第 207 ～ 224 页；Patrick Wertmann, *Sogdians in China: Archaeological and art historical analyses of tombs and texts from the 3rd to the 10th century AD*, Darmstadt, Verlag Philipp von Zabern in Wissenschaftliche Buchgesellschaft, 2015.

[3]　申秦雁：《唐墓壁画中的"樋"及其流变》，《乾陵文化研究》第 3 辑，西安：三秦出版社，2007 年，第 85 ～ 92 页。

图 3-23   片治肯特 "蓝厅" 墙面上层饰带的壁画（VI: 41）（公元 7—8 世纪）

A. M. Belenitskii and B. I. Marshak, "The Paintings of Sogdiana", G. Azarpay, *Sogdian Painting. The pictorial epic in Oriental art,* with Contributions by A.M. Beleniskii, B. I. Maršak and M.J. Dresden, Berkeley · Los Angeles · London: University of California Press, 1981, p.97fig.43.

图 3-24   史君石堂 W3 右下细部

据西安市文物保护考古研究院：《北周史君墓》，第 111 页图 117 改制。

图 3-25 史君石堂 N1 线图

西安市文物保护考古研究院：《北周史君墓》，第 118 页图 123。

图 3-26 鄂伦春族鹿哨（呼伦贝尔市鄂伦春民族博物馆藏，沈睿文拍摄）

如上所述，史君石堂 N1 屏下部左侧有一男子左手持匕首采挖东西（图 3-25），该匕首的形态明显与大使厅南壁壁画人物 L13 前导男骑从（L9、L10）手持工具不同，可知后二者并非匕首。

如前所述，F. 葛乐耐视前导骑从骑驼者（L9、L10）为祭品（鹅、祭马）的献祭者，B. I. 马尔萨克等学者继之也持相同观点。既然这两位骑从为献祭者，从位置上看，他们又与献祭的天鹅相近（图 3-30），那么应可判断该器具与杀天鹅的行为有关。换言之，该器具应为刺鹅锥之属。

从汉文文献的记载来看，射猎天鹅、荐庙是北方游牧民族春猎的重要内容。宋大中祥符六年（1013 年）九月，翰林学士晁迥出使契丹，行至长泊朝见辽圣宗，所著《虏中风俗》叙述契丹春猎（即春捺钵）场景：

图3-27　安伽石床左侧屏风第2幅线图

图3-28　安伽石床右侧屏风第1幅线图

陕西省考古研究所：《西安北周安伽墓》，北京：文物出版社，2003年，第23页图二二。

陕西省考古研究所：《西安北周安伽墓》，第35图三二。

图 3-29 何家村窖藏鎏金仕女狩猎纹八瓣银杯及细部

齐东方、申秦雁主编《花舞大唐春——何家村遗宝精粹展》，北京：文物出版社，2003 年，第 67 页图、第 71 页图。

图 3-30 大使厅南壁壁画骑驼者 L9、L10

〔苏联〕L. I. アリバウム著，加藤九祚訳《古代サマルカンドの壁画》，89 ページ図 11。

〔长〕泊多野鹅鸭，辽主射猎，领帐下骑击扁鼓绕泊，惊鹅鸭飞起，乃纵海东青击之，或亲射焉。辽人皆佩金玉锥，号杀鹅、杀鸭锥。每初获，即拔毛插之，以鼓为坐（座），遂纵饮。最以此为乐。[1]

《契丹国志》所载与此稍异。上引文之"辽人皆佩金玉锥"作"国主皆佩金玉锥"[2]。据此，可知刺（杀）鹅锥连皇帝都佩带。获鹅，特别获头鹅是一件大事，赏赐很丰厚。在场的亲贵都会跃跃欲试，自然他们也都应佩带刺鹅锥[3]。可见，在辽帝的春捺钵活动中，皇帝及亲贵都会佩带刺鹅锥，或刺鸭锥。

刺鹅锥在考古发掘中曾有发现。葬于辽开泰七年（1018 年）的辽代陈国公主与驸马合葬墓中，驸马萧绍矩尸体腰束一条银带，带上悬佩琥珀小瓶、琥珀鸳鸯和双鱼形佩，并有两件带鞘银刀和一件玉柄银锥。银锥锻制，通长 17.8 厘米，锐尖。玉锥柄为青玉磨制，圆柱形，锥体末端嵌入玉柄中（图3-31）。鎏金银鞘用长条薄银片打制卷曲成筒形，合缝处焊接。鞘上部系银链，可随身携带[4]。此锥即为史载辽帝春季捺钵时专门用于刺鹅的锥[5]。

如此根据春捺钵中辽帝佩带刺鹅锥的常例，大使厅南壁壁画中若人物 L13 是国王的话，则该与其前导两位骑从（L9、L10）手持器具相同，那么 L. I. 阿尔鲍姆对其手持器具的复原（见图 3-18）应是正确的，即二者所持器具恐即刺鹅锥之类。从图像上看应是锥柄朝上插于锥鞘中，手持锥鞘，故未看到锥刺。换言之，其所谓"张口吐舌之鳄鱼头"部位应即刺鹅锥的手柄端。

如果人物 L13 所持为刺鹅锥，则该出行寓含狩猎归来之意，那么其身后骑从（L14、L15）手持长杆状工具（图 3-32）是否应也与狩猎有关？《辽史·营

---

[1]　〔宋〕李焘：《续资治通鉴长编》卷八一，大中祥符六年九月乙卯，北京：中华书局点校本，1995年，第 1848 页。

[2]　〔宋〕叶隆礼：《契丹国志》卷二三《渔猎时候》，贾敬颜、林荣贵点校，上海古籍出版社，1985年，第 226 页。

[3]　孙机：《一枚辽代刺鹅锥》，《文物》1987 年第 11 期，第 36 页。

[4]　内蒙古自治区文物考古研究所、哲里木盟博物馆：《辽陈国公主墓》，北京：文物出版社，1993 年，第 44 页。

[5]　孙机：《一枚辽代刺鹅锥》，《文物》1987 年第 11 期，第 36 ～ 37 页。

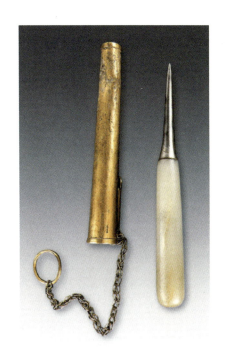

图 3-31　辽陈国公主墓所出刺鹅锥

刘广堂等主编《契丹风华：内蒙古辽代文物珍品》，北京：文物出版社，2012 年，第 81 页图。

卫志中》描述辽帝"春捺钵"的场景：

> 春捺钵：
>
> 曰鸭子河泺。皇帝正月上旬起牙帐。约六十日方至。天鹅未至，卓帐冰上，凿冰取鱼。冰泮，乃纵鹰鹘捕鹅雁。晨出暮归，从事弋猎。……皇帝每至，侍御皆服墨绿色衣，各备连锤一柄，鹰食一器，刺鹅锥一枚，于泺周围相去各五七步排立。[1]

---

[1] 〔元〕脱脱等：《辽史》卷三二，第 424～425 页。按，《辽史·营卫志中》关于捺钵记载的史源辨析，可参见苗润博：《〈辽史〉探源》，北京：中华书局，2020 年，第 107～160 页。有关春捺钵的研究，可参见梁维：《二十世纪辽代春捺钵问题研究回顾与展望》，《黑龙江民族丛刊》2018 年第 3 期，第 107～112 页。又，郭靖嘉认为传世画作《胡笳十八拍图》描绘了北方民族卓帐游牧的生活场景，是对辽金时期夏捺钵行营的真实写照。详见所撰《〈胡笳十八拍图〉所见辽金捺钵凉棚考》，《美术研究》2021 年第 5 期，第 48～53 页。此处尚需说明的是，史源辨析只是根据现有史籍流传情况对史料来源的可能判断，它跟该史料所载史实的准确与否并无必然之逻辑关系。

图 3-32　大使厅南壁壁画骑从 L14、L15 线图

〔苏联〕L. I. アリバウム著，加藤九祚訳《古代サマルカンドの壁画》，92 ページ図 14。

《契丹国志》卷二三《渔猎时候》记载辽帝出猎，"皆佩金、玉锥，号杀鹅鸭锥"；"又好以铜及石为槌，以击兔"；"弓以皮为弦，箭削桦为筈，鞯勒轻快，便于驰走。以貂鼠或鹅项、鸭头为扦腰"[1]。"以铜及石为槌"之"槌"，即上文所言之挝（檛）类工具。在大使厅南壁壁画所绘出行仪仗之中，应为骨朵之类的仪仗器具。

骨朵是北方游牧民族的用具。骨朵头最早见于匈奴铜器中，魏晋南北朝时期骨朵传入中原，唐宋以后普及全国。骨朵就是杖、挝（檛），挝即骨朵的速

---

[1]　〔宋〕叶隆礼：《契丹国志》，贾敬颜、林荣贵点校，第 225 页。

读，中原地区与骨朵相似的兵器叫棰、椎、锤[1]。中古中国骨朵的演变及功能，学界已成共识[2]。结论大体如下：

骨朵可为兵器。辽兵所配兵器便有之。《辽史·兵卫志上》载："人铁甲九事，马鞴辔、马甲皮铁视其力；弓四，箭四百，长短枪、骨朵、斧钺、小旗、锤锥、火刀石、马盂、秒一斗、秒袋、搭毛伞各一，縻马绳二百尺，皆自备。"[3]

骨朵可用于狩猎，也可用于刑罚。《辽史·刑法志上》载："杖刑……又有木剑、大棒、铁骨朵之法。……铁骨朵之数，或五、或七。"[4]

骨朵也是仪仗用具。《金史·仪卫志下》"大驾卤簿"条载：

> 大定十一年（1171 年），将有事于南郊，朝享太庙，右丞石琚奏其礼，……遂增损黄麾仗为大驾卤簿，凡用七千人，摄官在内。分八节。
> ……
> 第六节……执银骨朵，……骨朵。骨朵直步队一百二十四人，……。
> 第七节……内指挥使一人执银骨朵。"[5]

根据对现有材料的辨析，中古中国境内所见骨朵头大体可分作蒺藜骨朵、蒜头骨朵和沙袋骨朵等三类[6]。

宋祁（998—1061 年）《宋景文公笔记》卷上《释俗》载："国朝有骨朵子，直卫士之亲近者。予尝修日历，曾究其义。关中认谓腹大者谓胍肶，上孤下都。俗因谓杖头大者亦为胍肶，后讹为骨朵，朵从平声，然朵难得音。今为军额，

---

[1] 陆思贤：《释"骨朵"》，《考古与文物》1982 年第 5 期，第 99 页。按，在辽墓、宋墓壁画中，也有一种圆首棍状的打击用器具。20 世纪 50 年代，宿白就指出这种器具为"骨朵"，"此物又名杖、瓜（铁制名铁瓜、金色名金瓜）、蒜头（或蒜瓣）等。亦用为军器或刑具"，"宋代上自皇帝，下至士庶，仪仗中皆有骨朵"，并根据文献"考订骨朵名称来源，认为胍、挝（檛）、瓜者，骨朵、胍肶、孤都之合声也"。详见宿白：《白沙宋墓》，北京：文物出版社，1957 年，第 46、123 页。

[2] 按，关于骨朵的研究，详见陈永志：《骨朵形制及相关诸问题》，《内蒙古文物考古》1992 年 1、2 期合刊，第 55 ~ 64、54 页。

[3] 〔元〕脱脱等：《辽史》卷三四，第 451 页。

[4] 〔元〕脱脱等：《辽史》卷六一，第 1038 页。

[5] 〔元〕脱脱等：《金史》卷四二，北京：中华书局，2020 年，第 1018、1020 ~ 1021 页。

[6] 陈永志：《骨朵形制及相关诸问题》，《内蒙古文物考古》1992 年 1、2 期合刊，第 55 ~ 64、54 页。

固不可改矣。"[1] 大使厅南壁壁画中骑从 L14、L15 紧随该壁面核心人物 L13 之后，皆为"卫士之亲近者"，故其所持亦可以骨朵之属视之。

但是，如上所言，大使厅南壁壁画人物 L13 身后骑从所持工具顶端呈花骨朵状，且明显有下垂之流苏，与前述骨朵的三类明显不同，显然不能用诸狩猎，至多作为出行队列仪仗之用，亦即彰显人物 L13 之政治身份。当然，其作为出行仪仗器具的属性，实与骨朵无别。

四、神庙为何？

在 F. 葛乐耐和 F. 欧里的大使厅南壁复原方案 [2] 中，根据片治肯特《哭丧图》（图 3-33）以及中亚所见窣堵坡（Stūpa）式陵墓建筑（图 3-34：1），他们将出行仪仗前端（东端）的建筑复原成陵墓（图 3-34：2）。M. 康马泰对此也表示赞同 [3]。

但是，片治肯特所见之《哭丧图》中死者所在并非陵墓建筑，而是灵帐。它表现的是内亚灵帐哭丧的丧葬环节 [4]。至于帐篷与具体的陵墓、宗庙建筑样式相同，这应该是共同的地域特色所致。此与当地陵墓、寺庙中心单体建筑样

[1] 〔宋〕宋祁：《宋景文公笔记》，北京大学图书馆藏明（1368—1644 年）刻本，叶 1 正面～背面。

[2] F. Ory, "Essai de restitution des parties manquantes de la peinture d'Afrasiab", in *Rivista degli studi orientali, Nuova Serie, Vol.78, Suppl. No.1: Royal Naurūz in Samarkand: Proceedings of the Conference Held in Venice on the Pre-islamic Paintings at Afrasiab (2006)*, Roma, pp. 87-105.

[3] 〔意〕康马泰：《佛教在粟特本土的雪泥鸿爪》，毛铭译，所撰《唐风吹拂撒马尔罕：粟特艺术与中国、波斯、印度、拜占庭》，第 107 ～ 108 页。

[4] 沈睿文：《Miho 美术馆石棺床石屏的图像组合》，余太山、李锦绣主编《欧亚学刊》（新）第 6 辑，北京：商务印书馆，2017 年，第 60 ～ 81 页。Shen Ruiwen, "The Iconographic Program and Meanings of the Screen of the Miho Couch", Yu Taishan & Li Jinxiu edited, *Eurasian Studies*, Vol. Ⅵ, Braila, Istros Publishing, 2018, pp.282-308; 此据所撰《中古中国祆教信仰与丧葬》，第 236 ～ 259 页。

图 3-33　片治肯特 II 号神庙遗址南壁壁画《哭丧图》（公元 6—8 世纪）

〔苏联〕L. I. アリバウム著，加藤九祚訳《古代サマルカンドの壁画》，80 ページ。

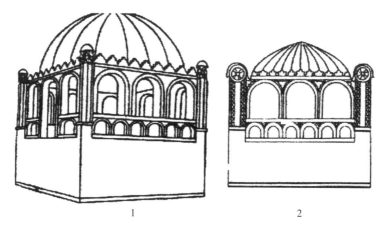

1　　　　　　　　　　　2

图 3-34　葬礼场景中的窣堵坡式陵墓建筑

据〔意〕康马泰：《唐风吹拂撒马尔罕：粟特艺术与中国、波斯、印度、拜占庭》，毛铭译，第 108
页图改制。

式趋同为同一道理[1]，是中亚建筑地方特色的体现。

值得注意的是，如上所言，M. 莫德在 2002 年指出，南壁壁画东端的金色建筑实表示一座金门，是进入一座城市或建筑物的入口而已，而非一座陵墓的本体建筑。金门之后（东侧）的白色部分便是城市或建筑物的围墙[2]。他进而认为这是 F. 葛乐耐等人在"金门"部位复原有误的症结所在。"金门"具体为何，暂且不论。不过，由此便能理解为何有三位侍立者（L2、L3、L4）立于建筑之下，面向人物 L13 的行进队伍。原来他们是侍立在建筑的入口迎接 L13 → L4A 队伍的到来。可见，为了让观者能看到"金门"内朝西侍立的迎谒者（L2、L3、L4），"金门"水平部分采取了以平面的形式表现侧立面。换言之，人物 L1、L2、L3、L4 依次由北往南顺次站立，壁画的设计和制作者是将朝西迎接 L13 仪仗的"金门"水平顺时针旋转 90° 绘就，以充分展示从西往东所看到的"金门"内的情状。同时，我们也就明白在平面上位于最左侧的武士（L1）实是"金门"北侧侍卫，而 L2、L3、L4 则为具体迎谒 L13 队伍的官员。更为重要的是，由此也就可以理解南壁壁画是用蓝色、金色和黄色将壁面分割出三个不同的建筑空间，即，L13 → L4A 队伍的行进空间、"金门"建筑及其之后（东）建筑等三个空间部分。

B.I. 马尔萨克准确地指出了"金门"内安排三位侍立者的用意，并认为"金门"处是神庙本体建筑。B.I. 马尔萨克描述道：

南壁的构成十分错综复杂。解答的关键就是东南角上穿戴盔甲的武士。

---

[1]　V. G. Shkoda，"The Sogdian Temple: Structure and Rituals"，*Bulletin of the Asia Institute, New Series, Vol.10, Studies in Honor of Vladimir A. Livshts (1996)*，pp.195-206; Laura E. Parodi，"A creative dialogue: The Timurid and Indo-Muslim Heritage in Akbar's Tomb"，in *Rivista degli studi orientali*, Vol.74, Fasc. 1/4(2000), pp.75-91; Michele Minardi, Gairardin Khozhaniyazov，"The Central Monument of Akchakhan-kala: Fire Temple, Image Shrine or Neither? Report on the 2014 Field Season"，*Bulletin of the Asia Institute*, New Series, Vol.25(2011), pp.121-146; Melanie Michailidis，"Dynastic politics and the Samanid Mausoleum"，*Ars Orientalis*, Vol.44 (2014), pp.20-39; J. M. Boyd and F. M. Kotwal，"Worship in a Zoroastrian Fire Temple"，*Indo-Iranian Journal*, 26.4(1983), pp.301-302, diagram 1.

[2]　M. Mode，"Court art of Sogdian Samarqand in the 7th century AD. Some remarks to an old problem"，in Online publication (2002) at: http://www.orientarch.uni-halle.de/ca/afras/index.htm.

该武士的脚与另一些往上走的人物呈现镜像，走向南壁的深处；而在西壁，同一个武士在往下走，走向观众面前。他应该是一个下了马的骑士，走在南壁上部一群骑士之间，伴随着空鞍的马。其中一个骑士背着箭囊，拿着盾牌。三个锦袍贵族已经先期抵达，下马迎候粟特王一行。作为国王的侍卫，骑士们在漫长的出行队伍来到之前已经到了小小神庙旁，准备侍候国王等进入神庙拜谒。神庙与南壁三行里的下排顶部高度齐平，上排则与天顶的梯形无缝对接。大使厅的地面要宽于金字塔形的壁面，在此情况下不太可能用夯实过的黏土和泥砖来建造太多壁面。梯形的天顶必须每年修缮更新，甚至一年两度，如此才能在节日盛典中担当大厅之任。[1]

尚东，葬所[2]、居所皆东向是游牧社会的共同特点。同样地，其宗庙亦位于东，太庙、行在庙或捺钵庙都不例外。

为适应游牧生活，便于及时祭祀，贯彻祖先崇拜的宗庙制度，辽代特地创立随四时捺钵移徙的"行在庙"或"捺钵庙"[3]，同样位于东。《辽史·仪卫志·国舆》载："《腊仪》，皇帝降舆，祭东毕，乘马入猎围。"[4]其中"祭东"的对象便是行在庙。在一个经常驻跸的固定的春捺钵营地修建一个供奉神灵的小型建筑是有可能的。吉林乾安县辽金春捺钵遗址群后鸣字区遗址中一号院落址的重要位置和院落内遗迹的特殊布局，显示此院落址可能与捺钵祭祀的庙有关[5]。

---

[1] B. I. Marshak, "Remarks on the Murals of the Ambassadors Hall", in *Rivista degli studi orientali, Nuova Serie, Vol.78, Suppl. No.1: Royal Naurūz in Samarkand: Proceedings of the Conference Held in Venice on the Pre-islamic Paintings at Afrasiab (2006)*, Roma, p.82; 此据〔俄〕马尔萨克：《突厥人、粟特人与娜娜女神》，毛铭译，第 66 页。

[2] 按，罗丰指出北方游牧地带墓葬朝东，但角度不一，可能与下葬当天太阳的方位角有关。详见罗丰：《北方系青铜文化墓的殉牲习俗》，《考古学报》2018 年第 2 期，第 183 ～ 200 页。

[3] 张鹏：《辽代庆东陵壁画研究》，《故宫博物院院刊》2005 年第 3 期，第 145 ～ 146 页；张鹏：《辽墓壁画研究》，天津人民美术出版社，2008 年，第 62 ～ 63 页。

[4] 〔元〕脱脱等：《辽史》卷五五《仪卫志·国舆》，第 1001 页。

[5] 吉林大学边疆考古研究中心：《吉林乾安县辽金春捺钵遗址群后鸣字区遗址的调查与发掘》，《考古》2017 年第 6 期，第 43 页。

宋神宗熙宁八年（辽道宗大康元年，1075 年），沈括出使契丹辽国，在辽道宗夏捺钵行宫附近，亲见捺钵"行宫市场"，其《熙宁使虏图抄》即载："顿程帐，东南距新添帐六十里。帐西北又二十里至单于庭（辽道宗夏捺钵行宫）。有屋，单于之朝寝、萧后之朝（寝）凡三。其余皆毡庐，不过数十，悉东向。庭以松干表其前，一人持牌立松干之间，曰阁门，其东相向六七帐曰中书、枢密院、客省，又东，毡庐一，旁驻毡车六，前置纛，曰太庙，皆草莽之中。东数里有缭涧，涧东原隰十余里，其西与北皆山也。其北山，庭之所依者，曰犊儿。过犊儿北十余里，曰市场，小民之为市者，以车从之于山间。"[1] 但是除此之外，汉化的特征也十分明显：皇帝、皇后所居已不再是毡帐，而是真正的宫殿。宫殿东边，即前方，是中书、枢密等机构，又东，有可以随迁的"太庙"，此外，稍远的山后边还有市场，可以说大体上就是《周礼·考工记·匠人》所载"左祖右社，面朝后市"的格局[2]。行宫的殿帐悉东向，是契丹人的传统。殿帐的东边，有可随迁的"太庙"。可知，行在庙（捺钵庙）的确位于东。实际上，由此也导致其宫殿的东西朝向。2015 年，根据地面踏查和考古勘探的线索，结合考古发掘，首次发现并确认辽上京从皇城、宫城东门，到宫城内东向大型院落的轴线布局及相关遗存。这从考古学上证明，辽上京城在营建、使用过程中可能一度朝东，曾存在东向轴线的现象[3]。

又《辽史》卷四九《礼志》"吉仪"条载：

蒇节仪：皇帝即位，凡征伐叛国俘掠人民，或臣下进献人口，或犯罪没官户，皇帝亲览闲田，建州县以居之，设官治其事。及帝崩，所置人户、府库、钱粟，穹庐中置毡殿，帝及后妃皆铸金像纳焉。节辰、忌日、朔望，皆致祭于穹庐之前。……[4]

[1] 赵永春：《奉使辽金行程录》，长春：吉林文史出版社，1995 年，第 90～91 页。
[2] 李锡厚：《论辽朝的政治体制》，所撰《临潢集》，石家庄：河北大学出版社，2001 年，第 14 页。
[3] 董新林、陈永志、汪盈、肖淮雁、左利军：《辽上京城址首次确认曾有东向轴线》，《中国文物报》2016 年 5 月 6 日第 8 版。
[4] 〔元〕脱脱等：《辽史》，第 932 页。

穹庐东向，则表明行在庙亦在东。从引文可知，行在庙为穹庐中的毡殿，中置已亡帝、后妃的金像。契丹族"节辰、忌日、朔望，皆致祭于穹庐之前"的祭祖方式，显然与上引《隋书·石国传》所载石国祭祖方式不同。

综上，可知契丹宗庙位于东，太庙、行在庙（捺钵庙）都不例外。《隋书·石国传》所谓"国城之东南立屋"之"屋"，应为宗庙[1]。此与史载粟特何国宗庙与都城的相对位置一致。根据中亚城址的考古发掘成果，知中亚康国等城国的宗庙也位于城市东部。可见，这是游牧社会的共同习惯。

需要说明的是，内亚社会朝东敬日的习俗，也影响了古代中国祆祠的择址。在中古中国，早期祆祠主要分布在胡人聚居的河西重镇，或是胡风盛行的隋唐两京地区。到了唐代后期，随着胡人集中到河北，该地也出现了祆祠[2]。从文献记载来看，今可知古代中国至少有七座祆祠位于所在城邑之东，且祆庙恐亦多面向东，到了明清时期仍是[3]。可见，在古代中国，祆寺建筑于所在城邑聚落之东为择址的一个主要选项。

大使厅南壁壁画所绘仪仗 L13 → L4A 往东行进的目的地，已有研究也多将之聚焦于宗庙。亦即，大使厅南壁壁画中白色背景部分为宗庙建筑。但是，至此是否可为定谳？

根据中亚建筑形态及平面结构的一致性，可以进一步确定 M. 莫德所谓"金门"部分即神庙的进口——俗谓"山门"，而非神庙的主建筑物，更非祭坛建

---

[1]　〔法〕葛乐耐：《粟特人的自画像》，毛铭译，荣新江、华澜、张志清主编《法国汉学》第 10 辑"粟特人在中国——历史、考古、语言的新探索"，第 307 ～ 308 页. F. Grenet, "The Self-Image of the Sogdians", in *Les Sogdiens en Chine,* eds. É. de la Vaissière, É. Trombert, pp.123-140; 此据〔法〕葛乐耐：《驶向撒马尔罕的金色旅程》，毛铭译，第 9 页。

[2]　张小贵：《中古华化祆教考述》，北京：文物出版社，2010 年，第 38 页。

[3]　根据已有研究，今可知至少有如下七座祆祠位于所在城邑之东，且祆庙恐亦多面向东：《金光明经》卷二题记所载高昌城东胡天南太后祠（430 年）、P.2005《沙州图经》卷三所载沙州东一里处敦煌祆神庙、《唐开元四年（716 年）李慈艺告身》所记"东胡祆"祠、《墨庄漫录》卷四所载镇江府朱方门之东城上之祆神祠（今位于镇江宝盖路穆源民族学校里）、介邑之东关之三结义庙、洪洞县大南门内路东城根之祆神庙以及广西梧州州城东一百步之祆政庙等。详见张小贵：《中古华化祆教考述》，第 28 ～ 38 页；陈凌：《中国境内祆教相关遗存考略（之一）》，余太山、李锦绣主编《欧亚学刊》（新）第 1 辑，北京：商务印书馆，2015 年，第 126 ～ 157 页。

筑[1]。骑马进入神庙是无法理解的，因为此举显然是对神祇的不敬。

但是，能否对大使厅南壁"金门"建筑形态及性质做进一步的探究？

这里首先需要重新审辨大使厅南壁壁画诸元素，特别是建筑元素，即 M. 莫德所谓"金门"部位的建筑形式。

关于"金门"部位的底座，L. I. 阿尔鲍姆的原始描摹图（图 3-35）有两条横线，将底座部分分作上下三部分，这在 M. 莫德的复原图（见图 3-5）中得到忠实再现。但是，这三部分表达的是什么意思？长期以来并未引起重视。它代表从地面通向平台顶部的台阶，还是表示底座的层级？从横线横贯底座来看，前者的可能性微乎其微。换言之，它应该表示该"金门"建筑的基础（底座？）有三级。亦即，"金门"部分的建筑修筑于三级台地之上。这也就意味着神庙建于三级台地上。简言之，这是要表示"金门"以东部分是建于台地上的建筑，意在彰显神庙的高敞和神圣。

将神庙修建于离城区不远的东面，建在土岗上，或把建筑地面铺高，这种宗教建筑模式即"波斯模式"[2]。考察中亚宗教建筑的形式，可知西亚、中亚的景教寺院、琐罗亚斯德教寺院的建筑大都遵守"波斯模式"，中亚乃至新疆的佛寺建筑多也不例外。

在中亚，景教与摩尼教并非主流宗教形式。在已经发现的景教寺院遗址中，多遵守"波斯模式"建筑寺院。

阿拉伯联合酋长国卡乌尔九号遗址的景教教堂与隐修院遗址（图 3-36）处在同一个大院子中，尽管它们并不相连，但相隔不远。南面是一处教堂，这个教堂由中央的主殿和两侧的配殿构成，前殿在西，后殿在东，在后面东墙外发现了一片装饰有十字架的残构件，它或许来自该教堂，十字架的形状表明它的景教特征。教堂的东北是一座有七间房的建筑，该建筑的西北则是一座有八

---

[1] 按，琐罗亚斯德教祭坛处不见类似阶级的结构，其祭坛部分大多直接筑于地面，四侧不见台阶。显然，这与大使厅南壁壁画"金门"部位表现的内容不同。更何况"露天神庙是不可能存在的"。详见 Ph. 吉纽：《第一部分 琐罗亚斯德教》，〔俄〕B.A. 李特文斯基主编《中亚文明史》第三卷《文明的交会：公元 250 年至 750 年》第十七章"宗教与宗教运动（一）"，马小鹤译，第 344～345 页。

[2] 陈怀宇：《高昌回鹘景教研究》，季羡林等主编《敦煌吐鲁番研究》第四卷，第 172 页。

图 3-35　L. I. 阿尔鲍姆对大使厅南壁 "金门" 部位的描摹图

〔苏联〕L. I. アリバウム著，加藤九祚訳《古代サマルカンドの壁画》，85 ページ図 8a。

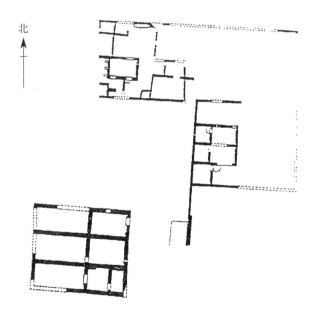

图 3-36　阿拉伯联合酋长国卡乌尔景教教堂与隐修院遗址平面图

G. R. D. King, "A Nestorian monastic settlement on the island of Sir Bani Yas, Abū Dhabi: A preliminary report", *Bulletin of School of Orietal and Africa Studies*, Vol.XV, 2, 1997, p.222.

间房的建筑，八间房位于教堂的正北，中间刚好是七间房建筑南北宽的距离。两座房间比较多的建筑物被考古学家们推测为修道，在这些地方发现有鱼骨和放它们的餐具，从而被证明是教士们的生活居所，由于景教教士是要结婚的，所以这么多房子应居住着景教教士及其家属[1]。卡乌尔教堂则有明显把地面铺厚的痕迹，但是该景教遗址并非东西朝向。

碎叶城郊景教教堂遗址（图3-37）年代为公元8世纪，比高昌水盘遗址稍早，晚于卡乌尔景教遗址。景教教堂位于碎叶城东一百码（约相当于90米）郊外的北部一个山岗上，教堂的风格据研究类似于亚美尼亚和小亚细亚的教堂风格，即有拱形神殿和祭坛，在西边连接着环绕带顶柱廊的开放式院子[2]。这就是说，在神殿中人们是朝东礼拜的。整个教堂建在城东不远的土岗上，该教堂呈东西走向。

高昌城东T号遗址（景教教堂）位于高昌城的东门之外，在护城河东边，过桥往南，古津渡之北。其平面（图3-38）呈长方形，中间为主殿，南北两侧为附属的配殿。中间的主殿又分为东西两部分，西长东短，很显然东侧的小室便是景教教堂的后殿[3]。

而摩尼教寺院建筑似乎并不遵循上述"波斯模式"。在高昌回鹘境内发现有摩尼教寺院、洞窟遗址，前者为高昌城中的K寺（图3-39）和α寺遗址（图3-40），后者如吐鲁番地区的摩尼寺洞窟[4]。这时摩尼教为高昌回鹘的国教，其寺院建筑形式应为典型的摩尼教寺院结构。但是，从其平面结构来看，与"波斯模式"有着明显的差距；实行"五堂制"的摩尼教石窟寺[5]更是如此。

---

[1]　G. R. D. King, "A Nestorian monastic settlement on the island of Sir Bani Yas, Abū Dhabi: A preliminary report", *Bulletin of School of Oriental and Africa Studies*, Vol. XV, 2, 1997, pp.221-235; 陈怀宇：《高昌回鹘景教研究》，季羡林等主编《敦煌吐鲁番研究》第四卷，第170～171页。

[2]　G. Clauson, "Ak Beshim-Suyab", *Journal of Royal Asiatic Society*, 1961, p.3; 陈怀宇：《高昌回鹘景教研究》，季羡林等主编《敦煌吐鲁番研究》第四卷，第172页。

[3]　A. von Le Coq, *Chotscho, Facsimile-Wiedergaben der wichtigeren Funde der ersten Königlich Preussischen Expedition nach Turfan in Ost-Turkistan*, Berlin, 1913, p.7.

[4]　按，相关讨论详见王媛媛：《从波斯到中国：摩尼教在中亚和中国的传播》，北京：中华书局，2012年，第11～12页。

[5]　晁华山：《寻觅湮没千年的东方摩尼寺》，《中国文化》1993年第8期，第1～20页。

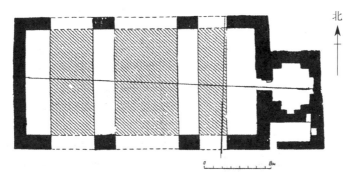

图 3-37　碎叶城郊景教教堂遗址平面图

加藤九祚：《中央北部アジアの佛教遺迹研究》，《シルケロド學研究》Vol.4，奈良，1997 年，137 ページ。

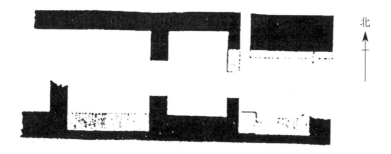

图 3-38　高昌城东 T 号遗址（景教教堂）平面图

A. von Le Coq, *Chotscho, Facsimile-Wiedergaben der wiehtigeren Funde der ersten Königlich Preussischen Expedition nach Turfan in Ost-Turkistan*, Berlin, 1913, Tafel7.

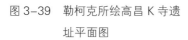

图 3-39　勒柯克所绘高昌 K 寺遗
　　　　　址平面图

A. von Le Coq, *Chotscho, Facsimile-Wiedergaben der wiehtigeren Funde der ersten Königlich Preussischen Expedition nach Turfan in Ost-Turkistan*, p.7fig.right.

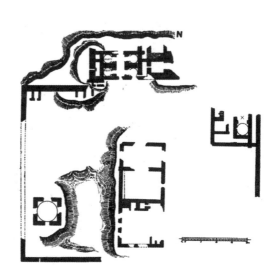

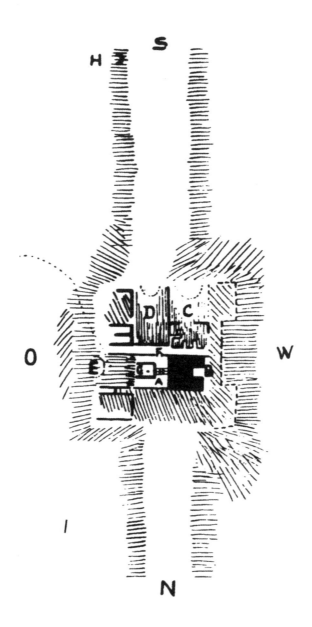

图 3-40　格伦威德尔所绘高昌 α 寺遗址平面图

A. Grünwedel, *Bericht über archäologische Arbiten in Idiqut-Shahri und Umgebung im Winter 1902/03 I*, Müchen, 1905, p.57, fig.56.

　　同样地，"波斯模式"也成为中亚、西域的佛寺建筑的一个主要建筑方式。吉尔吉斯斯坦境内的楚河河谷有一座名为阿克-别什姆（Ак-бешим）的古城遗址，在此发现了两座公元 7 世纪末到 8 世纪初的庙宇。第一座顺东西方向延伸，用揽草泥和土坯建成，院子至中央大殿之间有一座高台，与西区的寺庙相比显得更高。寺庙的大门从东面沿斜坡穿过前庭，前庭两侧各有三间房屋，院子四周均有木头圆柱架起的外廊。一个不大的梯子通向大殿，大殿的楼板架在八根圆柱上。顺着梯子还能到达寺庙的入口。地板中间有一长方形的凹地，可能是一个蓄水池，佛陀站在水池的荷花上 [1]。阿克-别什姆寺庙主体部分的平面结构和布局——走廊所环绕的封闭的圣殿和多柱大厅——与片治肯特的神庙（见下文）以及更早一些的贵霜巴克特利亚的宗教建筑多少有些相似 [2]。

　　在费尔干纳通往喀什噶尔的古商道上，有一座名叫库巴（Куба）的城市（现名库瓦）。这座城里有一个祭祀建筑群，它包括两组建筑：圣殿和直角大殿，由一个主正门连在一起。近似垂直正方形的宅院两边各有一组建筑，主建筑建在三级台座上，而且，圣殿和大殿均有通向院子的通道。在圣庙中心有一平台，这是个小祭台，有一部梯子通向那里，平台的左右均有浅浮雕。在庙宇的平台上，有一尊两人高的佛陀涅槃的雕像 [3]。可见该祭祀建筑群是一佛教建筑，其中的主建筑便修筑于三级台座之上。

　　从新疆佛寺建筑的考古调查情况 [4] 来看，"波斯模式"也是一种主要的建筑形式。

　　从波斯、中亚地区琐罗亚斯德教寺院遗址情况来看，它们也奉行"波斯模式"，

[1]　〔苏联〕И·札巴罗夫、Г·德列斯维扬斯卡娅：《中亚宗教概述》，高永久、张宏莉译，兰州大学出版社，2002 年，第 111 页。

[2]　可参见〔苏联〕Б·Я·斯塔维斯基：《古代中亚艺术》，路远译，西安：陕西旅游出版社，1992 年，第 120 ～ 123 页，特别是第 122 页。

[3]　В. А. БУЛАТОВА-ЛЕВИИА, "БУДДИЙСКИЙ ХРАМ В КУВЕ", *СОВЕТСКАЯ АРХЕОЛОГИЯ*, 1961, No.3, С.241-250;〔苏联〕И·札巴罗夫、Г·德列斯维扬斯卡娅：《中亚宗教概述》，高永久、张宏莉译，第 110 页。

[4]　林立：《西域古佛寺——新疆古代地面佛寺研究》，北京：科学出版社，2018 年。

其平面大多呈长方形，三面带有回廊；拜火祭坛建筑则平面多呈方形 [1]。

　　阿富汗苏尔赫·科塔尔 (Surkh-Kotal) 琐罗亚斯德教神庙（图 3-41）有大小两座，大庙平面作长方形，南北横长 35 米，宽 27 米，大门朝东。中间为方形正殿，两侧及背后建有配殿。正殿中心有方形石坛。大庙外围北、西、南三面，用土坯和石块筑起院墙。墙上建有方形望楼，墙身建有壁龛，龛内置彩色塑像和石灰岩雕像。小庙位于大庙左侧，形制与大庙相同。两座神庙石坛的凹槽里积满了灰烬，据此推测这些庙宇当系祭奠拜火教诸神的地方。在大庙门口，有一条石铺梯级经过三层台地下至山脚；另有一条磴道则通向山下一口石砌的水井 [2]。

　　片治肯特 I 号、II 号神庙遗址位于片治肯特的东面内城的广场西侧（图 3-42），内城位于东面临河台地上。该建筑群是古代康居人的神庙遗迹，两座神庙南北比邻，东向，均由东西三进的门廊、大殿和"至圣所"（一间除祭祀外任何人都不得入内的密室）组成（图 3-43）。南侧神庙发现的壁画内容以宗教仪式为主，北侧神庙发现的壁画以与康居葬仪有关的题材为中心。两座神庙中都有壁龛，龛内曾放置泥塑像，可惜都未保存下来。公元 6 世纪开始出现二层楼，8 世纪甚至出现了三层楼，并且房屋规模更大 [3]。片治肯特 I 号和 II

---

[1] 陈凌：《中国境内祆教相关遗存考略（之一）》，余太山、李锦绣主编《欧亚学刊》（新）第 1 辑，第 134 ~ 135 页。

[2] https:// baike.baidu.com/item/ 苏尔赫科塔尔遗址 /7358663?fr=aladdin.

[3] 西北大学丝绸之路文化遗产保护与考古学研究中心、中国国家博物馆、陕西省考古研究院：《塔吉克斯坦、乌兹别克斯坦考古调查——粟特时期》，《文物》2019 年第 1 期，第 53 页。按，关于片治肯特 I 号和 II 号神庙的更为详细的描述，可参见〔苏联〕Б·Я·斯塔维斯基：《古代中亚艺术》，路远译，第 101 ~ 107 页。具体考古发掘资料可参见 B. I. Marshak and A. M. Belenitskii, "Raskopki nagorodishche drevnego Pendzhikenta(1970 g.)", *ART*, no.10(1970), pp.106-108, pl.16; A. M. Belenitskii and B. I. Marshak, "Voprosy khronologii zhivopisi rannesrednevekovogo Sogda", *Uspekhi sredneaziatskoĭ arkheologii,* 4(1979), p.34, fig.3; A. M. Belenitskii and B. I. Marshak, "Stennye rospisi, obnaruzhennye v 1970 goduna gorodishche drevnego Pendzhikenta", *SGE*, 36(1973), pp.58, 61; A. M. Belenitskii and B. I. Marshak, "Cherty morovozzreniia sogdiĭtsev VII-VIII vv. V iskusstve Pendzhikenta", in *Istoriia I kul'tura narodov Sredneĭ Azii: Drevnost'I srednie veka*, ed. by B. G. Gafurov and B. A. Litvinskii(Moscow, 1976), pp.76-77; A. M. Belenitskii, B. I. Marshak and V. I. Raspopova, "Raskopki drevnego Pendzhikenta v 1974 g.", *ART*, no.14(1979), pp.40-43, figs.11-13; B. I. Marshak and V. I. Raspopova, "Worshipers from the Northern Shrine of Temple II, Panjikent", *Bulletin of the Asia Institute*, New Series, Vol. 8, 1994, pp.187-207.

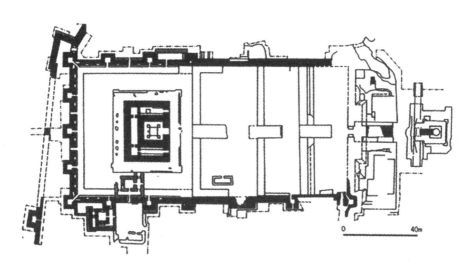

1.苏尔赫·科塔尔琐罗亚斯德教寺庙遗址

2.苏尔赫·科塔尔琐罗亚斯德教寺庙拜火祭坛遗址

图 3-41　苏尔赫·科塔尔（Surkh-Kotal）遗址的琐罗亚斯德教寺庙

陈凌：《中国境内祆教相关遗存考略（之一）》，余太山、李锦绣主编《欧亚学刊》（新）第 1 辑，北京：商务印书馆，2015 年，第 135 页图 1-1、图 1-2。

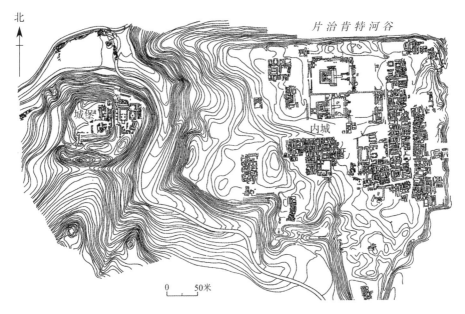

图3-42　片治肯特Ⅰ号、Ⅱ号神庙遗址位置示意图

西北大学丝绸之路文化遗产保护与考古学研究中心、中国国家博物馆、陕西省考古研究院：《塔吉克斯坦、乌兹别克斯坦考古调查——粟特时期》，《文物》2019年第1期，第51页图一八。

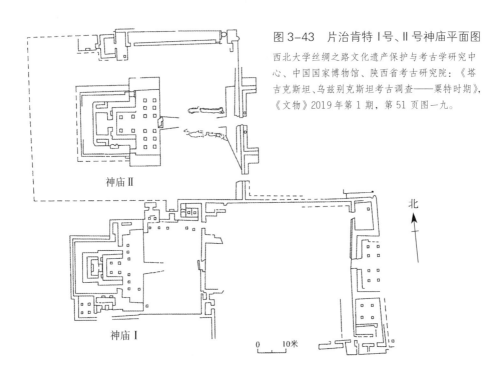

图3-43　片治肯特Ⅰ号、Ⅱ号神庙平面图

西北大学丝绸之路文化遗产保护与考古学研究中心、中国国家博物馆、陕西省考古研究院：《塔吉克斯坦、乌兹别克斯坦考古调查——粟特时期》，《文物》2019年第1期，第51页图一九。

号神庙基本保持中亚琐罗亚斯德寺庙的布局形式，也用土坯砌墙，拜火祭坛平面亦呈方形，祭坛四边还各有一立柱。不过，片治肯特拜火教祭坛的入口要相对开阔一些，已经有朝壁龛式拱门发展的倾向[1]。

"波斯模式"的神庙建筑方式也影响了中古中国祆寺的修建，一如上具。

对于大使厅南壁壁画中神庙平面结构，B. I. 马尔萨克推测：

> 很容易想象，神庙的平面包括一个后面附带有一个房间的走廊，或者只是一个简单的有三面墙的类似走廊的房间。后者与史载何国只有三面墙的亭阁（即重楼）相似。若此，在神庙里，那些跟随国王（先行）到达的人员在神庙里可以看到国王的出行仪仗。[2]

实际上，B. I. 马尔萨克的推断源自中亚发现的两座神庙的平面结构。1996 年，B. I. 马尔萨克曾对这两座神庙的平面结构进行描述。他说：

> 从南索格底亚那的伊尔－库尔干遗址（4 至 6 世纪）和片治肯特发现的两座神庙可以知道索格底亚那神庙的情况。两地的神庙有类似的设计，都是在 5 世纪同一时期建造的，不过片治肯特的神庙又重建过几次，一直到 720 年以后还在使用；虽然对片治肯特神庙的研究比伊尔－库尔干的神庙更细致，仍然很难知道他们属于什么宗教，因为崇拜的主要形象没有保存下来。两地神庙的建筑规划均以一条东西走向的道路为轴心，穿过两个长方形院落，入口处则建造有柱子的门廊；从院落里有一道狭窄的坡道通向耸立着主建筑物的平台，主建筑物也有一道门廊。一座有四个柱子、没有东墙的大厅向门廊方向敞开。大厅西墙的一扇门通向一个长方形

---

[1] 陈凌：《中国境内祆教相关遗存考略（之一）》，余太山、李锦绣主编《欧亚学刊》（新）第 1 辑，第 134 ～ 135 页。

[2] B. I. Marshak, "Remarks on the Murals of the Ambassadors Hall", in *Rivista degli studi orientali, Nuova Serie, Vol.78, Suppl. No.1: Royal Naurūz in Samarkand: Proceedings of the Conference Held in Venice on the Pre-islamic Paintings at Afrasiab (2006)*, Roma, pp.82-83. 按，本章译文与《突厥人、粟特人与娜娜女神》（详见第 67 页）中的译文稍异。

房间。大厅和那个房间三面围绕着走廊。5 世纪后期和 6 世纪早期，其中一个神庙有专门房间保存圣火，但是没有发现更早或更晚时期有这样的房间。这些神庙的规划类似（但不是雷同）贵霜甚至希腊 - 巴格特里亚神庙的实例。[1]

可见，对大使厅南壁壁画中神庙平面结构的推测，B. I. 马尔萨克实是承自伊尔 - 库尔干遗址（公元 4—6 世纪）和片治肯特所见神庙的考古学证据。需要指出的是，B. I. 马尔萨克所言的"片治肯特的神庙"即片治肯特 I 号和 II 号神庙。只是此时，他认为片治肯特 I 号和 II 号神庙中崇拜的主要形象未能保留下来，便对上述两处神庙的宗教属性持谨慎甚至有些保守的态度，以为难以判断。

片治肯特某些神庙规划类似贵霜，甚至类似巴克特利亚。很可能这里崇拜着多种宗教，包括祆教、摩尼教、佛教、婆罗门教，还有景教，以及本地的宗教等，或者是多种宗教的混合形式[2]。不过，如 V. 里夫什茨所言，在大使厅壁画绘制的公元 7 世纪，本地粟特人大部分仍然保留其祆教信仰。这两座神庙坐落于城市中心，说明它所代表的宗教在该城市占有统治地位[3]，具有代表性。如 B. I. 马尔萨克所言，在神庙中发现有保存圣火的专门房间，其神庙的规划类似（但不是雷同）贵霜甚至希腊 - 巴克特利亚神庙的实例，便可知该处可能是一座祆庙[4]。又如 B. I. 马尔萨克夫妇所揭橥的，片治肯特 II 号神庙的 14 号厅，表现的是娜娜女神率领众神与魔王开战，其中可见勇斗魔王，不停战斗的

---

[1] 〔俄〕马尔萨克：《第一部分 索格特及其周围地区》，〔俄〕B. A. 李特文斯基主编《中亚文明史》第三卷《文明的交会：公元 250 年至 750 年》第十章"索格底亚那"，马小鹤译，第 204 ～ 205 页。

[2] 沈爱凤：《从青金石之路到丝绸之路——西亚、中亚与亚欧草原古代艺术溯源》（下册），济南：山东美术出版社，2009 年，第 506 页。按，这种混同状况在中古中国仍得以延续。相关问题的揭橥，详见荣新江：《佛像还是祆神？——从于阗看丝路宗教的混同形态》，原载《九州学林》1 卷 2 期，香港城市大学中国文化研究中心、上海复旦大学出版社，2003 年，第 93 ～ 115 页；后收入所撰《丝绸之路与东西文化交流》，北京大学出版社，2015 年，第 313 ～ 329 页。荣新江：《再谈丝绸之路上宗教的混同形态——于阗佛寺壁画的新探索》，原载《新疆文物》2008 年第 1 ～ 2 期，第 29 ～ 34 页；此据所撰《丝绸之路与东西文化交流》，第 330 ～ 333 页。

[3] 〔苏联〕И·札巴罗夫、Г·德列斯维扬斯卡娅：《中亚宗教概述》，高永久、张宏莉译，第 132 页。

[4] 沈爱凤：《从青金石之路到丝绸之路——西亚、中亚与亚欧草原古代艺术溯源》（下册），第 506 页。

护法天神斯劳沙（Sraosha）[1]。娜娜是粟特地区祆教的主神，因此可知片治肯特Ⅱ号神庙是祆庙。A. M. 别列尼茨基也指出片治肯特一号遗址 5 号屋与六号遗址 26 号屋的图像头戴光轮，乃为日神。并根据七号遗址的 2 号屋战士形象，而推断此日神当为《阿维斯塔》中的密特拉[2]。因此，至少可以肯定的是，片治肯特神庙是祆教为主的神庙[3]。但是，其中的表现形式却又受到其他宗教的影响。典型的事例便是片治肯特Ⅱ号神庙遗址南壁壁画《哭丧图》（公元6—8世纪）（见图 3-33），便体现了当地丧葬习俗割耳劐面、灵帐哭丧，以及佛教涅槃艺术形式等内容[4]；而在其他壁画中则可见到希腊罗马艺术和神话元素以及贵霜时期和后贵霜时期印度神怪的形象[5]。

综上，大使厅南壁壁画"金门"及以东部分表示的是一座"波斯模式"神庙，而且很可能是按照片治肯特Ⅰ号和Ⅱ号神庙的样式而为。

如此，我们便可理解南壁壁画中第四只天鹅身体躯干下部的铭文：

　　　　sych, 鹅　further 而且　ptmwc'k'kw ["clothing for…?"　"捐献衣服给……?"

根据《阿维斯塔》的记载，衣服也是向神祇献祭时的一种供品。如，《胡尔达·阿维斯塔》载："什么人将称颂我们？什么人将高唱赞歌，以取悦于我们？什么

---

[1] B. I. Marshak, V. I. Raspopova, "Wall Paintings from a House with a Granary. Panjikent, 1st Quarter of the Eighth Century A.D.", *Silk Road Art and Archaeology*, Vol.1, 1990, pp.123-176; 此据〔俄〕马尔萨克、腊丝波波娃：《片治肯特古城带谷仓的娜娜女神壁画（700—725 年）》，毛铭译，〔俄〕马尔萨克：《突厥人、粟特人与娜娜女神》，第 40 页。

[2] A. M. Belenizki, *Mittelasien Kunst der Sogden*, Leipzig, 1980, pp.189-190.

[3] 按，对片治肯特Ⅰ号和Ⅱ号神庙宗教属性的讨论，可参见〔苏联〕И·札巴罗夫、Г·德列斯维扬斯卡娅：《中亚宗教概述》，高永久、张宏莉译，第 134 ～ 135 页。

[4] 沈睿文：《Miho 美术馆石棺床石屏的图像组合》，所撰《中古中国祆教信仰与丧葬》，第 236 ～ 259 页。

[5] 〔苏联〕Б·Я·斯塔维斯基：《古代中亚艺术》，路远译，第 104 ～ 105 页；B. I. Marshak and V. I. Raspopova, "Les trouvailles dans la chapelle nord-ouest du Temple II de Pendjikent. A Propos de l'héritage elassique dans l'art sogdien", *Bulletin of the Asia Institute, New Series,* Vol.12, 1998, pp.161-169; В. Г. Шко д а , *Пенджикентские храмы и проблемы религии Согда (V-VIII века)*, Санкт-Петербург: издательсгво Государственното Эрмитажа, 2009.

人将慷慨地以牛奶和衣物款待我们？——由于这种奉献，定能达到真诚。"[1]

可知，奉献衣物是对神祇献祭真诚的重要表现。而"真诚乃是幸福的最佳食粮

[和源泉]。幸福属于[品行端正和]渴求至诚之人"[2]。

在大使厅南壁壁画中，骑乘大黄马的人物 L13 旁边，有一处大夏文题记（涂鸦），保存下来最初的八行。V. 里夫什茨认为是涂鸦，其转写与释读情况如下：

（1）λαδο κ?αρ ["gift?"]

（2）ι?ερδο(ο?) αβο[

（3）β(.)οβο? καρδο[

（4）λαδο βοδδο(?) μαλο[

（5）λαδο ι?(….) αλο[

（6）(λαδο??) σο(γδι)[ανο??] (.)αλο[

（7）(λαδο??..ζι.) λο(..) βιο

（8）αβο[ ]δο[ ](ασμα)[νο?][.

对于上述八行题记，除了推测"κ?αρ"为"gift"，即"礼物"之外，V. 里夫什茨只是翻译了如下几个词汇："βοδδο"推测为"Buddha?"，即"佛陀"；"(ασμα)[νο]"为"sky"，即"天空"；σο(γδι) [ανο] 为"Sogdian"，即"粟特"。他说，他没有贸然翻译这些碎片，只能推测这些铭文是来自北部吐火罗斯坦 (Toxaristan) 的游客涂写的 [3]。

如上所述，在南壁所绘第四只天鹅躯干的前部同样存有三行潦草的大夏铭文，但该处残存的铭文可读性较强，显然无法判断为游客涂写的。如此，同为大夏铭文，书写同属潦草，为何对其性质的判断却迥然不同？是否因为铭文中

---

[1] 〔伊朗〕贾利尔·杜斯特哈赫选编《阿维斯塔——琐罗亚斯德教圣书》，元文琪译，北京：商务印书馆，2005 年，第 329 页。

[2] 〔伊朗〕贾利尔·杜斯特哈赫选编《阿维斯塔——琐罗亚斯德教圣书》，元文琪译，第 331 页。

[3] Livšic, "The Sogdian Wall Inscriptions on the Site of Afrasiab", in *Rivista degli studi orientali, Nuova Serie, Vol.78, Supplemento No. 1: Royal Naurūz in Samarkand: Proceedings of the Conference Held in Venice on the Pre-Islamic Paintings at Afrasiab (2006)*, Roma, p.71.

的 "βoδδo" 推测为 "Buddha?"（即"佛陀"），背离了研究者预设之袄教语境使然？

此前，B. I. 马尔萨克曾指出，唐代粟特本土的佛教徒数量很少，尚未考古发掘出权威性的佛教图像。目前片治肯特古城壁画和雕塑中找到的唯一佛教图像，是在片治肯特带谷仓的宫殿建筑中发现的佛陀和持莲华菩萨。但它并不位于壁画中心的神祇主尊位置，且该谷仓主人和壁画创作人皆非佛教徒，在绘制该佛教造像时犯下了几个粗疏的图像错误而未察觉[1]。那在大使厅壁画绘制的公元 658 年，该地区的宗教状况如何？有没有在大使厅壁画的场合中表现佛教的可能性？

И·札巴罗夫和 Г·德列斯维扬斯卡娅认为，公元 6—8 世纪的中亚，突厥人代替了嚈哒人，而且在汗国形成之前，突厥人就曾受到佛教宣传的影响，因此，佛教在突厥政权之下又重新活跃起来，尽管经历过很大的变化，但它首先反映在佛教千佛艺术形式的肖像上和宗教文化的意义上。西域佛教中心的影响与其他一些祭祀—宗教观念的影响，在当地普遍神祇中同时显示出来，其中包括菩萨（库瓦有这种例子）。其他宗教也利用了纯粹的佛教形式，例如，在摩尼教中，摩尼本人被尊称为菩萨。中亚的琐罗亚斯德教越来越有别于正统的琐罗亚斯德教，因为佛教加强了对中亚细亚的纯粹自然崇拜形式的影响。这些明显带有重要佛教祭祀的观点，在建筑物中不仅反映了印度的传统，而且也反映了中亚整体的传统及中亚各地的传统[2]。中亚以及中古中国袄教"将佛似袄"的传统[3]便与此历史背景有莫大关系。不过需要强调的是，尽管佛教在早期从南方传入索格特，颇为繁荣。但是，到了 7 世纪，佛教几乎从索格底亚那消失了。8 世纪，唐朝佛教在索格底亚那移民中传播，结果，大部分索格底亚那文

---

[1]　〔俄〕马尔萨克、腊丝波波娃：《片治肯特古城带谷仓的娜娜女神壁画（700—725 年）》，毛铭译，〔俄〕马尔萨克：《突厥人、粟特人与娜娜女神》，第 41 ～ 43 页。

[2]　〔苏联〕И·札巴罗夫、Г·德列斯维扬斯卡娅：《中亚宗教概述》，高永久、张宏莉译，第 112 ～ 113 页。

[3]　姚崇新：《敦煌及其周边的袄教艺术》，姚崇新、王媛媛、陈怀宇：《敦煌三夷教与中古社会》，兰州：甘肃教育出版社，2013 年，第 111 ～ 116 页。

佛教著作是从汉文翻译过来的[1]。

研究表明，带有中央独立神殿——圣所，周围是环形走廊的庙宇的建筑手段，是整个古代东方和中亚宗教建筑的特色。这种方法使用在贵霜王朝的巴克特利亚的庙宇中，而不取决于祭祀的属性：佛教或非佛教[2]。这客观上也是上述地区宗教形态混同的体现。除了该原因之外，有些情况恐还与宗教宣传有关。如，塔吉克斯坦阿吉纳特佩（Ajina Tepa）佛教寺院遗址发掘清理的近500件塑像残块，除了彩绘泥塑的佛像、菩萨像之外，还有其他宗教人物等[3]。

综上，我们更倾向于该神庙是以祆教为主，但却混合了佛教等其他宗教表现形式的宗教建筑[4]。上文所述片治肯特Ⅱ号神庙遗址《哭丧图》等壁画便是如此。无疑地，就目前资料而言，也唯有如此，才能通解大使厅南壁壁画的滞碍之处。

尚需说明的是，大使厅南壁壁画"金门"以东建筑部分表示神庙。该金门之所以朝西，表明神庙祭祀亦是东向礼拜。即，神庙于东，朝东祭祀。此与内亚社会朝东敬日的共性一致。

那么，又该如何解释铭文题写在壁画核心人物（L13）之旁呢？"κ?αρ"为"gift"，即"礼物"，这比较容易理解，应该意指祭品中的天鹅和祭马为向神祇献祭的礼物。那么，"βοδδο"推测为"Buddha?"，又该如何解释？难道说的是人物（L13）为佛陀？这显然匪夷所思。如果结合上述"礼物"，是否便可理解做：天鹅、祭马是献给佛陀的礼物？从壁画的制作程式来看，难以让人相信画工会误解图像内容并题铭其上。至少壁画绘制的主持者、拥有者是绝不会容忍此类根本性错误的出现的。

---

[1] 〔俄〕马尔萨克：《第一部分 索格特及其周围地区》，〔俄〕B.A.李特文斯基主编《中亚文明史》第三卷《文明的交会：公元250年至750年》第十章"索格底亚那"，马小鹤译，第253页。

[2] 〔苏联〕И·札巴罗夫、Г·德列斯维扬斯卡娅：《中亚宗教概述》，高永久、张宏莉译，第113页。

[3] 西北大学丝绸之路文化遗产保护与考古学研究中心、中国国家博物馆、陕西省考古研究院：《塔吉克斯坦、乌兹别克斯坦考古调查——粟特时期》，《文物》2019年第1期，第45～51页。

[4] 按，艺术史学家 Б·Я·斯塔维斯基认为，"片治肯特神庙很可能是一种崇拜自然力的地方性多神教的庙宇。在这一多神教中，中世纪早期粟特社会的需求和志趣与古代的文化和艺术传统紧密地交织在一起"。详见〔苏联〕Б·Я·斯塔维斯基：《古代中亚艺术》，路远译，第107页。

图 3-44　香港私人藏北朝"连（莲）華（花）師（獅）子"纹锦局部

扬之水：《象舆——兼论青州傅家北齐画像石中的"象戏图"》，原载《中国文化》2011 年第 1 期（总 33 期），第 41 页图 11。

不过，如果置于前述当时中亚的宗教情况，也许能更好地理解 L13 处出现的"佛陀"题铭。具体言之，之所以出现"佛陀"的题铭，一方面与撒马尔罕神庙中包含多元神祇的现状有关，另一方面也与上述中亚祆教"将佛似祆"的传统不无关系。亦即，大使厅南壁壁画所绘神庙是混同了其他宗教元素的祆教祠庙，"佛陀"一词被借用来表示祆教神祇，一如摩尼教中尊摩尼为"菩萨"一般。

此外，扬之水的研究也给理解该铭文提供了另一种思路。香港私人藏北朝"连（莲）華（花）師（獅）子"锦（图 3-44），锦已残，由所存三枚残片的拼对，可知此锦是在纵向排列的图案骨架里分别安排三组主题纹样。一组为狮子，各边角分别织出"连""華""師子"的字样；一组为莲花座上的摩尼宝，两侧合抱莲花枝，座下两角分别织出"右""白"二字；一组为象舆，前方御者头顶挽髻，手持象钩，舆中三人，第一人举右臂仿佛致意一般，扬之水认为此人与希腊-巴克特利亚时代银鎏金马具饰件（图 3-45）上面的图像相对看，

图 3-45　希腊 - 巴克特利亚时
代银鎏金马具装饰

扬之水：《象舆——兼论青州傅家北齐画
像石中的"象戏图"》，原载《中国文化》
2011 年第 1 期 (总 33 期)，第 40 页图 2。

这一位也应是国王。"右白"之"右"，当正读为"佑"，而龟兹王室为白姓，
这里的"右白"，或含此意[1]。不知大使厅南壁人物 L13 之旁的"佛陀"等题
铭是否也有此意？即，"佛陀保佑 L13"？谨记于此，俟考。

五、刺鹅荐庙

　　大使厅南壁壁画上述元素既如上所辨，那么南壁壁画究竟要表达什么内
容？

　　在琐罗亚斯德教的祭祀中，皆不见以马、天鹅献祭的行为，此为内亚游牧
社会特有之献祭形式，以天鹅致祭的形式尤是。从中亚纳骨器、中古中国粟特
裔石葬具所饰图像资料视之，此后以马献祭渗透进中亚拜火教、中古中国祆教
的丧葬及祭祀中。因此，从马、天鹅二牺牲，可知大使厅南壁壁画应是表现
丧葬或祖先、神庙祭祀的内容。但因大使厅南壁壁画内容与丧葬无关，一如上
具，故可知该壁面内容为祭祀祖先或神庙的行为。换言之，南壁壁画所绘人物

---

[1]　扬之水：《象舆——兼论青州傅家北齐画像石中的"象戏图"》，原载《中国文化》2011 年第 1 期 (总
　　33 期)，第 36 页、第 41 页图 11；后收入所撰《曾有西风半点香：敦煌艺术名物丛考》，北京：生活·读
　　书·新知三联书店，2012 年，第 209 ～ 228 页。

L13 → L4A 出行仪仗的目的地为祖庙（宗庙）或神庙。

内亚社会的宗庙、神庙与陵墓是否可能存在某种程度上的交集？

《辽史》卷四九《礼志》"吉仪"条载：

> 燕节仪：皇帝即位，凡征伐叛国俘掠人民，或臣下进献人口，或犯罪没官户，皇帝亲览闲田，建州县以居之，设官治其事。及帝崩，所置人户、府库、钱粟，穹庐中置毡殿，帝及后妃皆铸金像纳焉。节辰、忌日、朔望，皆致祭于穹庐之前。……[1]

置先帝及其后妃金像于穹庐以致祭，于是穹庐也就具备了宗庙或行在庙的属性。这表明游牧社会的宗庙里同样也放置亡者塑像。

如上所言，苏尔赫－科塔尔琐罗亚斯德教寺庙为公元2世纪时贵霜人所建，神庙里遗存有火祭坛和"贵霜王下半身残像"。该残像为彩绘石膏像，疑为迦腻色伽或阎膏珍雕像。在神庙大庙宽大梯级的底层，发现一块石灰岩打凿的大石碑。碑两面有希腊文字母碑铭，一面为东伊朗语，被定名为巴克特里亚语，凡25行，记载迦腻色迦的继续者战胜干旱、修建神庙和水井的事，是有关贵霜历史的重要文献；另一面为阿富语，即普什图语，近似粟特语和花剌子模语。据碑铭所载，大庙为"长胜王迦腻色迦庙"；小庙则推测为胡维色迦庙。据发掘者研究，大庙出土的仅存下半身的雕像，酷似在印度马图拉发现的迦腻色迦雕像，可见这里也把贵霜王作为神明尊奉[2]。这说明神庙与祖庙存在重合的可能性[3]。由此视之，神庙在某种意义上又具备了祖庙（宗庙）的性质。

《隋书》载："〔康〕国立祖庙，以六月祭之，诸国皆来助祭。"[4] 该祖

---

[1]　〔元〕脱脱等：《辽史》，第932页。

[2]　https:// baike.baidu.com/item/ 苏尔赫科塔尔遗址 /7358663?fr=aladdin.

[3]　按，基督教教堂也存在墓葬置于教堂的情况，如罗马圣康斯坦齐亚大教堂（Santa Costanza）。该教堂兴建时是罗马皇帝康斯坦丁为长女康斯坦齐亚准备的洗礼堂，康斯坦齐亚死后，该建筑成了她及其亲属的陵庙。

[4]　〔唐〕魏征：《隋书》卷八三，第1849页。按，《北史》卷九七《康国传》记载同。《北史》卷九七《康国传》，北京：中华书局，1974年，第3234页。

庙里应该放置有康国先王、后的塑像。又上引《隋书·石国传》称："正月六日、七月十五日，以王父母烧余之骨，金瓮盛之，置于床上，巡绕而行，散以花香杂果，王率臣下设祭焉。"石国先王、后的纳骨金瓮平时置于何处？已知的粟特埋葬情况有崖墓、裸葬、置纳骨器于纳吾斯（naus）之中或埋葬纳骨器等情况。从康业墓的情况来看，应也有遵照王族亡者遗体防腐后，置于陵墓中的葬俗[1]。但是，显然此上皆非石国先王、后纳骨金瓮的归宿，放置在祖庙（宗庙）应该是最为可能的。如此，祖庙又与陵墓有了某种交集。

概言之，游牧社会的宗庙里摆放亡者塑像以致祭，先王、后的纳骨金瓮很可能也置于宗庙之中。在神庙中，也会摆放先王塑像，从而使得神庙同时具备了祖庙的性质。换言之，游牧社会的宗庙（祖庙）、陵墓、神庙有可能存在三者交叠的情况，亦即陵、庙合一。

大使厅南壁壁画 L13 → L4A 队伍进发目的地是神庙，而且很可能其中还供奉着亡故的帝王及后妃。唯有敬神祭祖，大使厅壁画已知的所有信息方能获一圆满解释。

从片治肯特的考古发掘情况来看，片治肯特Ⅰ号和Ⅱ号神庙位于东部，且规模最大，应即康国的国家神庙。既以祆教为主的神庙为宗庙，则康国国王的祆教信仰无疑，且大使厅南壁壁画中所绘戴口罩之神职人员为祆教祭司至此方可为定谳。

总之，从大使厅南壁壁画，我们仍可感受到撒马尔罕诸国主祭祖、祭祀的某些情节。

公元 11 世纪时，比鲁尼记载，"粟特人在粟特历年十二月之末（即万灵节）行祭祖之礼，他们哀悼、哭泣，搔碎自己脸部，并为死者供献食物饮料"[2]。亦即在祭祖之礼中，粟特人同样有劗面的行为。不过，从大使厅南壁壁画内容来看，显然并非行万灵节祭祖之礼。

[1] 沈睿文：《论墓制与墓主国家和民族认同的关系——以康业、安伽、史君、虞弘诸墓为例》，朱玉麒主编《西域文史》第 6 辑，北京：科学出版社，2011 年，第 205～232 页；此据所撰《中古中国祆教信仰与丧葬》，第 17～58 页。

[2] 《比鲁尼选集》（俄译本）第一卷，第 255 页；此转引自龚方震、晏可佳：《祆教史》，第 159 页。

据上引《隋书》所载，每年六月，在康国祖庙举行庙祭。该节庆为祭祖节，唯憾节庆除时间地点外，其他礼仪不得其详[1]。但是，大使厅南壁壁画绘有四只天鹅，表现的季节应为春季。同时，在该壁面壁画中也不见所谓"诸国"元素。

M. 康马泰认为上引《隋书·石国传》记录的是石国在波斯新年前往城东南的祖庙拜祭先祖。该风俗在粟特其他城国也同样流行。该观点得到 F. 葛乐耐和魏义天的认同，魏义天进而认为《隋书·石国传》上引文所载粟特风俗在撒马尔罕也同样存在。但是，关于康国、石国祭祖的时间，《隋书》的记载并不相同，康国为六月，而石国则为正月六日、七月十五日，显然更为具体。从二者的记载来看，综合视之，恐六、七月间确为撒马尔罕城国祭祖的时段。

如上文所述，每逢节辰、忌日、朔望，辽帝及后妃皆致祭于置有先帝金像的穹庐之前。不过，尽管存在定时与不定时的告谒祖庙，"四时有荐新"。发生重大政治活动时，往往会告谒祖庙，以象征祖先直接聆听所告之事，请求先祖庇佑之意。在先帝驾崩，新帝即位之际，一般都会奏告祖庙。改元更名时，往往也会告谒祖庙[2]。但是，从出现在大使厅壁画上来看，应该是一个较为固定的行为，绝非记录某个偶然事件。

那么，能否根据南壁壁画元素对谒庙敬神的内容做进一步的判断？

南壁壁画的下列、"金门"以西部分，即出行队列的下列，从"金门"往西依次可分成三部分。第一部分，大象（L4A、L5 等）和三位女骑从 L6、L7、L8；第二部分，两位骑驼者（L9、L10）、祭司（L11、L12）及祭马和天鹅；第三部分，人物 L13，及其后之骑从 L14、L15 等。

在第一部分中，大象之后有一列三位女贵族（L6、L7、L8）（图 3-46），人物 L13 之后也至少有一列两位手持旌节的骑马男性（L14、L15），他们应该各自追随、服侍性别相同的主人。这从陕西西安所见史君石堂 E1 ～ E3 图

---

[1]　蔡鸿生：《唐代九姓胡与突厥文化》，第 34 页。

[2]　朱丹丹：《辽代告庙仪与谒庙仪探微》，《辽宁工程技术大学学报》（社科版）2016 年第 6 期，第 785 ～ 786 页。

图 3-46 大使厅南壁壁画女骑从（L6、L7、L8）

〔苏联〕L. I. アリバウム著，加藤九祚訳《古代サマルカンドの壁画》，87 ページ図 10。

像可证[1]。由此可进一步断定乘坐大象的主角应为女性（L4A），同时，从这种主仆位置的对应关系来看，三位女贵族和手持旌节的骑马男性的身份应该是相同的，即各为其前行人物的随侍。而从 L13 位于骑马男性（L14、L15）之前来看，则大象背上所乘之主角人物（L4A）应为女性之核心人物，且该与 L13 在身份上呈匹配之关系。

第二部分所绘为献祭者、祭司和牺牲。此已成共识，无须赘言。

第三部分，为整个出行队列的核心部分。L14、L15 手持旌节，L13 形体为其他人物的两倍大，盖缘于他代表国家。正如本章一再强调的，从人物 L13 图像幅度之大来看，应为该部分壁画甚至是南壁壁画内容主题的核心。如果该人物只是护送 L4A 的使节而已，则断不可能在壁面占据如此之大的面积。因为如果是这样的话，L4A 将是重点表现的元素，她所占画面尺幅也将成倍增加。但是，事实上壁面并非如此安排。因此，可以断定南壁壁画内容是围绕着人物 L13 为中心展开的。

从 L5 的残余来看，并不难断定该人物蹲坐在大象背部右后尾尻处，双手呈攀抓一支柱状，后者应是象背座与四角支撑顶盖之侧柱[2]。亦即，该象舆为亭轩式。据此，可以断定 L5 绝非 M. 莫德所言之女乐伎。换言之，象背所乘之人物 L4A、L5 等的身份并非乐伎，L5 应为 L4A 的侍女，人物 L4A 同样为女性，确实应是出行仪仗中的另一核心人物。在敦煌壁画中，亭轩式象舆通常用于载乘王室人物、大臣、将帅，使者所乘象舆多为四周加护栏的车床[3]。综上，可以断定 L4A 应为女性王室人物。

换言之，如果 L13 为"王"，则大象背上所乘之核心人物即为"后"。总之，L13 为南壁壁画的核心人物，壁画的内容是围绕该人物而展开的。

S. A. 亚岑科敏锐地指出，根据衣着服饰，大使厅西壁人物 M2 ～ M4，

---

[1]　沈睿文：《北周史君石堂 W1、N5 的图像内容》，所撰《中古中国祆教信仰与丧葬》，第 166 ～ 205 页。

[2]　按，关于象舆的研究，可参见扬之水：《象舆——兼论青州傅家北齐画像石中的"象戏图"》，《中国文化》2011 年第 1 期（总 33 期），第 35 ～ 43 页。

[3]　扬之水：《象舆——兼论青州傅家北齐画像石中的"象戏图"》，《中国文化》2011 年第 1 期（总 33 期），第 36 页。

以及南壁人物 L2～L4、L6～L8、L13～L15 为伊朗人（萨珊波斯）。如此，似可判定大使厅南壁壁画表现的是与波斯有关的主题。兹摘录其相关论述于下：

> 男子和女子面部都有一个小的圆形红色标记（在上唇与鼻子之间，如西壁人物 M2、M4 及南壁人物 L6）。这种在巴克特里亚／吐火罗地区两性通行的传统首见于贵霜时期的文献中。A. 因夫尼奇（A. Invernizzi）认为其传播与发源于叙利亚／美索不达米亚的希腊化传统有关。
>
> （西壁人物 M4、南壁人物 L14）这些人物没有佩戴金项圈。这组中人物的发型式样可以在公元 2—3 世纪贵霜王朝时期的巴克特里亚／吐火罗地区找到原型。
>
> 那个时期赤鄂衍那服饰中最明显的特征或许在于以下几点：男女通用的一种很深的左衽胸带（西壁人物 M2～M4，南壁人物 L6～L8），男女皆有的上唇和鼻子之间的一个圆形红色的面部标记，一些男子所穿的印有织样图案的低筒帽子。总体而言，7 世纪时的赤鄂衍那服饰，保持了阿契美尼德时期巴特克里亚地区服装所延续的最古老的特征。这些特征是：末端向里的窄头巾，上部合领的上装，非常宽大的裤子（女骑手）。
>
> 带有翼马图像作为衣服底纹的织物只穿于一类人身上，即推测的撒马尔罕国王（南壁人物 L13）。
>
> 在最具代表性的大使的整个服饰中，赤鄂衍那大使以及站在平台上相互面对的粟特人的服装使用了三色组合：白色、红色和蓝色（浅蓝色），这三种颜色在巴特克里亚地区大量贵霜时期城镇的壁画中占据主导。[1]

不过，S. A. 亚岑科旋即又警醒地指出，波斯彩饰织物的使用被认为是最有可能的，特别是因为粟特本土的仿制品在贵族中几乎不享有盛名。鉴于在丝绸之

---

[1] 〔俄〕塞尔吉·A·亚岑科（Sergey. A. Yatsenko）：《阿弗拉西阿卜"大使厅"7 世纪壁画所见外国使者及撒马尔罕居民服饰的历史渊源》，周杨译，罗丰主编《丝绸之路考古》第 3 辑，第 142～162 页。

路上，波斯人能够对粟特人造成压制的情形，波斯于 6 世纪末在最重要的商路上所表现出的日益增长的侵略性，也应当被纳入考虑之中。换言之，S. A. 亚岑科认为不能排除这些波斯服饰是从波斯进口至粟特的。S. A. 亚岑科的这个判断得到南壁壁画天鹅躯干下部大夏铭文的证实。

如上所述，大使厅南壁壁画第四只天鹅，在身体躯干的前部仍存有三行潦草的大夏铭文，其第三行铭文为：

πορο[γα?]δο ["hither the Sogdian(?) [ ] came?　粟特人（？）来到此处？

下部有 1 处铭文，具体为：sych, 鹅　further 而且　ptmwc'k'kw ["clothing for…?"　"捐献衣服给……？"

这说明绘壁画者要表现的还是粟特人，而非波斯人。这也就能解释为何身着波斯服饰的 L2 ～ L4 之旁侍立的武士（L1）却穿戴着中亚士兵的典型鳞片盔甲。

至此，我们可以总结一下南壁壁画中的现象。南壁壁画中的人物 L6 ～ L8 为三位贵族少女，与之相迎的人物 L2 ～ L4 是三位男贵族。L13 为核心人物，与之对应的是乘象的 L4A。此二者应该分别表现粟特王、后，其具体身份很可能便是当时在位的粟特王拂呼缦（L13）及其王妃。

综合上文辨析的大天鹅、刺鹅锥、祭马以及王、后等元素，《辽史·营卫志中》描述的"春捺钵"的场景可能给我们某种启示。其文曰：

春捺钵：

曰鸭子河泺。皇帝正月上旬起牙帐，约六十日方至。天鹅未至，卓帐冰上，凿冰取鱼。冰泮，乃纵鹰鹘捕鹅雁。晨出暮归，从事弋猎。鸭子河泺东西二十里，南北三十里，在长春州东北三十五里，四面皆沙埚，多榆柳杏林。皇帝每至，侍御皆服墨绿色衣，各备连锤一柄，鹰食一器，刺鹅锥一枚，于泺周围相去各五七步排立。皇帝冠巾，衣时服，系玉束带，于上风望之。有鹅之处举旗，探骑驰报，远泊鸣鼓（扁鼓）。鹅惊腾起，左右围骑皆举帜麾之。五坊擎进海东青鹘，拜授皇帝放之。鹘擒鹅坠，势力不加，排立近者，举锥剌鹅，取腊以饲鹘。救鹘人例赏银绢。皇帝得头鹅，荐庙，群臣各献酒果，举乐。更相酬酢，致贺语，皆插鹅毛于首以为乐。赐从人酒，遍散其毛。弋猎网钓（钩），春尽乃还。[1]

《辽史·营卫志》载："辽国尽有大漠，浸包长城之境，因宜为治。秋冬违寒，春夏避暑，随水草就畋渔，岁以为常。四时各有行在之所，谓之捺钵。"[2] 辽代的契丹人大多仍保持着传统的游牧生活方式，他们一年四季必须适时地更换畜牧地，辽朝皇帝的四时捺钵就是这种生活方式的一个标本[3]。"捺钵"为契丹语，在辽金元文献中，"捺钵"一词的异译有"剌钵""纳跋""纳钵""纳宝"等写法。不过，"捺钵"一词在金代文献中并不常见，更多的情况下是径称为"行宫"。"捺钵"有"行在""行营"或"行宫"之含义，是形成并存在于公元 10 至 12 世纪契丹辽朝的一种特殊制度。此后，金、元、清三朝均有不同程度的沿袭与承继。因此，可以说是游牧政权政治文化的共同特点。

从获头鹅要由国王锥杀以及荐庙的习俗来看，俨然便是大使厅南壁壁画的写照。至此，我们不仅可以进一步勘定南壁壁画人物 L13 为国王，而且也可断定国王（L13）及其前骑从（L9、L10）所持为剌鹅锥，国王（L13）身后骑从（L14、L15）所持为骨朵之类。骨朵于此既是猎鹅之工具，又可为大驾卤簿之仪仗。换言之，大使厅南壁壁画表示的正是国王狩猎获得头鹅将欲荐庙的场景。

---

[1] 〔元〕脱脱等：《辽史》卷三二，第 423 ～ 424 页。

[2] 〔元〕脱脱等：《辽史》卷三二，第 423 页。

[3] 刘浦江：《春水秋山——金代捺钵研究》，所撰《松漠之间——辽金契丹女真史研究》，北京：中华书局，2008 年，第 328 页。

六、余 论

《辽史》卷二《太祖本纪下》云：

> 秋七月辛亥，曷剌等击素昆那山东部族，破之。
>
> 八月乙酉，至乌孤山，以鹅祭天。甲午，次古单于国，登阿里典压得斯山，以麇鹿祭。
>
> 九月丙申朔，次古回鹘城，勒石纪功。庚子，拜日于蹛林。丙午，遣骑攻阻卜。南府宰相苏、南院夷离堇迭里略地西南。乙卯，苏等献俘。丁巳，凿金河水，取乌山石，辇致潢河、木叶山，以示山川朝海宗岳之意。癸亥，大食国来贡。甲子，诏砻辟遏可汗故碑，以契丹、突厥、汉字纪其功。是月，破胡母思山诸蕃部，次业得思山，以赤牛青马祭天地。回鹘霸里遣使来贡。[1]

可知，祭天，除了用牛、马之外，还可以鹅为祭品。从引文可知祭天的场所在山，此与大使厅南壁大驾卤簿朝一建筑行进的意象不同，故可排除大使厅南壁壁画内容与祭天的关系。

通过对大使厅南壁壁画若干元素的考辨，可知该壁面表达的内容与内亚社会行国政治[2]中之春捺钵活动有似。即，表现刺鹅荐庙的场景。这是内亚游牧政权的共性，康国也不例外，且若唯独就此而论，则与祆教仪轨并不能发生必然之联系。《元史·兵志·鹰房捕猎》载："元制自御位及诸王，皆有昔宝赤，盖鹰人也，是故捕猎有户，使之致鲜食以荐宗庙，供天庖，而齿革羽毛又皆足以备用，此殆不可缺焉者也。"[3]可见，致鲜食以荐宗庙，供天庖的习俗也是

---

[1] 〔元〕脱脱等：《辽史》卷二《太祖本纪下》，第 23 页。

[2] 按，相关研究可参见陈晓伟：《图像、文献与文化史：游牧政治的映像》，石家庄：河北大学出版社，2017 年等。

[3] 〔明〕宋濂等：《元史》卷一○一，第 2599 页。

游牧社会的共性。

如此，将大使厅南壁壁画内容理解为粟特王拂呼缦刺鹅荐庙，到神庙敬神祭祖较为妥帖。即，粟特王拂呼缦（L13）队伍进发的目的地是神庙，且很可能其中还供奉着亡故的帝王及后妃。唯有敬神祭祖，大使厅壁画已知的所有信息方能获一圆满解释。从大使厅南壁壁画，我们可感受到撒马尔罕城国国主祭祖、祭祀的某些情节。至此，我们便可理解大使厅南壁壁画"金门"建筑之下为何立有三人？原来在神庙中，此三人正恭候着前来刺鹅荐庙、祭神敬祖的粟特王、后一行。

为何选中大天鹅为牺牲？缘于大天鹅体形巨大，全身羽色洁白，仅头稍沾棕黄色。这符合游牧社会对祭祀供奉纯色牺牲的要求。因此，大天鹅曾一度是时人重要的狩猎对象。既然大天鹅是作为供奉的牺牲，那么很可能又是以雄性为尊贵。

不过，天鹅是一种游禽候鸟，通常捕猎天鹅都是在春季的湖水、水泊附近进行，故而游牧民族的这一风俗又被称为"春捺钵"。因此，将大使厅南壁壁画内容的时间判断为六月是错误的。换言之，大使厅南壁壁画所指时间只能在春季。在《辽史》的记载中，便明确将刺鹅时节定在季春。《辽史》卷四〇《地理志·南京道》"漷阴县"条下载：

> 辽每季春，弋猎于延芳淀，居民成邑，就城故漷阴镇，后改为县。……延芳淀方数百里，春时鹅鹜所聚，夏秋多菱芡。国主春猎，卫士皆衣墨绿，各持连锤、鹰食、刺鹅锥，列水次，相去五七步。上风击鼓，惊鹅稍离水面，国主亲放海东青擒之。鹅坠，恐鹘力不胜，在列者以佩锥刺鹅，急取其脑饲鹘。得头鹅者，例赏银绢。[1]

据此，可以断定大使厅南壁壁画内容的时间应为春季。显然，结合大使厅南壁壁画的内容，可增补《隋书·康国传》关于康国祭祖的时间。

---

[1] 〔元〕脱脱等：《辽史》，第564页。

　　总之，大使厅南壁壁画的绘者以及榜题者描绘神庙时，参照了当时撒马尔罕祆教神庙的现状，并糅进了撒马尔罕宗教多元神祇混同的情况。但是，其中以祭马、刺鹅荐庙表现敬神祭祖则源自当地悠久的内亚传统，此并非琐罗亚斯德教祭祀的传统元素。由此益知，内亚社会行国政治中之春捺钵实为大使厅南壁壁画所要表达的内容。

第四章 坐冬议事：大使厅西壁壁画研究

一、已有研究

大使厅四个壁面出土时上部皆受到破坏，诸壁壁画上部亦随之缺失。其中西壁壁画上部只见巨大的宝座，宝座上所绘是神祇还是世俗的康国国王或突厥可汗，已不清。壁画下部若干细节亦已漫漶不可辨（图 4-1）。此二者以及西壁壁画的主题便成为此后研究者讨论的主要内容。

最早讨论大使厅西壁壁画的学者是 L. I. 阿尔鲍姆（L. I. Al'baum）。在 1971 年撰写的一篇短文中，南壁被认为是西壁的一部分 [1]，后者所绘为赤鄂衍那（Chaghanian，《册府元龟》作"支汗那"）使节给撒马尔罕统治者带来一位公主和珍贵的礼物 [2]，她判断西壁壁画人物 M4 为康国国王拂呼缦（Varxuman），并推定大使厅壁画描绘了拂呼缦被宣布为索格底亚那的摄政王（Ikhshid）[3]。在大使厅发掘结束之后，1975 年，L. I. 阿尔鲍姆正式刊布了发掘报告 [4]（图 4-2）。在正式报告中，她继续沿用了上述观点，认为大使厅南壁壁画展示了撒马尔罕新娘及其仪仗婚礼出行的场面。骑者（L13）是西壁粟特铭文中提到的赤鄂衍那使节，前导大象的上方，原本绘有赤鄂衍那公主，鞍马和四只鸵鸟应该是献给拂呼缦的礼物 [5]。L. I. 阿尔鲍姆的上述观点主导了大使厅壁画的早期研究。不过，她据以判定西壁人物 M4 为拂呼缦的是该人物

---

[1]　L. I. Al'baum, "Novye Rospisi Afrasiaba (New paintings at Afrāsiāb)", in *Strany I narody Vostoka 13*, pp.83-89.

[2]　L. I. Al'baum, *op. cit.*, p.86.

[3]　L. I. Al'baum, *op. cit.*, p.89.

[4]　L. I. Al'baum, *Zhivopis' Afrasiaba (Painting from Afrasiab)*；〔苏联〕L. I. アリバウム著，加藤九祚訳《古代サマルカンドの壁画》。

[5]　〔苏联〕L. I. アリバウム著，加藤九祚訳《古代サマルカンドの壁画》，90 ～ 91 ページ。

图 4-1　大使厅西壁壁画残存图像轮廓线描

"INTRODUCTORY PLATES", in *Rivista degli studi orientali, Nuova Serie, Vol.78, Suppl. No.1: Royal Naurūz in Samarkand: Proceedings of the Conference Held in Venice on the Pre-islamic Paintings at Afrasiab (2006)*, Roma, p.26, Pl.3. 图中序号为 L. I. 阿尔鲍姆所编。

图 4-2　加藤九祚根据 L. I. 阿尔鲍姆摹本拼合的大使厅西壁壁画（1975 年）

〔苏联〕L. I. アリバウム著，加藤九祚訳《古代サマルカンドの壁画》，67 ページ図 4。

颈部的粟特铭文，但该铭文在后来被确认为误释。同时，通过相互参照几组较稳定的服饰组合，L. I. 阿尔鲍姆试图给出解释，她指出在西壁和南壁上一些相同的人物被描绘过两次[1]；但是，很多细节与 L. I. 阿尔鲍姆的观点相矛盾。例如，她所说的两度描绘的人物，面部并不一致。

1978 年，阿弗拉西阿卜考古探险队的领队 G. V. 希什吉娜（G. V. Shishkina）决定组建一个团队，用黑白两种颜色对当时的部分壁画进行复原。她原拟描摹所有壁画内容，但实验室修复的漫长过程阻止了研究团队的工作。遗憾的是，大使厅壁画全图虽于当年绘成，但最终并未发表，只是存为乌兹别克斯坦科学院考古研究所的档案资料[2]。因此，在很长时间里，L. I. 阿尔鲍姆关于大使厅南壁的复原方案仍被广为接受，成为研究者进一步探讨的基础。

1981 年，A. M. 别列尼茨基（A. M. Belenitsky）和 B. I. 马尔萨克（B. I. Marshak）采纳了 L. I. 阿尔鲍姆对西壁人物 M4 的上述判断以及西壁与南壁内容的关联性，认为大使厅的铭文表明其内容是向统治者拂呼缦赠送礼物的场景，而这可能是从端墙开始的婚礼队伍[3]。对于西壁人物 M4 为何没戴王冠，这两位学者认为："没有戴王冠不该让我们感到困惑，因为即使是萨珊国王也不总是被描绘有戴王冠。在瓦拉赫萨（Varakhsha）祭祀场景的布哈拉统治者也没有王冠。"[4] 此后在很长时间里，B. I. 马尔萨克一直坚持南壁与西壁存在上述关联。

1982 年，Л·И·列穆佩认为大使厅西壁壁画是王者议事的场景，粟特的统治者正在接待来自赤鄂衍那、柘枝、费尔干纳、高丽以及中国等国的使节。他说：

> 画面中央是统治者的绘像，是画中最大者，占了大厅整个 5～6 米的

[1]   L. I. Al'baum, *Zhivopis' Afrasiaba (Painting from Afrasiab)*, pp.45-46.

[2]   按，进一步的情况详见本书第三章"刺鹅荐庙：大使厅南壁壁画研究"。

[3]   A. M. Belenitskii and B. I. Marshak, "The Paintings of Sogdiana", G.Azarpay, *Sogdian Painting. The pictorial epic in Oriental art,* with Contributions by A. M. Beleniskii, B. I. Maršak and M. J. Dresden, p.63.

[4]   A. M. Belenitskii and B. I. Marshak, *op. cit.,* p.63.

高度。从他的左右两方各国的使节手捧贡礼向他走来。左边一组领首的是一名书记官，而后是由七人组成的"进谒撒马尔罕的赤鄂衍那使节团"。这一点可从其中一人衣服空白处写的粟特文题辞得到证明。他们身穿奇异图案的长衫，头系带子，作两列向粟特王的宝座走来。右边的画面可看出二次重画的痕迹，重新画了一组献礼者的行列从另一端向中央走来，好像也是七个人。画上也有说明这些人物的粟特文题辞。根据外表判断，是柘枝和费尔干纳的使者，也许是维吾尔人（突厥人）和新疆的居民。他们都抬起脚跟用脚尖走路。最靠近宝座的一人面向里北朝观众，脚踩无法看清的台阶向上趋身，手捧贡礼高举过头，向上坐的王献去。……但是，现在完全可以肯定，阿弗拉西阿卜宫殿的壁画是一个独立的艺术体系的完整而精美的展现。它的诸项原则独特别致，与众不同，运用得又圆熟自如，具有无可争辩的光彩，这只能出自大师们老练有素的手笔。[1]

同时，他强调，虽然壁画破坏严重，只保存尚好的部分可供仔细考察，但是要以整体的视角来把握全画，例如画面的布局、人物的运动方向等。而在做这样的观察时，要特别注意东方画师们对于空间大的表现手法。

1989 年，意大利学者 C. S. 安东尼尼（Chiara Silvi Antonini）对撒马尔罕大使厅西壁壁画的内容进行考证，认为它是初夏波斯历新年诺鲁孜节（Nawrūz）里，各国使臣在突厥武士陪同下庆贺粟特国王拂呼缦接受唐高宗册封的场面。她指出南壁壁画中的出行队伍 L13 → L4A 是往东行进的，而非朝西壁而行。南壁、西壁壁画的内容应该是各自独立的[2]。此后，关于大使厅四壁壁画与历法的关系成为学者关注的一个焦点。学者多以此为出发点讨论大使厅北壁与南壁内容在历法上的时间共性，并据此判定大使厅壁画的绘制年代。

---

[1] 此据〔苏联〕Г·А·普加琴科娃、Л·И·列穆佩：《中亚古代艺术》，陈继周、李琪译，第 59～60 页。

[2] Chiara Silvi Antonini, "The Paintings in the Palace of Asfrasiab (Samarkand)", in *Rivista delgi Studi Orientali,* Vol.63, Fasc. 1/3 (1989), pp.109-144.

在仔细思考了 B. I. 马尔萨克 1990 年的演讲摘要 [1] 之后，1993 年，德国学者 M. 莫德（M. Mode）出版了《粟特人与世界的统治者——7 世纪古代撒马尔罕历史画面上的突厥人、萨珊人和中国人》。他认为，1 号建筑的壁画主要表现的是公元 7 世纪中叶康国国王拂呼缦即位的场景，画面上方可能还特别表现了西突厥可汗，目的是为了体现粟特国王即位的正统性以及对其继承王位的认可。在这组壁画中，通过绘制突厥可汗与粟特王公、唐朝皇帝的关系图以及突厥部族起源传说图像，来表现突厥可汗的权威 [2]。其中大使厅西壁（图 4-3）描绘了萨珊波斯的耶兹迪格德三世（即伊嗣俟，Yezdigird III，M4）、曾经的撒马尔罕王西希庇尔（M4A）、当时的撒马尔罕王拂呼缦（左侧第 2 段描绘的 9 根棍子象征昭武九姓的联合，王的形象可能描绘在它的旁边）和西突厥乙毗射匮可汗（右侧第 1 段描绘的 11 根棍子象征西突厥咄陆部五姓、弩失部五姓和可汗的联合，可汗的形象可能描绘在它的旁边）。中间上部应该是粟特神祇的图像 [3]。

根据多次到阿弗拉西阿卜博物馆观摩原作所得，M. 莫德绘制了正壁（西壁）和右壁（北壁）的全图，并对 L. I. 阿尔鲍姆的描述做了若干修订。在大使厅四壁之中，相比较而言，M. 莫德对西壁所做修订较多。例如，M27（铭文记载的人物）实际上是向后描述的。此外，M4 和 M5 的中间还有一个人像描绘

[1] B. I. Maršak, "Tematika rospiseh, zala poslov' Afrasiaba [The theme of the murals in the ambassadors' hall' at Afrasiab"], in *Formirovanie I razvitie trass Velikogo šelkovogo puti v Central'noj Azii v drevnosti I srednevekov'e. Tezisy dokladov meždunarodnogo seminara YUNESKO. Samarkand, 1-6 oktyabrya 1990g*, Glavnyj redactor A. A. Askarov Formation and development of the Great Silkroad in Central Asia in antiquity and in the Middle Ages. Abstracts of Papers of the International UNESCO-Seminary, ed. by A. A. Askarov, Taškent, 1990, pp.162-165.

[2] M. Mode, *Sogdien und die Herrscher der Welt, Türken, Sasaniden und Chinesen in Historiengemälden des 7. Hahrhunderts n. Chr. Aus Alt-Samarqand [=Europäische Hochschulschriften. Reihe. XXVII. Kunstgeschichte. Bd. 162]*, p.110. 此上 M. 莫德观点的总结引自荣新江：《粟特与突厥——粟特石棺图像的新印证》，所撰《中古中国与粟特文明》，第 369 ～ 370 页。

[3] M. Mode, *op. cit.*, pp.19-75. 该总结采自影山悦子：《サマルカソド壁画に见られる中国绘画の要素において——朝鲜人使节はワルフマソ王のもとを访れたか》，《西南アジア研究》49 号，1998 年，30 ページ；中译文详见〔日〕影山悦子：《撒马尔罕壁画所见中国绘画因素——朝鲜使节是否在拂呼缦王治时到访》，王东译，罗丰主编《丝绸之路考古》第 3 辑，第 170 页脚注①。此据中译文。

的痕迹，M. 莫德给它编号为 M4A[1]。M. 莫德提出，重新绘制的西壁上那些保
存不佳的人物形象，与 1978 年确定的示意图并不符合，而且也不能在这里使
用。例如，实际上 1A 号人物面对着 1 号人物并与其交谈。7 号人物显然是笔
直地站立着，1A 号人物、7 号人物和 6A 号人物的动作都是由作者主观重现出
来的[2]。西壁所见的大使招待宴会不是发生于撒马尔罕，而是西突厥可汗夏季
或冬季的行宫[3]。对此，S. A. 亚岑科（Sergey A. Yatsenko）指出，墙上的题铭
却恰恰相反：大使们来朝觐撒马尔罕国王——拂呼缦。反过来说，那种认为对
应的题铭可能 "比壁画本身晚几十年" 的说法几乎是不可能的[4]。

不过，M. 莫德采纳了 O. I. 斯米尔诺娃（O. I. Smirnova）在 1970 年发表
的意见，认为撒马尔罕所出钱币上的刻铭 "šyšpyr" 是《新唐书·西域传》"史
国" 条的史国王沙瑟毕（即西希庇尔王）[5]，并进而认为南壁表达撒马尔罕王
拂呼缦在史国为其前任沙瑟毕举行追悼会的场景，西壁 M4A 比定为西希庇尔
王。对撒马尔罕（康国）和片治肯特历史的误解是造成该误判的主要原因。对
此，日本学者影山悦子（Etsuko Kageyama）已一再指出：M. 莫德将西壁壁画
人物 M4A 比定为西希庇尔王（即沙瑟毕）有误。冈本孝（Takashi Okamoto）

---

[1] 〔日〕影山悦子：《撒马尔罕壁画所见中国绘画因素——朝鲜使节是否在拂呼缦王治时到访》，王
东译，罗丰主编《丝绸之路考古》第 3 辑，第 170 页脚注①。

[2] 对照 M. Mode, *Sogdien und die Herrscher der Welt. Türken, Sasaniden und Chinesen in Historiengemälden
des 7. Hahrhunderts n. Chr. Aus Alt-Samarqand [=Europäische Hochschulschriften. Reihe XXVII.
Kunstgeschichte, Bd. 162]*, fig.6, 14.

[3] M. Mode, *op. cit.,* p.74.

[4] S. A. Yatsenko, "The Late Sogdian Costume (the 5th - 8th cc. AD)", in *Ēran ud Anērān: Studies presented
to Boris Ilich Marshak on the Occasion of His 70th Birthday,* ed. by M. Compareti, P. Raffetta, G. Scarcia.
Electronic Version, Oct. 2003; in Online publication (2006) at: http://www.transoxiana.org/Eran/Articles/
yatsenko.html. 又载：S. A. Yatsenko, "The Costume of Foreign Embassies and Inhabitants of Samarkand
on Wall Painting of the 7th c. in the 'Hall of Ambassadors' from Afrasiab as a Historical Source", in
Transoxiana, vol. I, no.8, Junio 2004; in Online publication at: http://www.transoxiana.org/0108/yatsenko-
afrasiab_costume.html. Transoxiana 版有大量增补，其中译文详见〔俄〕塞尔吉 . A. 亚岑科（Sergey. A.
Yatsenko）：《阿弗拉西阿卜 "大使厅" 7 世纪壁画所见外国使者及撒马尔罕居民服饰的历史渊源》，
周杨译，罗丰主编《丝绸之路考古》第 3 辑，第 130 页。

[5] O. I. Smirnova, Sogd (K istorii izutchenija strany i o zadatchakh ee issledovanjia), *Palestinskij sbornik,*
vyp. (21)94. Leningrad, 1970, pp.121-150.

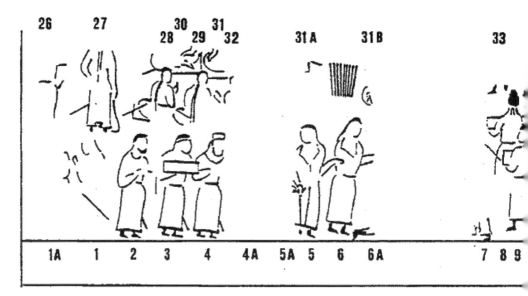

1.西壁（图中编号：纯阿拉伯数字为 L. I. 阿尔鲍姆所编，带英文字母者为 M. 莫德所编。下同。）

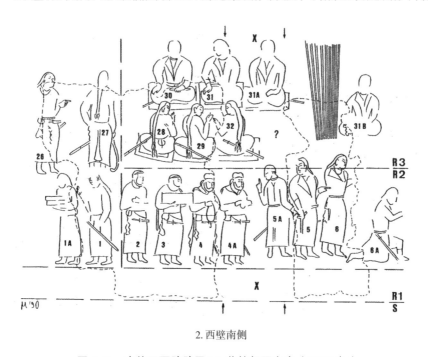

2.西壁南侧

图 4-3 大使厅西壁壁画 M. 莫德复原方案（1993 年）

1、2、3 分别采自 M. Mode, *Sogdien und die Herrscher der Welt, Türken, Sasaniden und Chinesen in Historiengemälden des 7. Hahrhunderts n. Chr. Aus Alt-Samarqand [=Europäische Hochschulschriften. Reihe. XXVII. Kunstgeschichte. Bd. 162]*, Frankfurt a. M. (u.a.)/ 1993, p.194Abb.4, p.196 Abb.6, p.200 Abb.10.

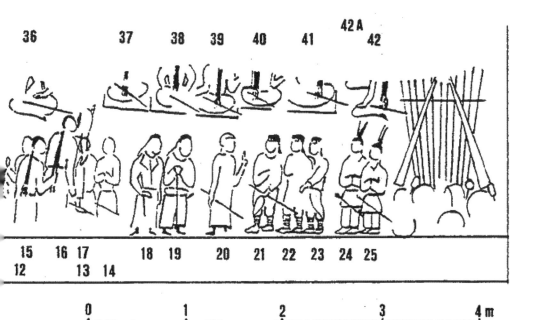

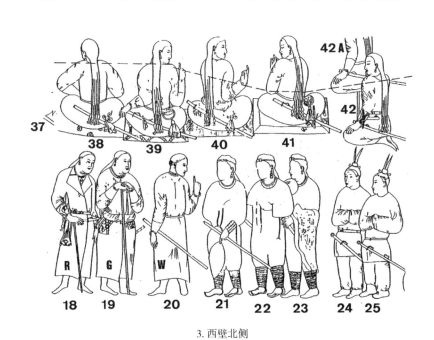

3. 西壁北侧

在 1984 年已经提出，O. I. 斯米尔诺娃在 1981 年便已意识到钱币上的 šyšpyr 更可能是指康国王世失毕，而非沙瑟毕。因此，M. 莫德对左壁（即南壁）的解释是没有根据的，他对正壁（即西壁）的解释，也须重新检讨[1]。根据 M. 莫德的假说，4 号人物不是别人，正是萨珊波斯的统治者伊嗣俟。

1994 年，B. I. 马尔萨克、M. 萨多斯卡－达金（Malgoržata Sadowska-Daguin）以及 F. 葛乐耐（F. Grenet）等三位学者合作撰文对西壁壁画提出复原方案[2]，对 M. 莫德的复原和阐释也做了部分回应。文中指出，大使厅南壁描绘着撒马尔罕国主拂呼缦在波斯新年出行到双亲陵寝祭祀的场景[3]。他们同样认为出行队伍在南壁并没有结束，应该是接续着正壁（即西壁）的左侧。正壁的左侧，可能是象征世界秩序的宇宙的图像，表现将拂呼缦的先祖们送往天国过幸福生活的场景，拂呼缦本人也在其中。此后该思路成为 B. I. 马尔萨克认识大使厅南壁壁画内容的基调。但文章并没有提供他们对西壁的复原图。

1999 年 1 月，田边胜美在《世界美术大全集·东洋篇 15·中亚》刊出大使厅西壁的复原方案（图 4-4：1）。这是笔者所见学界关于大使厅西壁壁画整体的第一个复原方案。同年 11 月，B. I. 马尔萨克在 P. 朱万（Pierre Chuvin）

---

[1] Takashi Okamoto, "Chronology of Kings of Sogd," in *Tōyō Gakuhō (Tokyo)*, 65, 1984, p. IV；〔日〕冈本孝：《粟特钱币考》，冯继钦译，《中国钱币》1987 年第 4 期，第 43 ～ 46 页。关于这一点，吉田丰 1996 年早已指出。详见 Y. Yoshida, "Additional notes on Sims-Williams' article on the Sogdian merchants in China and India", in A. Cadonna and L. Lanciotti (eds.), *Cina e Iran, da Alessandro Magno alla dinastia Tang*, pp.70-71；〔日〕影山悦子：《撒马尔罕壁画所见中国绘画因素——朝鲜使节是否在拂呼缦王治时到访》，王东译，罗丰主编《丝绸之路考古》第 3 辑，第 172 页。

[2] B. I. Marshak, Malgoržata Sadowska-Daguin and F. Grenet, "Le programme iconographique des peintures de la «Salle des ambassadeurs» à Afrasiab (Samarkand)", *Arts Asiatiques,* Tome 49, 1994, pp. 5-20.

[3] B. I. Marshak, Malgoržata Sadowska-Daguin and F. Grenet, *op. cit.*, pp.5-20. 据 F. 葛乐耐和 M. 莫德介绍，该观点是 B. I. 马尔萨克宣布于 1990 年大使厅博物馆落成纪念日上。详见 F. Grenet, "What was the Afrasyab Painting About?", in *Rivista degli studi orientali, Nuova Serie, Vol.78, Suppl. No.1: Royal Naurūz in Samarkand: Proceedings of the Conference Held in Venice on the Pre-islamic Paintings at Afrasiab (2006)*, Roma, p.43；此据〔法〕葛乐耐：《撒马尔罕大使厅壁画都说了什么？》，毛铭译，所撰《驶向撒马尔罕的金色旅程》，第 24 页。M. Mode, "Reading the Afrasiab murals: some comments on reconstructions and details", in *Rivista degli studi orientali, Nuova Serie, Vol.78, Suppl. No.1: Royal Naurūz in Samarkand: Proceedings of the Conference Held in Venice on the Pre-islamic Paintings at Afrasiab (2006)*, Roma, p.107.

1. 大使厅西壁壁画田边胜美复原图（1999 年）

田辺勝美：《ササン朝美術の東方伝播》，田辺勝美、前田耕作編集《世界美術大全集》東洋篇第 15 卷・"中央アジア"，213 ページ図 149。

2. 大使厅西壁壁画 B. I. 马尔萨克复原图（1999 年）

Pierre Chuvin (ed.), *Les arts de l'Asie centrale*, Paris: Citadelles & Mazenod, 1999, p.546, fig.736.

图 4-4　大使厅西壁壁画复原图（1999 年）

所编《中亚艺术》（*Les arts de l'Asie centrale*）发表了《4—9 世纪的粟特美术》
［L'art Sogdien (IVe au IXe siècle)］一文 [1]。P. 朱万在书中用极小的图像刊出了
B. I. 马尔萨克关于大使厅西壁壁画的复原图（图 4-4: 2），较前图多了区划壁
面中部与下部不同空间的虚线。

自 1989 年以来，法国考古队与乌兹别克斯坦科学院考古研究所合作，
在 F. 葛乐耐的指导下进行大规模的实地调查。1997 年，"阿弗拉西阿卜壁画
保护协会"（L'Association pour la Sauvegarde de la Peinture d'Afrasiab），
即阿弗拉西阿卜壁画研究学会于法国成立，由 F. 葛乐耐和 A. 巴贝特（Alix
Barbet）（CNRS，巴黎）主持。为防壁画受损，该协会采取措施确保展厅内
达到所需的温湿度。其中 A. 巴贝特负责壁画的照相，F. 欧里（François Ory）
则负责对修复后的壁画重新描摹绘图。2002 年，F. 欧里描绘了修复后的壁画，
F. 葛乐耐据此重新复原了大使厅四壁壁画的整体构图 [2]，复原图由 F. 葛乐耐和
F. 欧里共同完成（图 4-5）。但是，后来 F. 葛乐耐又对该方案的若干细节略作
调整。

也就是在这一年（2002 年），M. 莫德在马丁路德·哈勒维腾贝格大学
（University of Halle）东方考古系的网页上刊布了复原方案（图 4-6、图 4-7）。
在细节的处理上，M. 莫德延续了 1993 年的观察，进而提出了两个复原方案。
若暂不论准确与否，显然，在后来西壁的诸复原方案中，要以 M. 莫德的最为
详尽。在 M. 莫德设想的两个复原方案中，他更倾向于方案 II。

至于狮子宝座上的人物，M. 莫德认为应该是突厥可汗，因为按照四个大
国、四面墙的图像程序，突厥墙表述的是草原霸主突厥汗国，所以主尊应该是
突厥可汗，他和白匈奴可汗并坐在狮子宝座上饮酒，而脚下是突厥武士迎送丝
绸之路各国使臣的朝贺。M. 莫德提出东西突厥可汗并坐在神圣的狮子宝座上，
正对大门（东门），此即"二突厥可汗并坐宝座说"。这是他与 1993 年观点
最大的不同，但他并不否认西壁最上部曾经存在 B. I. 马尔萨克推测的某位神

---

[1] Pierre Chuvin (ed.), *Les arts de l'Asie centrale*, Paris: Citadelles & Mazenod, 1999, pp.114-180.

[2] F. Grenet, M. Samibaev, *«Hall of the Ambassadors» in the Museum of Afrasiab (middle of the VIIth Century)*, pp.6-7.

图 4-5　大使厅西壁壁画 F. 欧里复原方案（2002 年）

F. Grenet, M. Samibaev, *«Hall of the Ambassadors» in the Museum of Afrasiab (middle of the VIIth Century)*, pp.2-3.

祇的形象（图 4-8）。

　　2003 年，S. A. 亚岑科（Sergey A. Yatsenko）着眼于大使厅四壁壁画人物的服饰进行系统研究，其中重点对西壁之上的突厥群体进行了详细的描述，总结对粟特化突厥人服饰系统的调查[1]。当然，其中也涉及人物和壁画布局、性质的认识。摘要如下：

　　（1）三组司仪。其中靠左的一组位于人群的边缘（M26、M27）；第二组（在中间）位于三位赤鄂衍那大使面前，正在聆听站在唐朝大使前的粟特翻译人员翻译（M5、M6）；第三组（在右边）官员被描绘于石国与高丽使者之前（M18、M19）。这些人都带着黄金项圈。

　　（2）在所有西壁上的突厥人中，最重要的是位于中央人群中的那个主要人物（M36）。

---

[1]　〔俄〕塞尔吉 . A. 亚岑科（Sergey A. Yatsenko）：《阿弗拉西阿卜"大使厅"7 世纪壁画所见外国使者及撒马尔罕居民服饰的历史渊源》，周杨译，第 132 ～ 137 页。

图 4-6 大使厅西壁壁画 M. 莫德复原方案 I（2002 年）

M. Mode, "Court art of Sogdian Samarqand in the 7th century AD. Some remarks to an old problem," in Online publication (2002) at www.orientarch.uni-halle.de/ca/afras/index.htm.

图 4-7 大使厅西壁壁画 M. 莫德复原方案 II（2002 年）

M. Mode, "Court art of Sogdian Samarqand in the 7th century AD. Some remarks to an old problem," in Online publication (2002) at www.orientarch.uni-halle.de/ca/afras/index.htm.

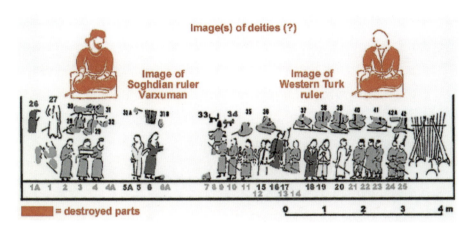

图 4-8　M. 莫德构拟的大使厅西壁壁画康国国王拂呼缦即位的场景

http://www.orientarch.uni-halle.de/ca/afras/text/wupper.htm.

（3）在所有其他右侧的人群中，M41 被最好地呈现出来。在每组人物中，两位坐在领导者身旁的官员正在相互交谈，其中每组的另外几人则悄然聆听。

在聚集于右侧中心人物周围的整个随从人员中，有一组官员持有相同的手杖（M42 以及一个保存较差的位于其上）礼貌地坐着，但是他们不是坐在地毯上，而是踞坐在地上。他们（像 M18 一样持有相似的手杖）小拇指上戴着指环（可能两只手上都戴着）……

在左边的坐着的官员中，"旗和鼓"的组合占据了一个特殊的位置（中古时期游牧民族的相似例子可参见 M. 莫德 1993, 28-29, abb. 8-9）。在左边和右边坐着两个穿着黄色长袖大衣和红色头巾的人（M32 以及其右侧的）。穿着黄色长袖大衣和红色头巾的 M41 在右侧人群的中心位置。（除了主要人物之外）还有四位官员坐在地毯上，分别位于左右两边；此外还有两组低等级司仪（一组是 M33、M34，朝向左侧唐朝大使的方向行进；一组是持有红色手杖的 M42 及其上部的人物，他们踞坐在右侧没有地毯的主要人物身后）。

很显然，穿着黄色长袖大衣的高等级突厥人以金色锦缎为标志。

　　综上所述可以推断，西壁上每三个坐在地毯上、身着黄色长袖大衣、头戴红色方巾的官员都有其随从，手持较短的红色权杖"kurpacha"，或是站立，或是跽坐；官员们自己则持有相同的权杖坐在地毯上（M30、M31是M32的随从；对其相邻的人而言，位于其上已未能保存的是他的随从；对于其正上方的人而言，其右侧的M37、M38是其随从）。似乎可以推断，右侧坐着的官员们（画面上半部分已经不存）与左侧呈对称布局。也就是说，两位坐在一起的高等级人物有两组不同的较低等级的随从。很显然，在壁画中，两对站立着手持长短手杖来迎接大使们的官员，其等级较低；而与之类似的两位官员，则等级相对较高（M33、M34，M42及其上部人物）。在右侧人群中，我们可以看到一列旗帜，但其体量较大，并且不在两位重要的官员之间，而是在其组合的外围。

　　因此，西壁壁画组合从整体上是按照对称模式合理布局的。除了上述结论之外我们还可以继续补充，两列人群是以身着蓝色长袖大衣的最主要的M36为中心，呈扇形向周围展开的。其下，两组手持手杖的司仪正在迎接外国大使（在每一组司仪身后又有三个人：赤鄂衍那人和突厥官员）。在主要人物的左右两侧有两组旗帜，其旁边分别坐着一组身着黄色锦缎大衣、头戴红色方巾的官员。在这些官员左侧有四位官员坐在地毯上，其右侧则有两位手持红色权杖"kurpacha"的司仪站立或出现。

　　（4）显然，朝向坐着的人物笔直站立的三位官员（M15～M17），表现出官僚体系中等级最低的那些人。在所有其他突厥人中，他们没有持任何武器，很明显他们也不佩戴黄金带铐，而是佩戴银质（？）带铐（M15、M17并未完成且没有完全着色，而M16则描绘得格外清晰）。他们没有戴金属项圈。这些官员有四条长辫。不过，此处所提这些人物所穿的长袖大衣，在剪裁和装饰方式上则与其他突厥人的服装没有区别。

　　通过对组合位置、属性以及服饰细节的分析，我们可以更清晰地勾勒出阿弗拉西阿卜壁画中以下的突厥社会群组。

　　位于西壁组合中心位置、穿着蓝袖大衣、享受乐伎演奏的M36，可以被视为撒马尔罕阿史那步真可汗的代表——吐屯。他们除了其他职责外，主要负责监察城市及周边的部落。

　　第 1 组：由主要人物与一组立于右侧的官员组成。M6、M9、M27 正通过翻译人员的帮助与大使成员交谈（M27：赤鄂衍那大使的讲话内容写在衣服上）。M19 手持一只长手杖，其上端后部呈"Γ"形。M27 手持一根宫廷打马球所用的球杆。

　　第 2 组：手持"Y"形权杖"kurpacha"的人身上佩戴着圆形小袋，梳着五条发辫，每根手指都戴着一枚指环。他们是西壁上坐着的等级较高的官员（M28 ～ M31、M35、M37 ～ M40、M42）。站立的一组官员中左边靠后的几人（M5、M18、M26）也与第二组有关。

　　第 3 组：M15 ～ M17 未携武器，也没有佩戴金属项圈，有四条发辫。他们的蹀躞带很明显是由银质带铸装饰的。鉴于他们出现在宫廷宴会中，身着萨珊波斯丝绸制成的长袖大衣，并且佩戴蹀躞带，我们很难将这些人与较低等级的普通战士相提并论。

S. A. 亚岑科认为在阿弗拉西阿卜壁画中处于支配地位的突厥人和一整套复杂的突厥官僚系统，可以合乎逻辑地证明拂呼缦王的独立性，并且合理地揭示出他如何融入当地贵族。他还探讨了大使们到达撒马尔罕的时间及环境。

　　2003 年，在前一年所拟复原方案的基础上，F. 葛乐耐将最初的研究成果发表在互联网上 [1]。2004 年 9 月，又刊发于大英博物馆丝绸之路展览的目录上 [2]。该复原方案即此前 2002 年他与 F. 欧里的复原方案（见图 4-5），上部王座前对狮的姿态为左右相背卧姿回视，且王座两侧并无侍从。但是，同年 4 月 23 ～ 25 日，"粟特人在中国"国际学术研讨会在中国国家图书馆（北京）举办，F. 葛乐耐在 2005 年刊布的会议论文集上，在该复原方案的基础上，于王座两侧各增加了两位侍从（图 4-9），同时他发表对大使厅西壁壁面内容的

[1] F. Grenet, "New research on the 'Ambassadors' painting' at Samarkand (paper épresented at a workshop 'New research on Sogdiana')", Oxford, Ashmolean Museum, 8 November 2003; in Online publication (2003) at: http://www.archeo.ens.fr/8546-5Gren/clrweb/7aFrantzC12003/newambassadorpainting.html.

[2] F. Grenet, "The Sogdians at the crossroads of Asia", in *The Silk Road. Trade, travel, war and faith*, ed. by S. Whitfield with U. Sims-Williams, published on the occasion of the exhibition at The British Library, 7 May-12 September 2004, London, pp.110-111, fig.3(center).

看法，其观点归纳起来主要有如下四个方面[1]。第一，根据西壁使臣衣服上的粟特铭文，西壁的上半部极有可能如南壁一样，画着巨大的当地国王拂呼缦自己的像。这一猜想与同一壁面上的题记相呼应——题记上很清楚地提到了撒马尔罕和国王拂呼缦的名字。第二，从服装和榜题来看，大使们从左至右分别是：赤鄂衍那、柘枝（石国）、大唐帝国、来自山区的吐谷浑，最后两位是新罗王朝使臣。此外，还有许多忙碌的突厥人。此恰可以公元 658 年之后的政治环境来解释。当年唐朝征服了西突厥，起用联盟的突厥贵族来治理西域的政治和军事。第三，拂呼缦是西壁壁画的主角，正以鄯善王继承人身份面对面接受来自

---

[1]　〔法〕葛乐耐：《粟特人的自画像》，毛铭译，荣新江、华澜、张志清主编《法国汉学》第 10 辑 "粟特在中国——历史、考古、语言的新探索"，第 307～308 页；F. Grenet, "The Self-Image of the Sogdians", in *Les Sogdiens en Chine*, eds. É. de la Vaissière, É. Trombert, pp.123-140. 按，此译文后编入〔法〕葛乐耐：《驶向撒马尔罕的金色旅程》，毛铭译，第 14～16 页。

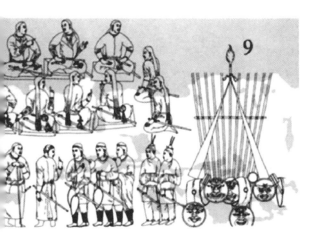

图 4-9　大使厅西壁壁画 F. 葛乐耐复
原方案（2004 年）

〔法〕葛乐耐：《粟特人的自画像》，毛铭
译，荣新江、华澜、张志清主编《法国汉学》
第 10 辑"粟特人在中国——历史、考古、语
言的新探索"，第 321 页图 3。

唐朝使团的丝绸。第四，大使厅壁画提供了一个以粟特自我为中心的世界观的
存在。这个方案也可见于 2004 年冬季 F. 葛乐耐发表的论文 [1]。

　　关于康居国王的王座为何？《隋书·康国传》[2]、《旧唐书·康国传》[3] 以及《通
典》[4] 都没有描述，它们更多的是描述康居国王的王冠和穿着。根据《隋书》
卷八三《西域传》的记载，张广达总结，安国国王坐金驼座，钹汗国王坐金羊
床，何国王、乌那曷王坐金羊座；波斯王著金花冠，坐金狮子座；漕国王戴金

[1]　F. Grenet, "Maracanda / Samarkand, une metropole pré-mongole: Sources écrites et archéologie", in
　　　Annale. Histoire, Sciences Sociales, 59e Année, No.5/6, Asie centrale (Sep.-Dec., 2004), Cambridge
　　　University Press, pp.1065-1067, fig.4.

[2]　〔唐〕魏征：《隋书》卷八三，第 1848 ～ 1849 页。

[3]　〔后晋〕刘昫等：《旧唐书》卷一四八，第 5310 ～ 5311 页。

[4]　〔唐〕杜佑：《通典》卷一九三《康国》，王文锦等点校，第 5254 ～ 5256 页。

鱼头冠，坐金马座[1]。他说，从萨珊王朝银器纹饰、粟特壁画和阿拉伯文献记载来看，所谓金驼座、金狮子座、金马座、金羊座等，当指承托床面的床脚分别作这些兽形。中亚、西亚的显贵除了冠冕之外，普遍以床座体现其身份，王公的座床即是王座。而文献所载"营州杂胡"安禄山所坐之"重床"和"反手"所据之"床"应当就是中亚、西亚的王公显贵所坐的 g's/gāh/ 座 / 王座。安伽墓出土的石榻当是与安伽身份相应的"重床"[2]。但是，安伽墓石榻榻腿前端并没有装饰承托的动物（图 4-10）。这是中古中国粟特裔石棺床的一种情况。另一种情况便是石棺床榻腿装饰承托的蹲狮，如统万城翟曹明石棺床（图 4-11）和天水石马坪石棺床（图 4-12）。身为"康居国王之苗裔"而获北周政府诏葬[3]的康业（图 4-13），其石棺床前榻腿也同样装饰有蹲狮。尽管尚无康国王座为金狮子座的图像资料，但是结合狮子的特性，从康国为昭武九姓之首来看，其王座很可能是金狮子座。正如上文所言，在 F. 葛乐耐和 F. 欧里的复原方案中，于拂呼缦王座前便径直绘有一对活狮。

---

[1] 按，若进一步梳理文献，中亚、西亚坐狮子座的国王尚有多摩长国王、吐谷浑可汗、泥婆罗国王、龟兹国王等，足见王座是中亚、西亚的一个风俗。详见〔唐〕杜佑：《通典》卷一八八《多摩长》，王文锦等点校，第 5107 页；《北史》卷九六《吐谷浑》，第 3186 页；〔后晋〕刘昫等撰：《旧唐书》卷一九八《泥婆罗国》，第 5289～5290 页；《北史》卷九七《龟兹国》，第 3217 页；〔后晋〕刘昫等撰：《旧唐书》卷一九八《龟兹国》，第 5303 页。《新唐书》卷二二一上《泥婆罗国》称"御狮子大床"，见〔宋〕宋祁、欧阳修：《新唐书》，第 6213 页。又《高僧传》载："龟兹王为（鸠摩罗什）造金狮子座，以大秦锦褥铺之，令什升而说法。"〔梁〕慧皎：《高僧传》，汤用彤校注，北京：中华书局，1992 年，第 48 页。

[2] 张广达：《再读晚唐苏谅妻马氏双语墓志》，所撰《张广达文集·文本　图像与文化流传》，第 268～269 页。按，承北京大学历史系硕士生董汝洋告知，《洛阳伽蓝记》卷五"城北"载："〔嚈〕哒王着锦衣，坐金床，以四凤凰为床脚。……（嚈）哒国王妃亦着锦衣，……王妃出则舆之，入坐金床，以六牙白象四狮子为床。"（〔魏〕杨衒之著，周祖谟校释：《洛阳伽蓝记校释》，上海书店出版社，2000 年，第 195～196 页）又，公元 569—571 年，拜占庭使节齐马尔科斯（Zemarchus）拜见第一突厥汗国可汗（木杆可汗），觐见是在另一座帐篷之中进行，"其中有包金的木柱和一张由四只金孔雀支撑的金榻"。此详见 Thomas Allsen, *Commodity and Exchange in the Mongol Empire*, New York: Cambridge University Press, 2002, p. 66; Menander, *The History of Menander the Guardsman*, trans. by R. B. Blockley, Liverpool: Francis Cairns Publications Ltd., 1985, p. 121. 由此视之，嚈哒王及其王妃的王座分别可称为凤凰座和白象狮子座，而第一突厥汗国突厥可汗的王座可称为孔雀座。

[3] 沈睿文：《论墓制与墓主国家和民族认同的关系——以康业、安伽、史君、虞弘诸墓为例》，朱玉麒主编《西域文史》第 6 辑；此据所撰《中古中国祆教信仰与丧葬》，第 50～51 页。

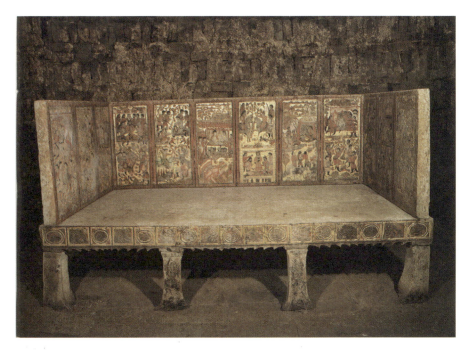

图 4-10　北周安伽墓石棺床

陕西省考古研究所：《西安北周安伽墓》，图版一。

图 4-11　北周翟曹明石棺床榻腿蹲狮

罗丰、荣新江：《北周西国胡人翟曹明墓志及墓葬遗物》，荣新江、罗丰主编《粟特人在中国：考古发现与出土文献的新印证》，北京：科学出版社，2016年，第276页图8。

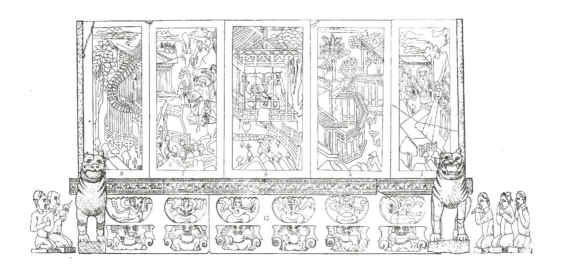

图 4-12 甘肃天水石马坪隋石棺床正视图

天水市博物馆：《天水市发现隋唐屏风石棺床墓》，《考古》1992 年第 1 期，第 47 页图二。

图 4-13 北周康业墓石棺床

西安市文物保护考古所：《西安北周康业墓发掘简报》，《文物》2008 年第 6 期，第 17 页图七。

2004 年，意大利学者 M. 康马泰（Matteo Compareti）在网络上刊布了
"7 世纪撒马尔罕的粟特宗教图像"[1]；同时，他和 S. 克里斯托弗拉提（S.
Cristoforetti）也在网络上发布了对大使厅北壁的研究[2]，文中认为西壁壁画内
容是波斯新年诺鲁孜节，此文同年亦正式印刷出版[3]。同年，M. 莫德修订了
他 2002 年网络发布的内容，并正式印刷出版[4]。

2005 年 3 月，在威尼斯举行的"撒马尔罕壁画国际学术会议"上，I. A.
阿孕塞瓦（I. A. Arzhantseva）、O. N. 伊涅瓦吉娜（O. N. Inevatkina）发表了
二十五年前大使厅西壁、北壁的新发现[5]，也就是 1978 年 T. S. 瓦西连科（T.
S. Vasilenko）等人对大使厅壁画重做的描摹工作。文章只是刊布了与 L. I. 阿
尔鲍姆摹本在局部的不同之处，也没有给出整个壁面的摹本。而 F. 葛乐耐、F.
欧里、M. 莫德、B. I. 马尔萨克以及魏义天 (É. de la Vaissière) 分别对大使厅西
壁提出自己的复原方案。其中 B. I. 马尔萨克重复了此前的复原方案，而 F. 葛
乐耐、F. 欧里则对此前复原方案做了微调。在会上，A. 巴贝特讨论了大使厅

[1]　M. Compareti, "Remarks on Sogdian religious iconography in 7th century Samarkand", in Online
　　　publication (2004) at: http://www. eurasianhistory.com/data/articles/ao2/422.html.

[2]　M. Compareti, S. Cristoforetti, "Una tipica festa cinese tra le pitture del VII secolo d.C. di Afrasyab
　　　(Samarcanda)?", in Online publication (2004) at: http://www.cinaoggi.it/storia/tipica-festa-cinese.htm(in
　　　Italian).

[3]　M. Compareti, S. Cristoforetti, "Proposal for a New Interpretation of the Northern Wall of the «Hall of the
　　　Ambassadors» at Afrasyab", in *Central Asia from the Achaemenids to the Timurids: Archaeology, History,*
　　　Ethnology, Culture. Materials of an International Scientific Conference Dedicated to the Centenary of
　　　Aleksandr Markovich Belenitsky, ed. by V. P. Nikonorov, p.216;〔意〕康马泰、克里斯托弗拉提：《撒
　　　马尔罕大使厅壁画上的唐代端午节》，毛铭译，康马泰：《唐风吹拂撒马尔罕：粟特艺术与中国、
　　　波斯、印度、拜占庭》，第 17 页。

[4]　M. Mode, *Die Türken vor Samarkand-Von Eisenleuten, Gesandten und Empfangszeremonien*, in «Hallesche
　　　Beiträge zur Orientwissenschaft». Halle/Saale, Bd. 37, 2004, pp.241-296.

[5]　详悉 Irina Arzhantseva, Olga Inevatkina, "Afrasiab wall-paintings revisited: new discoveries twenty-five
　　　years old", in *Rivista degli studi orientali, Nuova Serie, Vol.78, Suppl. No.1: Royal Naurūz in Samarkand:*
　　　Proceedings of the Conference Held in Venice on the Pre-islamic Paintings at Afrasiab (2006), Roma, pp.
　　　185-211.

0　　　　　　　　　　　　　　　3 m

壁画的制作技术 [1]。

　　有意思的是，在对西壁壁画王座前内容细节的处理上，F. 葛乐耐转而采用
了 F. 欧里的复原新方案（图 4-14）。F. 欧里的新方案将壁画上部王座前对狮
的姿态，从此前的左右相背卧姿回视，调整为左右蹲坐正视。他着重对该复原
方案的形成做了解释 [2]，而 F. 葛乐耐则试图对复原方案内容进行阐释。F. 葛乐
耐认为大使厅西壁表达了一个政治真空的新场景：粟特国王受到唐朝加封，从

[1]　Alix Barbet, "TECHNIQUES D'EXÉCUTION DES PEINTURES MURALES DU PALAIS D'AFRASIAB
　　　À SAMARCANDE", in *Rivista degli studi orientali, Nuova Serie, Vol.78, Suppl. No.1: Royal Naurūz in
　　　Samarkand: Proceedings of the Conference Held in Venice on the Pre-islamic Paintings at Afrasiab (2006)*,
　　　Roma, pp.213-227.

[2]　F. Ory, "Essai de restitution des parties manquantes de la peinture d'Afrasiab", in *Rivista degli studi
　　　orientali, Nuova Serie, Vol.78, Suppl. No.1: Royal Naurūz in Samarkand: Proceedings of the Conference
　　　Held in Venice on the Pre-islamic Paintings at Afrasiab (2006)*, Roma, pp. 87-105.

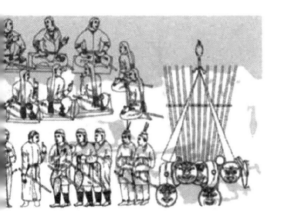

图 4-14　大使厅西壁壁画 F. 欧里
复原方案（2005 年）

F. Ory, "Essai de restitution des parties
manquantes de la peinture d'Afrasiab", in
*Rivista degli studi orientali, Nuova Serie,
Vol.78, Suppl. No.1: Royal Naurūz in
Samarkand: Proceedings of the Conference
Held in Venice on the Pre-islamic Paintings at
Afrasiab (2006),* Roma.

而接待大朝会上的丝绸之路各国使臣的场景，比之南壁上的粟特王出行祭拜祖
庙主题更加世俗化。但是，同时他又说西壁是表达丝绸之路各国使臣参加粟特
新年祭祀、观礼的场景。他把西壁的画面归结为波斯新年前三天的综合场面，
包含了四个场景：粟特王的加冕，粟特王扮演伊玛，第二天粟特王接待各国使
臣，以及第三天粟特王接待武士们和牧马人。其中消失的西壁上半部分是想
表达的焦点，主题是粟特国王拂呼缦在此接受丝绸之路各国使臣的朝贺。F. 葛
乐耐认为大使厅西壁的狮子宝座上坐着国王拂呼缦本人，扮演太阳神伊玛的角
色 [1]。该观点也经历了一个变化的过程。此前在中国国家图书馆（北京）举行

---

[1]　F. Grenet, "What was the Afrasyab Painting About?", in *Rivista degli studi orientali, Nuova Serie,
Vol.78, Suppl. No.1: Royal Naurūz in Samarkand:Proceedings of the Conference Held in Venice on the Pre-
islamic Paintings at Afrasiab (2006),* Roma.pp.43-58; 此据〔法〕葛乐耐：《撒马尔罕大使厅壁画都说
了什么》，毛铭译，所撰《驶向撒马尔罕的金色旅程》，第 22～39 页。

的"粟特人在中国"国际学术研讨会（2004年）上，他还只是停留在判断西壁狮子宝座上所坐为拂呼缦而已。

但是，B. I. 马尔萨克认为中亚建筑主壁上应为神祇的考古经验有着巨大的学术影响力。在 B. I. 马尔萨克之后，M. 莫德也转而认为坐狮子宝座上的不一定是粟特王本人。M. 莫德的观点前后发生了变化，最大的改变是对此前"二突厥可汗并坐宝座说"的观点做了调整。他认为1993年对西壁的复原方案已经过时了，又对2002、2004年刊布的复原方案Ⅱ（见图4-7）做了微调[1]（图4-15）。此刻 M. 莫德认为西壁上部的狮子座为主神，而突厥可汗们坐在一大群突厥武士前酬答。

B. I. 马尔萨克重绘了西壁的复原方案（图4-16），可知他在坚持1999年方案（见图4-4：2）的基础上向田边胜美的复原方案（见图4-4：1）趋同，并对 M. 莫德和 F. 葛乐耐在此次会议所提解释方案做了回应。他认为后二者的上述解释方案，在粟特文化中不合乎礼仪。根据他在片治肯特五十年的发掘经验，B. I. 马尔萨克认为，狮子宝座上的巨大形象应该是粟特主神娜娜，粟特王坐在娜娜脚下接受朝贺。在粟特艺术中，正对大厅入口的主壁一定由一个巨大的主神，或者一大群各种神灵占据，供养人通常绘于两侧角落。

他表示："我们（指B. I. 马尔萨克）已经在片治肯特、瓦拉赫沙、布哈拉王城多次见证了画有主神的正厅主壁，而同样出土于撒马尔罕古城的9号厅也是如此。国王可以画在离神灵很近的位置，但是不会僭越宝座上的神。此外，M. 莫德的方案把粟特九姓国主拂呼缦的地位给湮灭了。"[2] 同时，B. I. 马尔萨克指出，头插野鸡毛的高丽武士是唐太宗征高丽的战俘，他们只是唐朝使团中的带刀侍卫。西壁上的粟特文题记，有可能是画匠和学徒的信笔之作。长题

---

[1]　M. Mode, "Reading the Afrasiab murals: some comments on reconstructions and details", in *Rivista degli studi orientali, Nuova Serie, Vol.78, Suppl. No.1: Royal Naurūz in Samarkand:Proceedings of the Conference Held in Venice on the Pre-islamic Paintings at Afrasiab (2006)*, Roma, pp.107-128.

[2]　B. I. Marshak, "Remarks on the Murals of the Ambassadors Hall", in *Rivista degli studi orientali, Nuova Serie, Vol.78, Suppl. No.1: Royal Naurūz in Samarkand:Proceedings of the Conference Held in Venice on the Pre-islamic Paintings at Afrasiab (2006)*, Roma, pp.75-85; 此据〔俄〕马尔萨克：《辉煌的撒马尔罕大使厅壁画》，毛铭译，所撰《突厥人、粟特人与娜娜女神》，第53～54页。

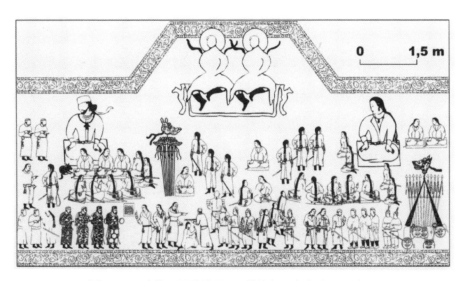

图 4–15 大使厅西壁壁画 M. 莫德复原方案（2005 年）

M. Mode, "Reading the Afrasiab murals: some comments on reconstructions and details," in *Rivista degli studi orientali, Nuova Serie, Vol.78, Suppl. No.1: Royal Naurūz in Samarkand:Proceedings of the Conference Held in Venice on the Pre-islamic Paintings at Afrasiab (2006)*, Roma, p.109, ILL1.

图 4–16 B. I. 马尔萨克 2006 年重绘的大使厅西壁壁画复原方案

B. I. Marshak, "Remarks on the Murals of the Ambassadors Hall," in *Rivista degli studi orientali, Nuova Serie, Vol.78, Suppl. No.1: Royal Naurūz in Samarkand:Proceedings of the Conference Held in Venice on the Pre-islamic Paintings at Afrasiab (2006)*, Roma, p.76, fig.1.

记的年代也可能晚于壁画创作年代。V. 里夫什茨（Vladimir Livšic）根据铭文
将西壁壁画人物 M4 释读为"拂呼缦"是错误的。因为该人物手捧项链等物等
着进奉，明显也是前来朝贺的使臣角色，而非巡视问候前来朝贺的各国使臣的
粟特王[1]。亦即 M4 也是赤鄂衍那使节。实际上，B. I. 马尔萨克纠正的也正是
他本人 1981 年发表的观点[2]。

　　法国学者魏义天认为大使厅西壁的主角是表现突厥在撒马尔罕的政治地

---

[1]　B. I. Marshak, "Remarks on the Murals of the Ambassadors Hall," *in Rivista degli studi orientali, Nuova Serie, Vol.78, Suppl. No.1: Royal Naurūz in Samarkand:Proceedings of the Conference Held in Venice on the Pre-islamic Paintings at Afrasiab (2006),* Roma, pp.82-83；〔俄〕马尔萨克：《辉煌的撒马尔罕大使厅壁画》，毛铭译，所撰《突厥人、粟特人与娜娜女神》，第 65 ～ 66 页。按，毛铭译文所据为 B. I. 马尔萨克在威尼斯会议上的发言稿，而非最后发表的定稿。

[2]　A. M. Belenitskii and B. I. Marshak, "The Paintings of Sogdiana", G. Azarpay, *Sogdian Painting. The pictorial epic in Oriental art*, with Contributions by A.M. Beleniskii, B. I. Maršak and M.J. Dresden, p.117.

图 4-17　大使厅西壁壁画魏义天
复原方案（2006 年）

É. de la Vaissière, "LES TURCS, ROIS DU
MONDE À SAMARCANDE," in *Rivista degli
studi orientali, Nuova Serie, Vol.78, Suppl.
No.1: Royal Naurūz in Samarkand:Proceedings
of the Conference Held in Venice on the Pre-
islamic Paintings at Afrasiab (2006)*, Roma,
p.158, fig.3.

位，其主旨一如其提交的论文题目《突厥，撒马尔罕的世界之王》[1]（图 4-17）。
不过，只要比较魏义天和 F. 葛乐耐、F. 欧里的复原方案，不难得出前者是吸
纳了后者的复原方案，唯一的不同在于壁面上部王座的样式及坐者。魏义天直
接将王座复原做毡帐式，所坐者为突厥可汗，而拂呼缦则侍立于毡帐右外，与
突厥可汗做交谈对答状。

　　2006 年 1 月，在日本东京举办的第 29 届文化财产保护和修复国际研讨
会上，F. 葛乐耐又再次强调了他在 2004 年中国国家图书馆（北京）发表的观

---

[1]　É. de la Vaissière, "LES TURCS, ROIS DU MONDE À SAMARCANDE", in *Rivista degli studi orientali,
Nuova Serie, Vol.78, Suppl. No.1: Royal Naurūz in Samarkand:Proceedings of the Conference Held in
Venice on the Pre-islamic Paintings at Afrasiab (2006)*, Roma, pp.147-162.

点 [1]，该观点在 F. 葛乐耐 2018 年年底发表的论文中仍旧 [2]。2015 年 10 月，在陕西西安举办的第二届曲江壁画论坛上，阿弗拉西阿卜博物馆馆长萨马瑞迪·伊·穆斯塔佛库洛夫介绍了大使厅壁画修复的 3D 影像及壁画修复的新方法 [3]，其西壁 3D 影像的制作便是根据 F. 葛乐耐和 F. 欧里的复原方案（见图 4-14）而制作的。

此外，1998 年，影山悦子认为大使厅西壁壁画中的高丽人形象并非表现历史的真实人物，而是借用了中国壁画中表现外国使节的惯用画法 [4]。2002 年，影山悦子又指出，大使厅西壁的人物布局，是借用了汉地绘画的构成方法 [5]。关于中亚壁画与陕西西安地区唐墓壁画的关系，这是对此前宿白观点 [6] 的深入阐发。

综合上文所述，可知对大使厅西壁图像的判断，虽然后来不同复原方案有异，但对于该壁面下部绘画的内容，1975 年的 L. I. 阿尔鲍姆摹本还是提供了足够坚实的基础，尽管若干局部之处也有异议。后续诸复原方案的最大差异还

[1]　F. Grenet, "The 7th -century AD 'Ambassadors' painting' at Samarkand, Mural Paintings and the Silk Road, Cultural Exchanges Between East and West", in *Proceedings of the 29th Annual International Symposium on the Conservation and Restoration of Cultural Property*, National Research Institute for Cultural Properties, Tokyo, Jan. 2006, pp.13-14.

[2]　F. Grenet, À L'OCCASION DE LA RESTAURATION DE LA « PEINTURE DES AMBASSADEURS » (SAMARKAND, C. 660). RETOUR SUR UNE ŒUVRE MAJEURE DE LA PEINTURE SOGDIENNE, *CRAI 2018, 4 (novembre-décembre)*, pp.1849-1872.

[3]　〔乌兹别克斯坦〕萨马瑞迪·伊·穆斯塔佛库洛夫：《阿夫拉西亚卜壁画：修复的新方法》，周天游主编《再获秋实：第二届曲江壁画论坛论文集》，第 41 ～ 55 页。视频资料可参：https://v.qq.com/x/page/x0180de5qo7.html 或 https://video.artron.net/20160205/n809547.html。

[4]　影山悦子：《サマルカソド壁画に見られる中国絵画の要素において——朝鮮人使节はワルフマソ王のもとを訪れたか》，《西南アジア研究》49 号，1998 年，17 ～ 33 ページ；〔日〕影山悦子：《撒马尔罕壁画所见中国绘画因素——朝鲜使节是否在拂呼缦王治时到访》，王东译，罗丰主编《丝绸之路考古》第 3 辑，第 167 ～ 178 页。

[5]　Etsuko Kageyama, "A Chinese way of Depictions Foreign Delegates Discerned in the Painting of Afrasiab", in *Iran: Questions et Connaissance. Vol. I. La période ancienne, testes réunis par Ph. Huyse, Studia Iranica*, cahier 25, Paris, 2002, pp.313-327.

[6]　宿白：《西安地区唐墓壁画的布局和内容》，《考古学报》1982 年第 2 期，第 142 ～ 143 页；后收入所撰《魏晋南北朝唐宋考古文稿辑丛》，北京：文物出版社，2011 年，第 164 页。

在于被破坏的西壁上部是否绘有宝座，宝座上坐者为谁？由此而导致粟特王和突厥可汗在西壁壁画中位置有异。这是大使厅西壁壁画的核心问题之一，而不同复原方案之间的细微差异对该壁面绘画的主旨影响恐怕不大。

学者对大使厅西壁壁画持续多年的讨论，大大丰富和推进了相关认识。但是，对图像内容与意义的把握离不开对图像构成元素的准确辨析。正如大使厅其他三个壁面的研究，因为壁面及壁画的残泐漫漶，对大使厅西壁壁画内容的认识，也同样需要重新辨识其中的若干元素。唯有如此，方可言及对整个壁面图像内容和性质的讨论。

二、丝绸、白羊毛与貂鼠皮

B. I. 马尔萨克认为，西壁上前来朝贺的使臣来自中亚赤鄂衍那、石国、唐朝和高原（吐蕃），各自带着礼物。赤鄂衍那的锦袍使臣拿的是波斯锦、项链（图4-18）；唐朝的三个使臣带来了蚕茧、生丝和白绢（图4-19）；高原来的吐蕃使臣带来的是牦牛尾和豹皮。但是，突厥武士和头上插着野鸡毛的高丽人（图4-20）

图4-18　大使厅西壁南部壁画 L. I. 阿尔鲍姆摹本及复原线图（1975年）

据〔苏联〕L. I. アリバウム著，加藤九祚訳《古代サマルカンドの壁画》，134ページ图6、67ページ图4a 改制。

图 4-19　大使厅西壁北部壁画 L. I. 阿尔鲍姆摹本及复原线图（1975 年）

〔苏联〕L. I. アリバウム著，加藤九祚訳《古代サマルカンドの壁画》，36 ページ図 32、69 ページ図 6。

图 4-20　大使厅西壁南部壁画 L. I. 阿尔鲍姆摹本及复原线图（1975 年）

〔苏联〕L. I. アリバウム著，加藤九祚訳《古代サマルカンドの壁画》，15 ページ図 7、70 ページ図 7。

1. 人物 11、12
2. 人物 10
3. 人物 8、9
4. 人物 21
5. 人物 23

图 4-21　大使厅西壁捧持物件之人物

据〔苏联〕L. I. アリバウム著，加藤九祚訳《古代サマルカンドの壁画》，69 ページ図 6、70 ページ図 7 改制。

并非使臣，因为这两者并没有带来任何礼物 [1]。B. I. 马尔萨克对西壁使臣手持礼物的判断成为学界共识，但是，该判断并非没有继续讨论的空间。

　　B. I. 马尔萨克所言手捧蚕茧、生丝和白绢的唐朝使臣编号分别为 11、12（图 4-21：1），10（图 4-21：2）以及 8、9（图 4-21：3）；手持牦牛尾和豹皮的人物编号分别为 21（图 4-21：4）、23（图 4-21：5）。

---

[1]　B. I. Marshak, "Remarks on the Murals of the Ambassadors Hall", in *Rivista degli studi orientali, Nuova Serie, Vol.78, Suppl. No.1: Royal Naurūz in Samarkand:Proceedings of the Conference Held in Venice on the Pre-islamic Paintings at Afrasiab (2006)*, Roma, pp.75-85; 此据〔俄〕马尔萨克：《辉煌的撒马尔罕大使厅壁画》，毛铭译，所撰《突厥人、粟特人与娜娜女神》，第 55 页。

西壁壁画人物 8、9 双手捧持的物件为白绢，从相关图像来看有其合理性 [1]，应无疑义。但是，大使厅西壁壁画人物 11、12 手持握是否即为蚕茧，人物 10 所捧持的是否即为生丝，则恐难成定谳。

如果人物 11、12 手持即为蚕茧，则可理解为该图像是从蚕茧中抽出来的丝线将不同的蚕茧联系在一起的形象。而根据桑蚕纺织工艺，如果已从蚕茧中缫丝，那蚕茧的形态便已不复存在。

蚕茧是指桑蚕的茧。桑蚕蛹期的囊形保护层，内含蛹体。茧层可以缫丝，茧衣及缫制后的废丝可作丝棉和绢纺原料。

蚕茧呈长椭圆形、椭圆束腰形、球形或纺锤形等不同形状，或中部稍缢缩，茧有白、黄、淡绿、肉红等颜色，长约 3～4 厘米，直径 1.7～2.1 厘米，表面白色，有不规则皱纹，并有附着的蚕丝，呈绒毛状。其内壁的丝纹很有规律。质轻而韧，不易撕破。未经羽化的蚕茧，内有黄棕色的蚕蛹一枚以及成蛹前脱下的淡棕色、皱缩的蚕皮 [2]。蚕茧表面虽附着蚕丝，但呈绒毛状，难以将这些绒毛状短丝缀连成长丝的，更无法将众多的蚕茧缠绕成如人物 11、12 手持那样。这也是为何在中国的传统养蚕业中，多用篾筐来装盛蚕茧（图 4-22），或者将蚕茧插在竹签上（图 4-23）。蚕茧之间不易缠绕。

将蚕茧抽出蚕丝的工艺概称缫丝。缫丝，就是用热水煮茧，除掉蚕丝所含胶质物，如此蚕丝才能根根分明用于纺织，或者拉成蚕丝被。如果来不及缫丝，则可通过烘干、低温冷藏或水煮剖开蚕茧等方法来保存。蚕茧的烘干温度为 65℃，一小时之后，调为 50℃再烘一个小时，这样蚕茧里面的蚕便脱水而亡，不再变成蚕蛾。但是，烤的温度不能高过 65℃，否则胶质硬化成不溶于水的物质，不大容易出丝。低温冷藏也可长期保存蚕茧，且蚕丝不受影响。水煮剖开的蚕茧，即剖开蚕茧，倒出里面的蚕之后，用水煮，同时用工具按压，使它沉于水中，煮出所含胶质物 [3]。也就是说，既然已经抽出蚕丝来了，那么

[1]　沙武田：《丝绸之路绢帛图像考——以敦煌画和唐墓骆驼俑为中心》，沈睿文主编《考古学研究》卷 11，北京：科学出版社，2020 年，第 199～221 页。

[2]　https://baike.baidu.com/item/%E8%9A%95%E8%8C%A7/2224681?fr=aladdin.

[3]　https://jingyan.baidu.com/album/86fae346142bc53c49121ab4.html?picindex=11.

图 4-22　盛在桶里的蚕茧
（劳银宇拍摄）

图 4-23　插在秸杆上的蚕茧
（劳银宇拍摄）

蚕茧的形态便已不复存在了。由此视之，从大使厅西壁壁画人物 11、12 手中所持物件的状态来看（见图 4-21：1），绝非蚕茧。

更为重要的是，缫丝工艺在当时仍是保密的。怛罗斯战役之后，丝绸工艺才外传到中亚、西亚。所以，当时大使厅不可能在壁画内容上出现蚕茧。

当时，蚕茧是如何携带的？有没有相关的图像表达？"公主偷蚕种"的传说给我们提供了相关线索。

"公主偷蚕种"的传说最早源于赴印度求法的唐玄奘口述。所撰《大唐西域记》卷一二载：

瞿萨旦那王乃卑辞下礼，求婚东国。国君有怀远之志，遂允其请。瞿萨旦那王命使迎妇，而诫曰："尔致辞东国君女，我国素无丝绵桑蚕之种，可以持来，自为裳服。"女闻其言，密求其种，以桑蚕之子，置帽絮中。既至关防，主者遍索，唯王女帽不敢以检。遂入瞿萨旦那国……[1]

---

[1]　〔唐〕玄奘、辩机著，季羡林等校注《大唐西域记校注》，北京：中华书局，1985 年，第 1021 ~ 1022 页。

图 4-24　丹丹乌里克 D.X 佛寺遗址所出蚕种西传木板彩画(公元 7 世纪，大英博物馆藏)

A. 盛装在篮中的茧　B. 帽子藏有蚕种的东国公主　C. 纺丝用的纺车

据〔英〕奥雷尔·斯坦因：《古代和阗——中国新疆考古发掘的详细报告》第二卷，巫新华等译，济南：
山东人民出版社，2009 年，第 63 页左图改制。

西域即今新疆境内，瞿萨旦那国即古丝绸之路上的于阗国，地处塔里木盆地南
沿，今和田地区均为该国所辖。"公主偷蚕种"的故事被西域人绘成图画。20
世纪初，斯坦因曾在于阗国故城附近的丹丹乌里克 (Dandan Oilik) D.X 佛寺遗
址，发现一块描绘该故事的木板彩画（图 4-24）：画板中央绘有一位头戴高冕、
正端坐着的盛装贵妇，两个侍女跪于两旁，左边侍女用左手指着贵妇之冕，意
思是蚕种藏在帽子里面。但"公主偷蚕种"发生在何时，"东国"又是指哪个
国家，《大唐西域记》并没有明指 [1]。

　　不过，从该图（图 4-24）A 处可以进一步确定的是，当时蚕茧是用篮筐
一类的器具来装盛的。这是一幅表现潜运、窃取"东国"国家核心技术的图画，
如此表现则暴露无遗。按理应该同样用隐秘的装盛方式来表现，就如同将蚕种
藏在公主的帽子里面一样，但是，画师并没有这种处理，说明这是当时养蚕收
茧的惯用方式，所以画面才会出现这种自相矛盾的表达方式。这进一步说明大
使厅西壁壁画人物 11、12 手持物与蚕茧的关系不大。如果西壁人物 11、12 手
持是蚕茧的话，那四束（双手各一束）的数量也未免少得可怜。

　　唐天宝十载（751 年）七月的怛罗斯战役促成了唐代中国与阿拉伯世界之

---

[1]　王邦维：《东国公主与蚕种西传：一个丝绸之路上的传说》，《文史知识》2015 年第 4 期，第
　　102 ～ 107 页。

间第一次技术转移。大批汉地士兵被俘往阿拉伯地区。唐朝和阿拉伯关系的改善，使得怛逻斯战役中的唐朝战俘受到特殊的优待。中国造纸工匠协助阿拉伯人在撒马尔罕开办了造纸厂，将造纸法初次传入穆斯林世界。阿拔斯朝都城库法也有许多中国的技师在那里操作，杜环曾亲见："绫绢机杼，金银匠，画匠，汉匠起作；画者，京兆人樊淑、刘泚；织络者河东人乐隳、吕礼。"[1] 由于引进中国技术人员，中国独特的丝织技术同时在美索不达米亚开花结果，广为流传。中国的绘画艺术想来受到阿拉伯人的赞赏，推动了金银器图案的设计、陶瓷制品花样的描绘，使中国式的瓷器在哈里发帝国的心脏地区得以繁荣滋长[2]。

中国丝绸的秘密，后来随移民传播至朝鲜、印度等地，传说公元 6 世纪拜占庭的基督教僧侣从中国偷运蚕蛹，养蚕技术才传到了欧洲。

既然大使厅西壁壁画人物 11、12 手持绝非蚕茧。那么会是什么物品呢？我们将结合史料从内亚历史的延续性[3] 进行推断。

《元史》卷七九《祭祀志》载：

> 每岁，驾幸上都，以六月二十四日祭祀，谓之洒马妳子。用马一，羯羊八，彩段练绢各九匹，以白羊毛缠若穗者九，貂鼠皮三，命蒙古巫觋及蒙古、汉人秀才达官四员领其事，再拜告天。又呼太祖成吉思御名而祝之，曰："托天皇帝福荫，年年祭赛者。"礼毕，掌祭官四员，各以祭币表里一与之；余币及祭物，则凡与祭者共分之。[4]

引文记述了元代蒙古族在洒马妳子祭祀时所用的祭物。其中有马、羯羊、彩缎练绢、白羊毛缠若穗者以及貂鼠皮等。这应该是当时蒙古族仍保留的游牧民族

---

[1]　〔唐〕杜环著，张一纯笺注《经行记笺注》，北京：华文出版社，2017 年，第 67 页。

[2]　张广达：《海舶来天方 丝路通大食——中国与阿拉伯世界的历史联系的回顾》，所撰《张广达文集·文本 图像与文化流传》，第 139 页。

[3]　详见罗新：《黑毡上的北魏皇帝》，北京：海豚出版社，2014 年，第 2、59 页。

[4]　〔明〕宋濂等：《元史》，第 1924 页。

习俗。

　　蒙古族在洒马妳子祭祀中所用的马，就是祭马。这是游牧民族共同的祭祀习俗，是游牧民族共同的内亚性[1]。

　　羯羊则为被阉割后的公羊，俗称羯子。这也可见于辽代契丹的丧葬等礼仪场合中。《辽史·礼志二》载：

　　　　灵柩升车，亲王推之，至食羖之次。盖辽国旧俗，于此刑杀羊以祭。皇族、外戚、诸京州官以次致祭。至葬所，灵柩降车，就辇，皇帝免丧服，步引至长福冈。[2]

引文中的羖羊，指黑色的公羊，或阉割过的羊。也就是前引《元史》所载之羯羊。因在丧葬过程中要宰杀羖羊（羯羊）以祭祀，故而该羊在契丹风俗中也称作"祭羊"。这是契丹的丧葬习俗。

　　内蒙古赤峰市宝山 M1 北壁启门图中的羊（图 4-25），尖角、翘尾，便是祭羊（羖羊、羯羊）。祭羊在契丹的丧葬中如此重要，以至于辽公主下嫁时，便有一祭羊置于送终车上，与覆尸衣物一同作为陪嫁，以备来日之用。事见《辽史·仪卫志一》所载：

　　　　送终车，车楼纯饰以锦，蟾头以银，下悬铎，后垂大毡，驾以牛。上载羊一，谓之祭羊，以拟送终之用。亦赐公主。[3]

可知，在祭祀中以羯羊、羖羊为祭羊也是游牧民族共同的习俗。

　　综上，上引《元史》所载蒙古族在祭祀中使用马、羯羊、彩缎练绢、白羊毛缠若穗者以及貂鼠皮等物事很可能是游牧民族的共性。这样的话，如果用彩

[1] 沈睿文：《内亚游牧社会丧葬中的马》，魏坚主编《北方民族考古》第 2 辑，第 251～265 页；此据所撰《中古中国祆教信仰与丧葬》，第 370～386 页。
[2] 〔元〕脱脱等：《辽史》卷五〇，第 934 页。
[3] 〔元〕脱脱等：《辽史》卷五五，第 1001 页。

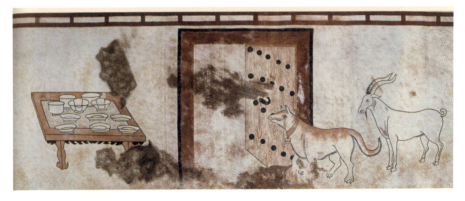

图 4-25　内蒙古赤峰市宝山 M1 北壁犬羊启门图、矮桌图（辽天赞二年，923 年）

徐光冀主编《中国出土壁画全集·内蒙古》，北京：科学出版社，2012 年，第 87 页图 85。

缎练绢、白羊毛缠若穗者以及貂鼠皮来考察大使厅西壁北部壁画（见图 4-21）
相关人物捧持的物件，则我们更倾向于将其中人物 11、12 捧持之物判断为白
羊毛缠若穗者，人物 10 捧持之物宜为貂鼠皮，而人物 8、9 捧持之物为彩缎练
绢。此前 B. I. 马尔萨克已判断人物 8、9 捧持之物为白绢，此已上具。

　　显然，羊毛缠绕成穗，一是便于携带，二是便于展示和陈列，尤其是作为
祭品的供奉。从大使厅西壁壁画现存图像来看，人物 11 双手各执两穗；人物
12 仅见右手，该手执三穗，其左手被人物 15 的身体给遮挡了。此两人已知有
七穗，如果加上人物 12 被遮挡的左手所执，人物 11、12 两人手执的羊毛应该
有九穗。这个数字正与上述元代蒙古族在洒马妳子祭祀所用的羊毛单位数量同。
人物 11 双手各执两穗，很可能这是画师原本计划的数量。在洒马妳子祭祀中，
羊毛之所以皆为白色，盖缘于纯白色相对难觅，意欲以此纯色之祭品表示牺牲
之尊贵与祭祀之至诚[1]。更为重要的是，在其宗教情感中，白色最为崇高。

　　大使厅西壁壁画人物 10 捧持之物，从图像上看，它表现的并非线条状，
而是一个光滑柔软的"面"。该物件应该是貂鼠皮，而非生丝。

---

[1]　详见本书第三章"刺鹅荐庙：大使厅南壁壁画研究"。

"左牵黄，右擎苍。锦帽貂裘，千骑卷平岗。"[1] 虽然苏轼描述的是他参加的游猎场景，但这实是北方游牧民族贵族阶层的生活习惯：衣貂裘戴锦帽，游猎喜千骑出动，牧马放苍鹰。貂裘用貂鼠皮制成，貂鼠皮是极珍贵的皮料，以它制成的貂裘非一般皮裘可比。明宋应星《天工开物》卷上"裘"条载：

> 凡取兽皮制服，统明曰裘。贵至貂、狐，贱至羊、麂，值分百等。貂产辽东外徼建州地及朝鲜国。其鼠好食松子，夷人夜伺树下，屏息悄而射取之。一貂之皮方不盈尺，积六十余貂皮仅成一裘。服貂裘者立风雪中，更暖于宇下。眯入目中，拭之即出，所以贵也。色有三种，一白者曰银貂，一纯黑，一黯黄。[2]

又《马可波罗行纪》第二卷第九十二章"大汗之行猎"记载大汗的大帐别帐别室及寝所布置之法如下：

> 每帐以三木柱承之，辅以楔（梁）木，饰以美丽狮皮。皮有黑白朱色斑纹，风雨不足毁之。此二大帐及寝所外，亦覆以斑纹狮皮。帐内则满布银鼠皮及貂皮，是为价值最贵而最美丽之两种皮。盖貂袍一袭价值金钱（livre d'or）二千，至少亦值金钱一千，鞑靼人名之曰"毛皮之王"。帐中皆以此两种毛皮覆之，布置之巧，颇悦心目，凡系帐之绳，皆是丝绳。总之，此二帐及寝所价值之巨，非一国王所能购置者也。[3]

北方冬天酷寒。在当地，貂鼠因其皮毛而珍贵，衣着貂皮衣饰随之高贵，因此貂鼠及其皮毛也成为北方部族向中原王朝贡献的主要方物。

《旧唐书》卷一九九下《契丹传》载：

---

[1] 〔宋〕苏轼：《江城子·密州出猎》，〔清〕朱孝臧编年，龙榆生校笺，朱怀春标点《东坡乐府笺》，上海古籍出版社，2018 年，第 75 页。

[2] 〔明〕宋应星著，潘吉星译注《天工开物译注》，上海古籍出版社，2016 年，第 119 ～ 120 页。

[3] 〔法〕沙海昂注《马可波罗行纪》，冯承钧译，北京：中华书局，2003 年，第 372 ～ 373 页。

契丹，居潢水之南，黄龙之北，鲜卑之故地，在京城东北五千三百里。东与高丽邻，西与奚国接，南至营州，北至室韦。……其余风俗与突厥同。

武德初，数抄边境。二年，入寇平州。六年，其君长咄罗遣使贡名马、丰貂。[1]

丰貂，即貂裘或大貂。

《旧唐书》卷一九九下《室韦传》载：

室韦者，契丹之别类也。……武德中，献方物。贞观三年，遣使贡丰貂，自此朝贡不绝。[2]

又《旧唐书》卷一九九下《乌罗浑国传》载：

乌罗浑国，盖后魏之乌洛侯也，今亦谓之乌罗护，其国在京师东北六千三百里。东与靺鞨，西与突厥，南与契丹，北与乌丸接。风俗与靺鞨同。贞观六年，其君长遣使献貂皮焉。[3]

《新唐书》卷二一九《黑水靺鞨传》亦载：

拂涅，亦称大拂涅，开元、天宝间八来，献鲸睛、貂鼠、白兔皮；铁利，

---

[1] 〔后晋〕刘昫等：《旧唐书》，第5349～5350页。按，《新唐书》卷二一九《契丹传》载："契丹，本东胡种，其先为匈奴所破，保鲜卑山。……武德中，其大酋孙敖曹与靺鞨长突地稽俱遣人来朝，而君长或小入寇边。后二年，君长乃遣使者上名马、丰貂。"〔宋〕宋祁、欧阳修：《新唐书》，第6167～6168页。

[2] 〔后晋〕刘昫等：《旧唐书》，第5356～5357页。按，《新唐书》卷二一九《室韦传》载："室韦，契丹别种，东胡之北边，盖丁零苗裔也。……贞观五年，始来贡丰貂，后再入朝。"〔宋〕宋祁、欧阳修：《新唐书》，第6176～6177页。

[3] 〔后晋〕刘昫等：《旧唐书》，第5364页。

开元中六来；越喜，七来，贞元中一来；虞娄，贞观间再来，贞元一来。后渤海盛，靺鞨皆役属之，不复与王会矣。[1]

在契丹各部向北魏朝廷贡献的方物中，还有"文皮"，大概是指一些珍奇动物的皮毛[2]。"文皮"，本意指虎豹之皮，如大使厅西壁人物23手中所持（见图4-21：5），但从后来马可·波罗对靺鞨人皮草生计的记载来看，其中应该也有貂鼠皮之类。《马可波罗游记》记述：

第二一二章　北方之国王宽彻

应知北方有一国王名称宽彻，彼是靺鞨，而其臣民皆是靺鞨；……

其第多有白熊，熊长逾二十掌；亦多有大狐，全身黑色，并有野驴及貂甚众。用貂皮作裘，男袍一袭值千别桑（basant）。……

更有言者，此十三日行程中，沿途山谷中居民皆是猎人，猎取价值贵重之罕见动物而获大利：是为貂，银鼠，灰鼠，黑狐，及不少皮价甚贵之罕见动物。其人有猎具，猎物无得脱者。其地酷寒，土人居于土窟，而常处土窟之中。

第二一三章　黑暗之州

此国境外偏北有一州名称黑暗，……

其地之人饶有贵重毛皮，盖其境内多有贵重之貂，如前所述，又有银鼠，北极兽（glouton），灰鼠，黑狐，及其他不少贵重毛皮。人皆善猎，聚积此种毛皮，多至不可思议。居处边境之人，而认识光亮者，向此辈购买一切毛皮；盖此黑暗州人携之以售于光亮地界之人，而光亮地界之人首先购取而获大利。

……

第二一四章　斡罗思州及其居民

斡罗思（Russie）是北方一广大之州。……此非业商之国，但有不少

[1]　〔宋〕宋祁、欧阳修：《新唐书》，第6179页。

[2]　赵越主编《古代呼伦贝尔》，呼和浩特：内蒙古文化出版社，2004年，第136页。

希有贵重毛皮，如貂狐银鼠灰鼠北极兽等毛皮之类，世界毛皮中之最美而最大者也。又有银矿不少，採银甚多。

......

然我将先言北方及西北方间之一州。应知此地有一州，名称瓦剌乞（Valachie），与斡罗思接境，自有其国王，居民是基督教徒及回教徒。彼等颇有贵重毛皮，由商人运售诸国；彼等恃工商为活。[1]

因此，貂皮也成为古代贸易中的主要货物。公元 7 至 8 世纪，粟特商旅不畏崎岖，翻越北高加索山脉，把控了草原"黑貂之路"，将乌拉尔猎人手中的毛皮，运抵拜占庭帝国东境[2]。中国国家图书馆藏的一件阿拉伯语古文书便记录了当时于阗和阿拉伯世界之间的貂皮贸易，据研究，该文书的年代为公元 790 年左右[3]。这件文书应至少可说明公元 8 至 9 世纪时，貂皮在中亚、西亚社会的经济贸易中也占有重要的地位。

貂裘不仅用于现实生活、政治场景中，也用于丧葬的场合。《元史》卷七七《祭祀志》"国俗旧礼"载：

殓用貂皮襖（袄）、皮帽，其靴袜、系腰、盒钵，俱用白粉皮为之。[4]

因为貂裘的珍贵，甚而成为政治斗争中的工具。孛儿帖兀真见公姑的时候，呈上其生母的貂裘作为礼物。《元朝秘史》载："孛儿帖兀真，行上见公姑的

---

[1] 〔法〕沙海昂注《马可波罗行纪》卷四第二一二章～第二一四章，冯承钧译，第 812 ～ 818 页。

[2] A. M. Belenitskii and B. I. Marshak, "The Paintings of Sogdiana", G. Azarpay, *Sogdian Painting. The pictorial epic in Oriental art*, with Contributions by A. M. Beleniskii, B. I. Maršak and M.J. Dresden; 此据〔俄〕马尔萨克：《开启粟特艺术的钥匙》，毛铭译，所撰《突厥人、粟特人与娜娜女神》，第 13 页。

[3] 钱艾琳：《于阗的黑貂皮——公元 790 年的一件阿拉伯文书（国图藏）》，"北大文研论坛100——胡语写本与文明传承"，北京大学，2019 年 11 月 6 日；后题为《于阗的黑貂皮：国图藏 BH2-28 阿拉伯语手稿解读》，罗丰主编《丝绸之路考古》第 5 辑，北京：科学出版社，2021 年，第 153 ～ 159 页。

[4] 〔明〕宋濂等：《元史》，第 1925 页。

礼物，将一个黑鼠貂襖（袄）子有来。"[1]《蒙古秘史》亦载：

> 铁木真、合撒儿、别勒台三个人拿上搠坛母亲作见翁姑礼的黑貂鼠皮
> 袄，去见也速该父亲的旧安答（朋友）王罕。……来到住在土兀剌河的黑
> 林中的王罕处。铁木真说："你是我父亲的旧安答，像我的亲生父亲一样。
> 我把娶妻时妻子带来见翁姑礼的黑貂鼠皮袄献给你。"说着把黑貂鼠皮袄
> 献上。王罕很欢喜地说：
> "黑鼠貂皮袄的报答是
> 要把你的离散的部众，
> 给你聚集来。
> 黑鼠貂皮袄的报答是
> 要把你的离散的部众，
> 给你聚集来。
> ……"[2]

后来，全靠这件黑鼠貂襖子（貂裘），成吉思汗才得到王罕庇护和支持[3]。孛
儿帖兀真生母的貂裘成为铁木真的政治工具，足见貂裘在北方部族中的珍贵。

　　来自草原的满族入关以后，仍然在朝服中保持着游牧民对貂鼠的珍爱。清
代吴振棫《养吉斋丛录》载：

> 三品以上者始服貂朝衣，惟兼起居注衔者不论；四品以上服貂褂，惟
> 翰、詹、科、道不论。其批本奏事军机处章京及凡内廷行走之员，非四品
> 亦准穿貂褂，自乾隆三十七年始。[4]

---

[1]　乌兰校勘《元朝秘史（校勘本）》卷二，北京：中华书局，2012年，第61页上栏。

[2]　〔蒙古〕策·达木丁苏隆编译，谢再善译《蒙古秘史》，西宁：青海人民出版社，2014年，第35页。

[3]　袁国藩：《元代蒙古文化论集》，台湾商务印书馆，2004年，第16～17页。

[4]　〔清〕吴振棫：《养吉斋丛录》卷二二，北京：中华书局，2005年，第228页。

图 4-26　清朝百姓行署进贡貂皮图

罗山：《职贡图：古代中国人眼中的域外世界》，广州：广东人民出版社，2017 年，彩页 10 图 17。

福格《听雨丛谈》卷二"皮裘"云：

> 本朝惟外褂之毳向外，若袍袄皆向内也。亲王、郡王而外，不准服用
> 黑狐。文职一、二、三品许服毳外貂镶朝衣，武职三品弗及也。文四品、
> 武三品准服貂鼠、猞猁狲。五品至七品笔帖式、护军校准用貂皮领袖帽沿。
> 八、九品官不许穿貂鼠、猞猁狲、白豹、天马、银鼠。若侍卫、翰詹科道、
> 军机章京，无论品级，均照三品服色，其往口外寒冷地方出差之满洲、蒙
> 古、汉军官员，均准照常穿用貂鼠、猞猁狲，不拘品级也。[1]

1808 年，间宫林藏《东鞑纪行》载，库页岛的居民进贡时，要到岸上的
满洲行署，按一定的顺序依次入内。三位官员端坐台上，进贡者脱帽三叩首，

---

[1]　〔清〕福格：《听雨丛谈》卷二，北京：中华书局，1984 年，第 46 页。

图 4-27　清朝官员"脱衣易皮"行抱见礼

罗山：《职贡图：古代中国人眼中的域外世界》，彩页 10 图 18。

献上黑貂皮一张，交给堂下的中级官员。中级官员大声向上官介绍来人之后，将礼物呈上，随即颁赏。进贡者则可获得一些当地有用的手工制品（图 4-26）。这就是清朝在东北实行的"贡貂制度"与"赏乌林制度"。编入户籍者，每户"岁纳貂皮一张"，这实际上是一种实物税。在他们贡貂的同时，会得到清政府赏赐的财物[1]。东北当地的赫哲人、鄂伦春人、费雅喀人等挟着当地特产的貂皮来到这里，换取自己所需的白酒、烟叶、布匹和铁器。满洲官员也参与其间，遇到上等的貂皮，当场就把自己的锦袍脱下来交换，可见东北人民对貂是真爱。间宫林藏称之为"脱衣易皮"[2]（图 4-27）。

　　综上，貂皮为北方游牧民族的珍爱可见一斑。

---

[1]　罗山：《职贡图：古代中国人眼中的域外世界》，广州：广东人民出版社，2017 年，第 224 页。

[2]　罗山：《职贡图：古代中国人眼中的域外世界》，第 228 ～ 229 页。按，更为深入的研究可参〔美〕
　　谢健：《帝国之裘》，关康译，北京大学出版社，2019 年。

如此看来，唐朝使者所持既有本朝的特产，也有附和康国习俗者，很可能与这些使者本源自唐朝在西域的军队有关 [1]。换言之，正是他们熟谙粟特的风俗习惯，大使厅西壁壁画才会出现这样的景象。

三、题 铭

在片治肯特，考古发现有两种题记：一种写在带边框的长方形内，为壁画创作者所写；还有一种是观赏壁画的古人到此一游所题。在撒马尔罕古城，史料记载和壁画题记是十分精确吻合的，都提到了撒马尔罕城主拂呼缦受到唐朝册封，年代在公元 656—663 年 [2]。

大使厅四壁壁画中，南壁和西壁发现有粟特语题铭，其中又以西壁所见题铭为多，也长。大使厅西壁残高 2.7 米，该壁壁画上第 27 号人物突厥官员白色袍服（图 4-28）上的粟特文榜题最长，直行左书，共 16 行，V. 里夫什茨解读其内容为：

> 九姓之王乌纳须（Unašu/Unšu）家族的拂呼缦（Avarxumān）走近时，大使禀告："余为赤鄂衍那（Čaɣānian）秘书长官（dapīrpat）普卡尔 - 扎答格（Pukar/Pugar-zādag）。由赤鄂衍那土兰塔萨（Turāntaš）遣来康国国王座下。为表敬意，今余以尊敬之心来到王前。在上勿疑于我：余通晓粟特诸神及粟特文字。我也未伤害过大王。愿您吉祥幸运。"九姓之王乌纳

---

[1]　按，B. I. 马尔萨克便认为该唐朝使团来自安西四镇。详见 B. I. Marshak, "Remarks on the Murals of the Ambassadors Hall", in *Rivista degli studi orientali, Nuova Serie, Vol.78, Suppl. No.1: Royal Naurūz in Samarkand: Proceedings of the Conference Held in Venice on the Pre-islamic Paintings at Afrasiab (2006)*, Roma, p.77; 此据〔俄〕马尔萨克：《辉煌的撒马尔罕大使厅壁画》，毛铭译，所撰《突厥人、粟特人与娜娜女神》，第 56 页。

[2]　B. I. Marshak, "Remarks on the Murals of the Ambassadors Hall", in *Rivista degli studi orientali, Nuova Serie, Vol.78, Suppl. No.1: Royal Naurūz in Samarkand: Proceedings of the Conference Held in Venice on the Pre-islamic Paintings at Afrasiab (2006)*, Roma, pp.75-85; 此据〔俄〕马尔萨克：《突厥人、粟特人与娜娜女神》，毛铭译，第 57 ～ 58 页。

图 4-28 大使厅西壁壁画上第 27 号
人物袍服铭文部分
http://www.orientarch.uni-halle.de/
ca/afras/text/wleft1.htm.

须（Unašu/Unšu）家族的拂呼缦离开（赤鄂衍那秘书长官）。随后，石国
（Čāčian）秘书长官禀告。[1]

关于这个题铭的理解有几个问题。V. 里夫什茨和 B. I. 马尔萨克认为该文
本来自官方记录，题铭也有宗教内涵，它很清楚地提到撒马尔罕的万神殿，可
以得出这样的结论：就像来自赤鄂衍那使者那样，所有其他使者都向粟特诸神
表达敬意。他们认为甚至可以得出这样的结论：在已遗失的西壁上部曾绘有这
些神祇（或者其中的一两位）。

为何该题记写在突厥官员（27 号人物）的白袍上？ B. I. 马尔萨克给出了
合理的解释，他说这是因为周围的使臣都穿着锦绣衣裳，西壁又是青金石地仗，

---

[1] 按，铭文的释读据 V. Livšic, "The Sogdian Wall Inscriptions on the Site of Afrasiab", in *Rivista degli studi orientali, Nuova Serie, Vol.78, Supplemento No. 1: Royal Naurūz in Samarkand: Proceedings of the Conference Held in Venice on the Pre-Islamic Paintings at Afrasiab (2006)*, Roma, pp.59-61. 中译文据姜伯勤：《敦煌壁画与粟特壁画的比较研究》（载所撰《敦煌艺术宗教与礼乐文明》，北京：中国社会科学出版社，1996 年，第 158 页）增订。

实在不容易找到一片白色来写字[1]。

不过，B. I. 马尔萨克认为西壁的题记与在片治肯特考古发现的壁画创作者的题记不吻合，其中最为突出的问题是不提核心画面的唐朝使臣，以及没有关于石国使臣张口说了什么的题记。他认为西壁题记不能当成信史来对待，不具有国家宣传的功能，题记更像出自一个娴熟的画匠，后者是一位天资聪颖的学徒，挥洒他在粟特王新年庆典上的记忆，或者炫耀自己的粟特文书法。此外，B. I. 马尔萨克还同意 V. 里夫什茨的意见，认同另一条题记是大使厅建成之后一位观赏者写的[2]。

根据 B. I. 马尔萨克的描述，大使厅西壁保存状况还相当完好，用肉眼辨认，从墙角一直到上半部的狮子宝座残痕，广大壁面根本没有什么题记的影子。其他各国使团人物身上以及每个使团并没有题记[3]。为何榜题丝毫不提唐朝使臣？此刻粟特九姓国并入大唐版图，称为"康居都督府"，所以在西壁题铭便故意不提唐朝的使臣。如果明确称及唐朝使臣的话，则明显地与现实的政治情景不同。对拂呼缦而言，唐朝使者是进贡；而对于唐朝而言，则很可能是赉赐粟特王拂呼缦。因为如上所述，唐朝使者所捧持者并非中原王朝的方物，而是根据内亚习俗而定的物件。这一点与波斯使者进贡波斯锦、项链等方物的性质迥异。可见，西壁题铭不提唐朝使臣恐是一种中庸的处理方式。正如 F. 葛乐耐指出的："无论如何，在自己的群臣面前，拂呼缦愿意展示他的朝廷济济一堂的一面。这样做可能会轻微地伤害大唐的体面。"[4]

---

[1]　B. I. Marshak, "Remarks on the Murals of the Ambassadors Hall" ,in *Rivista degli studi orientali, Nuova Serie, Vol.78, Suppl. No.1: Royal Naurūz in Samarkand: Proceedings of the Conference Held in Venice on the Pre-islamic Paintings at Afrasiab (2006)*, Roma, pp.75-85; 此据〔俄〕马尔萨克：《突厥人、粟特人与娜娜女神》，毛铭译，第 57 页。

[2]　B. I. Marshak, *op. cit.*, pp.75-85; 此据〔俄〕马尔萨克：《突厥人、粟特人与娜娜女神》，毛铭译，第 57 ～ 59 页。

[3]　B. I. Marshak, *op. cit.*, pp.75-85; 此据〔俄〕马尔萨克：《突厥人、粟特人与娜娜女神》，毛铭译，第 58 页。

[4]　〔法〕葛乐耐：《粟特人的自画像》，毛铭译，荣新江、华澜、张志清主编《法国汉学》第 10 辑"粟特人在中国——历史、考古、语言的新探索"，第 311 页；F. Grenet, "The Self-Image of the Sogdians", in *Les Sogdiens en Chine*, eds. É. de la Vaissière, É. Trombert, pp.123-140. 按，此译文后编入〔法〕葛乐耐：《驶向撒马尔罕的金色旅程》，毛铭译，第 15 页。但不知何故，后者有遗漏。

　　至于为何没有石国使臣张口说了什么的题记，恐是石国使臣也只是同样重复此前赤鄂衍那使臣的话，故而略去。F. 葛乐耐便准确地指出赤鄂衍那秘书长官的禀告只是属于华丽的外交辞令而已。他认为，西壁上的粟特文长题记，有些言过其实。当赤鄂衍那总督（即 dapirpat）宣称，"对于粟特的神祇、粟特文书，我都带着好奇去一一认清"，他并不一定是指该壁朝贺使臣面前宝座上的一定是粟特拜火教神祇；他也没打算在粟特传播佛教和佛经。可能动机单纯得多，赤鄂衍那总督只是来参加粟特的新年祭祀，该祭祀在粟特昭武九国之间流行，但是外国使节很少能有幸观礼。而且，他希望自己的美好祝词可以在粟特史书上被记载，带着外交辞令的华美。同样在长题记里说的"粟特王来到赤鄂衍那"与宝座上坐着粟特王并不矛盾。这只是一种吹嘘，外交使节之间相互攀比的崇高礼遇[1]。既然只是华丽的外交辞令，那么也就没有必要在石国使臣之后再次重复了。当然，客观上也与现有榜题之后空间已经不足以书写有关。

　　对于大使厅西壁其他粟特语题铭，则已有较为合理的解释。如，"拂呼缦"的名字出现在大使厅西壁壁画人物 4（图 4-29）右侧脖颈的题记上，对此 B. I. 马尔萨克认为是误读[2]。

　　B. I. 马尔萨克认为西壁绘画表现的是一个大型唐朝使团，来自安西四镇，其中有唐朝人、东突厥人、高丽战俘[3]。酱油色的唐朝使臣的身上有短的题记，说明他是来自觊觎粟特的吐蕃[4]。若此，应该是壁画的规划者根据他们对唐蕃

[1] F. Grenet, "What was the Afrasyab Painting About?", in *Rivista degli studi orientali, Nuova Serie, Vol.78, Suppl. No.1: Royal Naurūz in Samarkand:Proceedings of the Conference Held in Venice on the Pre-islamic Paintings at Afrasiab (2006)*, Roma, pp.43-58; 此据〔法〕葛乐耐：《撒马尔罕大使厅壁画都说了什么？》，毛铭译，所撰《驶向撒马尔罕的金色旅程》，第 30 页。按，本引文中的西壁粟特文题铭中译文保留了毛铭的翻译，该译文与本章的翻译有所不同。

[2] B. I. Marshak, "Remarks on the Murals of the Ambassadors Hall", in *Rivista degli studi orientali, Nuova Serie, Vol.78, Suppl. No.1: Royal Naurūz in Samarkand: Proceedings of the Conference Held in Venice on the Pre-islamic Paintings at Afrasiab (2006)*, Roma, pp.75-85; 此据〔俄〕马尔萨克：《突厥人、粟特人与娜娜女神》，毛铭译，第 57 ～ 61 页。

[3] B. I. Marshak, *op.cit.*, pp.75-85; 此据〔俄〕马尔萨克：《突厥人、粟特人与娜娜女神》，毛铭译，第 56 页。

[4] F. Grenet, "What was the Afrasyab Painting About?", in *Rivista degli studi orientali, Nuova Serie, Vol.78, Suppl. No.1: Royal Naurūz in Samarkand:Proceedings of the Conference Held in Venice on the Pre-islamic Paintings at Afrasiab (2006)*, Roma, pp.43-58; 此据〔法〕葛乐耐：《驶向撒马尔罕的金色旅程》，毛铭译，第 29 页。

图 4-29　大使厅西壁壁画人物 4 头像及其题铭

〔苏联〕L. I. アリバウム著，加藤九祚訳《古代サマルカンドの壁画》，19ページ図 13。

甥舅关系的理解，即甥舅一家，而将后者归属于唐朝使然。

　　F. 葛乐耐认为，在撒马尔罕壁画上的突厥贵族，可以确定其中至少有一位是由唐朝指派带领的使团，穿越突厥可汗历来所控制的地区：他腰上的题记是"来自焉耆的人"，指今天新疆的焉耆 - 喀喇沙尔（Qarashahr），当地从公元 648 年唐太宗平西域开始就属于唐朝管辖[1]。壁画题记特地指出焉耆一地，

[1]　〔法〕葛乐耐：《粟特人的自画像》，毛铭译，荣新江、华澜、张志清主编《法国汉学》第 10 辑"粟特人在中国——历史、考古、语言的新探索"，第 311 页。F. Grenet, "The Self-Image of the Sogdians", in *Les Sogdiens en Chine*, pp.123-140; 此据〔法〕葛乐耐：《驶向撒马尔罕的金色旅程》，毛铭译，第 14 页。

图 4-30 大使厅西壁壁画高丽人形象

〔苏联〕L. I. アリバウム著，加藤九祚訳《古代
サマルカンドの壁画》，70 ページ図 7。

是否意在表达连焉耆这样的无名小国都来朝贡，以此说明此刻康国国王在中亚、西亚的政治影响力。不过，如果是这样的话，显然完全弄错了焉耆与唐政府之间的关系。而且，这很可能是有意为之的，与上述把唐朝使团视作朝贡一般。

大使厅西壁壁画人物编号 24、25（图 4-30）头戴羽冠[1]，影山悦子认为此二者是高丽人形象，表现的并非历史的真实人物，而是借用了中国壁画中表

---

[1] 按，鸟羽冠的人物形象因见于唐章怀太子墓道东壁客使图中，一直是学界关注的问题。如，王仁波：《从考古发现看唐代中日文化交流》，《考古与文物》1984 年第 3 期，第 104 页；云翔：《唐章怀太子墓壁画客使图中"日本使节"质疑》，《考古》1984 年第 12 期，第 1142～1144、1141 页；〔日〕西谷正：《唐章怀太子李贤墓〈礼宾图〉的有关问题》，马振智译，《陕西历史博物馆馆刊》第 4 辑，西安：西北大学出版社，1997 年，第 272～277 页；王维坤：《唐章怀太子墓壁画"客使图"辨析》，《考古》1996 年第 1 期，第 65～74 页，后收入所撰《中日文化交流的考古学研究》，西安：陕西人民出版社，2002 年，第 323～357 页；影山悦子：《サマルカンド壁画に見られる中国絵画の要素について：朝鮮人使節はワルフマーン王のもとを訪れたか》，《西南アジア研究》49 号，1998 年，17～33 ページ；杨瑾：《唐章怀太子李贤墓〈客使图〉戴鸟羽冠使者之渊源》，《中国国家博物馆馆刊》2018 年第 7 期，第 77～87 页等。有关朝鲜半岛鸟羽冠的研究可参咸舜燮：「关于古代冠的分类体系考察」，『古代研究』8，古代研究会，2001 年 6 月 30 日，第 39～61 页等。

现外国使节的惯用画法[1]。但是，实际情况是，在唐朝军事系统中有不少朝鲜半岛移民，且高慈、高崇德、高足西等人均隶属于左豹韬卫[2]。

还需要注意的是，唐朝使臣他们佩带长剑的方式无一例外地是发源于西亚的双附耳佩带法，包括上述吐蕃、焉耆以及高丽使臣在内，而这是典型的中亚、西亚的刀剑佩带方式[3]。

如果综合考虑这些因素，则唐朝使团很可能就来自当时唐朝在中亚的军队。

四、以枪为硬寨

大使厅西壁壁画除了人物之外，还画有立杆（图 4-31）。其中右边（即西壁北侧）立杆的数目为十（图 4-32），如上所述，德国学者 M. 莫德认为代表的是西突厥十姓部落（十设），即左五咄陆、右五弩失毕的意思，他们在右上方的西突厥可汗统治之下；左边（即西壁南侧）的立杆数为九，代表"昭武九姓"，以象征左上方的拂呼缦在粟特联盟中的地位。这组画面表现了康国在

[1]　影山悦子：《サマルカソド壁画に見られる中国絵画の要素において——朝鮮人使節はワルフマソ王のもとを訪れたか》，《西南アジア研究》49 号，1998 年，17 ～ 33 ページ；中译文详见〔日〕影山悦子：《撒马尔罕壁画所见中国绘画因素——朝鲜使节是否在拂呼缦王治时到访》，王东译，罗丰主编《丝绸之路考古》第 3 辑，第 167 ～ 178 页；Etsuko Kageyama, "A Chinese way of depicting foreign delegates discerned in the wall paintings of Afrasiab", in *Iran. Questions et connaissances. Vol. I. La période ancienne, testes réunis par Ph. Huyse, Studia Iranica*, cahier 25, pp.313-327.

[2]　蒙曼：《唐朝军事系统中的朝鲜半岛徙民》，《中央民族大学学报》（哲社版）2007 年第 2 期，第 35 ～ 41 页。按，B. I. 马尔萨克认为在公元 645 年唐太宗征高丽的战争中，许多高丽武士被唐朝俘虏；其中两千五百名军官受唐朝招抚，各自获得新的军衔，为大唐帝国服役。详见 B. I. Marshak, "Remarks on the Murals of the Ambassadors Hall", in *Rivista degli studi orientali, Nuova Serie, Vol.78, Suppl. No.1: Royal Naurūz in Samarkand: Proceedings of the Conference Held in Venice on the Pre-islamic Paintings at Afrasiab (2006)*, Roma, pp.75-85; 此据〔俄〕马尔萨克：《突厥人、粟特人与娜娜女神》，毛铭译，第 56 页。

[3]　孙机：《玉具剑与璏式佩剑法》，原载《考古》1985 年第 1 期，第 57 ～ 59 页；此据所撰《中国圣火——中国古文物与东西文化交流中的若干问题》，第 36 ～ 39 页。

图 4-31　大使厅西壁壁画南侧立杆局部 L. I. 阿尔鲍姆摹本及线图（1975 年）

〔苏联〕L. I. アリバウム著，加藤九祚訳《古代サマルカンドの壁画》，16 ページ図 8。

粟特地区的核心地位和西突厥可汗的统治权 [1]。后来，M. 莫德又进而推测：西壁突厥墙的右侧（即西壁北侧）有十一支长矛，很可能暗示突厥的十个部落，而中间那把长矛则象征着突厥可汗本人。这是一个富有想象力的判断，遗憾的是缺乏应有的论证。

从大使厅西壁壁画的保存现状来看，原先很可能有上、中、下三层绘画，现在仅残存中、下两层（见图 4-2）。显然，后二者要表现的总体基调迥异，

---

[1]　M. Mode, *Sogdien und die Herrscher der Welt, Türken, Sasaniden und Chinesen in Historiengemälden des 7. Hahrhunderts n. Chr. Aus Alt-Samarqand [=Europäische Hochschulschriften. Reihe. XXVII. Kunstgeschichte. Bd. 162]*, p.29. 此上 M. 莫德观点的总结引自荣新江：《粟特与突厥——粟特石棺图像的新印证》，所撰《中古中国与粟特文明》，第 371 页。

1　　　　　　　　　　　　　　2

图 4-32　大使厅西壁壁画北侧立杆局部 L. I. 阿尔鲍姆摹本及线图（1975 年）

〔苏联〕L. I. アリバウム著，加藤九祚訳《古代サマルカンドの壁画》，44 ページ图 41、113 ページ图 22。

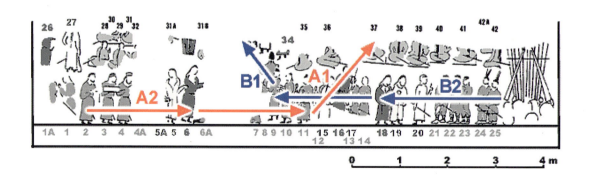

图 4-33　大使厅西壁壁画下层人物行进方向示意（M. 莫德制图）

http://www.orientarch.uni-halle.de/ca/afras/text/wgroups.htm.

下层表现的是捧持贡物往壁画中央朝壁面上方行进的场景，以人物队列行走的形式来表现。这一点 M. 莫德曾有图示（图 4-33）。而中层表现的则是宴饮的场景，以人物席地宴坐的形式来表现。某种意义上，该壁面壁画中南北两侧的立杆将行进和宴坐的场景区隔开，从而使得下层的行进场域为外景，中层宴坐的场域为内景，而南北两侧的立杆则是从外景进入内景的通道——门。换言之，南北两侧立杆构成了西壁壁画场景的内、外之分。

那么，应该怎样理解大使厅西壁壁画南北两侧的立杆？如果从内亚政治文化传统的延续性着手进行分析，便可以给我们提供明晰的线索。

《多桑蒙古史》描述弗朗西士派教士使团觐见拔都的情形：

> 蒙古官询其（弗朗西士派教士使团）来意后，引之赴拔都帐。先率之逾两火间，祓除不祥。火旁植二矛，矛上悬绳，绳上系布片，凡人畜衣物必经过其下，同时有两妪在两旁诵咒洒水。诸教士等至帐前，蒙古官命其三屈左膝，勿触门阈。[1]

拔都帐外立的这两支矛，显然标识着通过二者连线的地带便正式进入拔都帐的范围，所以才要在二矛之间燃火以祓除不祥。换言之，帐外所立之二矛，确实是从外进入大帐内部范围的通道的标识。至于为何以矛为标识，则恐怕还得从游牧民族的行营驻跸制度入手。

在辽朝的传统中，有最高统治者于驻跸之处设立标识的做法。《辽史·刑法志上》应历十六年（966 年）载：

> 谕有司："自先朝行幸顿次，必高立标识以禁行者。比闻楚古辈，故低置其标深草中，利人误入，因之取财。自今有复然者，以死论。"[2]

此文中的"先朝"，既可理解为穆宗以前的皇帝，也可理解为耶律氏秉国之前

---

[1]　〔瑞典〕多桑：《多桑蒙古史》第二卷第四章，冯承钧译，上海书店出版社，2001 年，第 237 页。

[2]　〔元〕脱脱等：《辽史》，第 1039～1040 页。

的遥辇时期。总之，这种皇帝或大汗行幸停留、宿营之处一定要高高立起标识物，以防路人接近的做法，是传统做法[1]。

辽朝的"捺钵"虽可译为"行在"，但与中原王朝皇帝的"行在"或"行宫""行营"却大不同。"捺钵"是契丹语的译音，其本义为行宫、行营、行帐。自辽代以来，被引申为指称帝王的四季渔猎活动，即所谓的"春水秋山，冬夏捺钵"，合称"四时捺钵"。至于四时捺钵的地点，自辽代中期以后便大体固定下来。捺钵的禁卫法制十分森严，毡车为营，硬寨为宫，贵戚为侍卫，着帐户为近侍，武臣为宿卫，亲军为禁卫，百官轮番为宿直，以警卫皇帝的安全。

关于冬捺钵中皇帝行宫幕帐的形制规模，元人所撰《辽史》卷三二《营卫志中》"冬捺钵"条留下了珍贵的实录：

> 皇帝牙帐以枪为硬寨，用毛绳连系。每枪下黑毡伞一，以芘（庇）卫士风雪。枪外小毡帐一层，每帐五人，各执兵仗为禁围。南有省方殿，殿北约二里曰寿宁殿，皆木柱竹榱，以毡为盖，彩绘韬柱，锦为壁衣，加绯绣额。又以黄布绣龙为地障，窗、槅皆以毡为之，傅以黄油绢。基高尺余，两厢廊庑亦以毡盖，无门户。省方殿北有鹿皮障，帐次北有八方公用殿。寿宁殿北有长春帐，卫以硬寨。宫用契丹兵四千人，每日轮番千人祗直。禁围外卓枪为寨，夜则拔枪移卓御寝帐。周围拒马，外设铺，传铃宿卫。[2]

矛，在长杆的一端装有青铜或铁制成的枪头，与"枪"无异。于此，我们也就明晰上引拔都帐外立两支矛意在表示硬寨。

从复原图（见图4-32：2）可知，细杆的上端为枪头，即细杆应为枪。这些枪之间用细绳连系成一栅栏状立面，应可判断这表示的便是上引《辽史·营卫志中》中的硬寨。换言之，大使厅西壁壁画南北两侧的立杆表示的便是游牧民族"以枪为硬寨"的牙帐制度。具体言之，如果大使厅西壁壁画表现的与粟特王或突厥可汗有关，那便可明确这就是上引文中所谓"禁围外卓枪为寨"，

---

[1] 葛华廷：《辽代四楼研究》，《北方文物》2008年第4期，第94页。

[2] 〔元〕脱脱等：《辽史》卷三二《营卫志中》，第425页。

亦即两侧细杆的上侧壁面空间表示的是禁围牙帐的内部。此外，如果从该壁面朝东来看，可以说所谓"上侧空间"便是该壁面南北两侧细杆所范围的西侧禁围空间。

那么，西壁上层壁画会描绘什么内容呢？

五、坐冬议事

大使厅西壁的壁画上层内容为何？该壁面要表现什么意蕴？下层的朝贡（赍赐）场景与中层的宴坐场景缘何可以有机地出现在同一画面中？同样地，对该壁面内容的理解还得借助于内亚政治文化传统的延续性。

《三朝北盟会编》卷一四载：

> 〔阿骨打〕是日已立契丹拔纳行帐，前列契丹旧阁门官吏，皆具朝服，引唱舞蹈大作朝见礼仪，每入帐门，谓之上殿。[1]

于此，可进一步确定大使厅西壁南北两侧立杆表示的是帐门，它起着分割空间的礼仪功能 [2]。该帐门连线以上部分应即所谓的"殿"；而帐门连线以下部分，即大使厅西壁壁画下层表现的是"诸国"上殿礼贡。波斯、唐朝诸国捧持贡物礼贡康国国王的场景，此已为西壁壁画上第 27 号人物袍服上的粟特语题铭所证明。

前引《多桑蒙古史》描述弗朗西士派教士觐见拔都时，记载了拔都大帐内

---

[1] 〔宋〕徐梦莘：《三朝北盟会编》卷一四·政宣上帙十四引宋马扩《茅斋自序》，上海古籍出版社，1987 年，第 17 页。

[2] 按，如《辽史·礼志》记载的诸多朝仪中，"洞门""阁门""便门"出现的频率很高。它们的名称实际上体现了其所处礼仪性建筑的差别，证实了辽朝朝仪举行地点的不固定性。同时，这些名称不同的门不仅在辽朝的朝会、朝觐、封册等多种仪式上发挥了分割空间的礼仪功能，而且还透露出诸多国家礼仪举行地点的信息，反映了辽代朝礼在仪式形式和内容意涵等方面的制度特色。详见李月新：《〈辽史·礼志〉载诸"门"探析》，《赤峰学院学报》(汉文哲社版)2019 年第 7 期，第 1～5 页。

部的布局：

> 蒙古官询其（弗朗西士派教士）来意后，引之赴拔都帐。先率之逾两火间，祓除不祥。火旁植二矛，矛上悬绳，绳上系布片，凡人畜衣物必经过其下，同时有两妇在两旁诵咒洒水。诸教士等至帐前，蒙古官命其三屈左膝，勿触门阈。及入帐，见拔都坐高台上，妃一人随侍于侧。诸宗室官吏等坐于帐之中央。位卑者则在诸人之后，列坐地下，男左女右。传教师等跪致词毕，呈所赍书，请译人译之。拔都命为之帐左。缘帐右为大汗使者列坐之处也。[1]

引文中"诸宗室官吏等坐于帐之中央。位卑者则在诸人之后，列坐地下"的布局与大使厅西壁壁画中层内容大同。如此，大使厅西壁壁画的上层内容是否即如"拔都坐高台上"？

关于大使厅西壁壁画中层的宴坐场景，B. I. 马尔萨克描述道：在大使厅西壁中心狮子宝座下的突厥达干们是面对观众的，不像西壁左侧中部坐成一排饮酒的突厥武士那样背影整齐。形成反差的是，在壁面中心处有一对突厥武士正面面相觑。所以突厥武士之间窃窃私语的场景，在中心上部和左侧中部同时呈现，只不过中心上部已经部分残损，而左侧中部历历可见。在左侧下部有些空荡荡的空间，应该是留给什么人物的[2]。所谓"饮酒"和"窃窃私语"的神态，正是宴饮和议论事情的表现。

对此，F. 葛乐耐也持相同意见，其根据是 13 世纪阿拉伯博物学家喀兹维尼（Qazwinni）在《宇宙宝典》里描述的波斯新年国王举办听政大会的细节、12 世纪伊本·巴尔基（Ibn'l-Balkhi）在《法斯纳玛》（*Faysnama*）长诗

---

[1]　〔瑞典〕多桑：《多桑蒙古史》第二卷第四章，冯承钧译，第 237 页。

[2]　B. I. Marshak, "Remarks on the Murals of the Ambassadors Hall", in *Rivista degli studi orientali, Nuova Serie, Vol.78, Suppl. No.1: Royal Naurūz in Samarkand: Proceedings of the Conference Held in Venice on the Pre-islamic Paintings at Afrasiab (2006)*, Roma, pp.75-85; 此据〔俄〕马尔萨克：《突厥人、粟特人与娜娜女神》，毛铭译，第 61 页。

中描述的国王听政大会场面，以及阿拉伯学者伊本·穆卡法（Ibnal Muqaffa，724—759 年）在其编译的《王冠之书》中揭示的波斯"王中之王"在诺鲁孜节举办听政大会的描述，因此，F. 葛乐耐认为大使厅西壁壁画体现出史料证据和考古图像证据的相互支持[1]。即，大使厅西壁壁画表现的是粟特王拂呼缦听政的场景。

既如此，听政、议政和礼贡的场面是因何有机地出现在同一画面的？

康国早有冬宫、夏宫的制度，考古也已经确定其所在地点。2004 年，在锡尔河支流阿雷西河畔库勒塔佩遗址发现 15 块康居国粟特文黏土砖。这里水草丰美，并发现粟特铭文，当即康居王冬都"蕃内地"。康居王夏宫"乐越诺地"在今锡尔河中游北岸讹答剌城附近。此城与康居王冬都"蕃内地"（今库勒塔佩）直线距离约 134 里，与《汉书·西域传》说康居两王庭相距"一百五十九里"完全相符[2]。

如此，我们还是继续顺着上文言及的辽朝冬捺钵的思路寻找线索。《辽史·营卫志中》记载辽朝："春捺钵：曰鸭子河泺。皇帝正月上旬起牙帐，约六十日方至。天鹅未至，卓帐冰上，凿冰取鱼。冰泮，乃纵鹰鹘捕鹅雁。……弋猎网钓（钩），春尽乃还。""夏捺钵：无常所，多在吐儿山。……四月中旬起牙帐，卜吉地为纳凉所。五月末旬、六月上旬至。居五旬，与北南臣僚议国事，暇日游猎。七月中旬乃去。""秋捺钵：曰伏虎林。七月中旬自纳凉处起牙帐，入山射鹿及虎。""冬捺钵：曰广平淀。……其地饶沙，冬月稍暖，牙帐多于此坐冬。与北、南大臣会议国事，时出校猎讲武，兼受南宋及诸国礼贡。"[3] 据宋人说，大约从金熙宗天眷二年（1139 年）起，金朝捺钵开始形成较为完备的制度："是冬，金主宣谕其政省：自今四时游猎，春水秋山，冬夏捺钵，并

[1] F. Grenet, "What was the Afrasyab Painting About?", in *Rivista degli studi orientali, Nuova Serie, Vol.78, Suppl. No.1: Royal Naurūz in Samarkand:Proceedings of the Conference Held in Venice on the Pre-islamic Paintings at Afrasiab (2006)*, Roma, pp.43-58; 此据〔法〕葛乐耐：《撒马尔罕大使厅壁画都说了什么？》，毛铭译，所撰《驶向撒马尔罕的金色旅程》，第 37 页。

[2] 林梅村：《中亚锡尔河北岸的康居王庭》，《西域研究》2017 年第 3 期，第 71～81 页。

[3] 〔元〕脱脱等：《辽史》卷三二，第 423～425 页。

循辽人故事。"[1] 但是，金朝的春水秋山不像辽朝的四时捺钵那么典型和严格，虽有"春山秋水，冬夏捺钵"之说，实际上只有春水和驻夏时间较长，也比较有规律，所谓"秋山"是指驻夏期间的围猎活动[2]。总之，"与北、南大臣会议国事，时出校猎讲武"，以及"兼受南宋诸国礼贡"是辽朝冬捺钵的主要活动内容。

众所周知，贵日崇东是内亚的共同习俗，这集中表现在居所、葬所[3] 以及祭祀、宗教建筑[4] 等方面。

契丹人"好鬼而贵日"，实是以太阳为自然崇拜，贵日崇东，"以其所居为上京，起楼其间，号西楼，又于其东千里起东楼，北三百里，南木叶山起南楼，往来射猎四楼之间。每月朔旦，东向而拜日，其大会聚、视国事，皆以东向为尊，四楼门屋皆东向"[5]。

《薛映行程录》记载辽上京：

> 入西门，门曰金德，内有临潢馆。子城东门曰顺阳，入门北行至景福门，又至承天门，内有昭德、宣政二殿，皆东向，其毡庐亦皆东向。[6]

《辽史》卷三七《地理志》亦载："入西门，门曰金德，内有临潢馆。子城东门曰顺阳。北行至景福门，又至承天门，内有昭德、宣政二殿与毡庐，皆东向。"[7]

---

[1] 〔宋〕李心传编撰《建炎以来系年要录》卷一三三，绍兴九年（1139 年）冬，胡坤点校，北京：中华书局，1988 年，第 2142 页。《大金国志》卷一一《熙宗孝成皇帝三》将此事记于皇统三年（1143 年）。详见〔宋〕宇文懋昭撰，崔文印校证《大金国志校证》，北京：中华书局，1986 年，第 166 页。不过，刘浦江认为不可信从。详见刘浦江：《金朝初叶的国都问题——从部族体制向帝制王朝转型中的特殊政治生态》，原载《中国社会科学》2013 年第 3 期，第 178 页脚注②；此据所撰《宋辽金史论集》，北京：中华书局，2017 年，第 56 页脚注①。

[2] 刘浦江：《金朝初叶的国都问题——从部族体制向帝制王朝转型中的特殊政治生态》，原载《中国社会科学》2013 年第 3 期，第 177 ～ 179 页；此据所撰《宋辽金史论集》，第 55 ～ 58 页。

[3] 罗丰：《北方系青铜文化墓的殉牲习俗》，《考古学报》2018 年第 2 期，第 183 ～ 200 页。

[4] 详见本书第三章"刺鹅荐庙：大使厅南壁壁画研究"。

[5] 〔宋〕欧阳修：《新五代史》卷七二《四夷附录》，北京：中华书局，1974 年，第 888 页。

[6] 〔清〕徐松辑《宋会要辑稿》，北京：中华书局影印本，1957 年，第 7696 页。

[7] 〔元〕脱脱等：《辽史》，第 500 页；〔宋〕李焘：《续资治通鉴长编》卷八八，第 2015 页。

行文虽有异而意同。

《辽史》卷五五《仪卫志·国舆》载："《腊仪》，皇帝降舆，祭东毕，乘马入猎围。瑟瑟仪，俱乘马东行，群臣在南，命妇在北。"[1]

综上，足见大使厅西壁正对大厅入口，应为大厅的主壁。

北宋出使过辽的官员也曾见过辽冬捺钵的宫帐。如，宋哲宗元祐六年（1091年）彭汝砺使辽至广平淀，彭氏有《广平甸》一诗，对冬捺钵的情形进行了详细描述。其诗序写道：

> 广平甸，谓虏地险，至此广大而平易云。初至单于行在，其门以芦箔为藩垣，上不去其花以为饰。其上谓之羊箔门。作山棚，以木为牌，左曰紫府洞，右曰桃源洞，总谓蓬莱宫，殿曰省方殿。[2]

大使厅西壁壁画宴坐场景分作左右（南北）两侧，与上述辽朝冬捺钵宫帐的布局同。

综上，可进一步推定大使厅西壁壁画表现的内容与辽朝之冬捺钵有似。那么，为何在壁画的中层宴坐的主角是突厥人呢？此应与当时康国的政治背景有关。

公元631年，唐太宗灭东突厥。公元658年，唐高宗灭西突厥，设立康居都督府。在这种时代背景下，西壁的主座不可能是突厥可汗。因此，M. 莫德对西壁主角的复原方案显然是有问题的。西壁壁画上第27号人物袍服上的粟特语题铭也证明下层壁画所绘人物是来朝觐当时的康国国王拂呼缦（Varxuman）。那么，西壁壁画上层的主角应该就是时为康国国王的拂呼缦。在F. 葛乐耐和F. 欧里的复原方案中，大使厅西壁壁画上层便是端坐于王座之上的拂呼缦，王座前绘有一对活狮（见图4-5）。

---

[1] 〔元〕脱脱等：《辽史》，第1001页。

[2] 〔宋〕彭汝砺：《鄱阳先生文集》，《宋集珍本丛刊》第24册，北京：线装书局，2004年，第82页。按，彭氏《广平甸》诗（第82页）云："四更起趁广平朝，上下沙陁道路遥。洞入桃源花点注，门横苇箔草萧条。时平主客文何缛，地大君臣气已骄。莫善吾皇能尚德，将军不用霍嫖姚。"

既然大使厅西壁壁画表现的是"以枪为硬寨"的牙帐制度，那根据该制度，其上层壁画的主要内容应该有表现"王"所居之牙帐，即帐篷（帐幕）。

公元 658 年大唐帝国征服了西突厥之后，起用联盟的突厥贵族来治理西域的政治和军事[1]。此刻，不管是东突厥，还是西突厥可汗弥射（？—662 年）和步珍，他们都不再是欧亚草原的霸主，而是大唐帝国受封的将军。此刻他们都不再有主权对粟特王晋封或贬黜，因此，没有一个突厥统治者可以占据西壁的主尊位置[2]。尽管西壁主座不是突厥可汗，但是当时康国王室与突厥可汗的关系，使得突厥仍然得以进入其高层，参与议政。

《隋书·康国传》载：

〔康国〕王字代世毕，为人宽厚，甚得众心。其妻图距达度可汗女也。……婚姻丧制与突厥同。[3]

又《旧唐书·康国传》载：

隋炀帝时，其王屈术支娶西突厥叶护可汗女，遂臣于西突厥。武德十年，屈术支遣使献名马。贞观九年，又遣使贡狮子，太宗嘉其远至，命秘书监虞世南为之赋，自此朝贡岁至。十一年，又献金桃、银桃，诏令植之于苑囿。万岁通天年，则天封其大首领笃婆钵提为康国王，仍拜左骁卫大将军。钵寻提卒，又册其子泥师师为康国王。师师以神龙中卒，国人又立突昏为王。开元六年，遣使贡献锁子甲、水精杯、马脑瓶、驼鸟卵及越诺

---

[1] 〔法〕葛乐耐：《粟特人的自画像》，毛铭译，荣新江、华澜、张志清主编《法国汉学》第 10 辑 "粟特人在中国——历史、考古、语言的新探索"，第 310 页。F. Grenet, "The Self-Image of the Sogdians", in *Les Sogdiens en Chine*, pp.123-140;〔法〕葛乐耐：《驶向撒马尔罕的金色旅程》，毛铭译，第 15 页。

[2] B. I. Marshak, "Remarks on the Murals of the Ambassadors Hall" ,in *Rivista degli studi orientali, Nuova Serie, Vol.78, Suppl. No.1: Royal Naurūz in Samarkand: Proceedings of the Conference Held in Venice on the Pre-islamic Paintings at Afrasiab (2006)*, Roma, pp.75-85; 此据〔俄〕马尔萨克：《突厥人、粟特人与娜娜女神》，毛铭译，第 62 ～ 63 页。

[3] 〔唐〕魏征：《隋书》卷八三，第 1848 ～ 1849 页。按，《通典》一九三《康国》亦称康国 "婚姻丧葬与突厥同"。〔唐〕杜佑：《通典》，王文锦等点校，第 5256 页。

之类。十九年，其王乌勒上表，请封其子咄曷为曹国王，默啜为米国王，许之。二十七年，乌勒卒，遣使册咄曷袭父位。天宝三年，又封为钦化王，其母可敦封为郡夫人。十一载、十三载，并遣使朝贡。[1]

　　总之，大使厅并非宗教性建筑，所以西壁壁画上层主座上并不一定是神祇，亦即并非中亚建筑内部西壁惯常设置的娜娜女神。大使厅西壁壁画下部所绘众人的形态亦非酹神、祭谢之状，可以排除西壁上部为神祇。因此，F. 葛乐耐认为，在这么画的时候，撒马尔罕的画家们可能保留了一些前人的模式，描绘了撒马尔罕国王在他的朝廷听政的场景。西壁的上半部极有可能如南壁一样，画着巨大的当地国王拂呼缦自己的像[2]。

　　要言之，西壁壁画的主题是议政、纳贡，与冬捼钵的内容一致。亦即表现绘于壁画上层中，坐在主座上的粟特王拂呼缦在冬宫坐冬议政、纳贡的情景。

---

[1]　〔后晋〕刘昫等：《旧唐书》卷一四八，第 5310 ～ 5311 页。

[2]　〔法〕葛乐耐：《粟特人的自画像》，毛铭译，荣新江、华澜、张志清主编《法国汉学》第 10 辑
　　　"粟特人在中国——历史、考古、语言的新探索"，第 309 ～ 310 页。F. Grenet, "The Self-Image of
　　　the Sogdians", in *Les Sogdiens en Chine*, pp.123-140；〔法〕葛乐耐：《驶向撒马尔罕的金色旅程》，
　　　毛铭译，第 13 ～ 14 页。

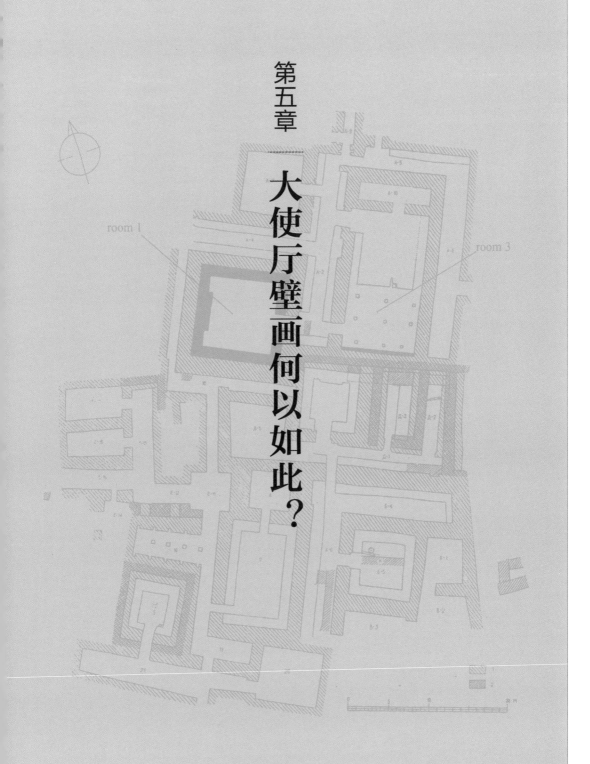

第五章

大使厅壁画何以如此？

　　大使厅为何会在四壁绘制壁画？其四壁壁画内容、主题有无内在的关联？这是历来学者所关注的，也是我们现在需要考察的问题。

　　1994 年，B. I. 马尔萨克（B. I. Marshak）、M. 萨多斯卡 - 达金（Malgoržata Sadowska-Daguin）以及 F. 葛乐耐（F. Grenet）等三位学者合作撰文认为，公元 8 世纪康国国王拂呼缦宫廷壁画表现的是其权力的各种来源：西壁用外国来使表示对神祇与正义的保护；北壁展现中国人的力量和生活方式，这是他政治上和商业上的伙伴；南壁表现王朝的祖宗信仰，用新年的出行来体现；东壁已残，估计所绘是天下四方的神祇[1]。不过，我们已经明确大使厅东壁所绘并非天下四方之神祇。因此，B. I. 马尔萨克等人对大使厅壁画性质的判定需要重做考量。

　　意大利考古学家 C. S. 安东尼尼（Chiara Silvi Antonini）把大使厅的四壁都看成是波斯新年诺鲁孜的庆贺场面[2]。2004 年，意大利学者 M. 康马泰（Matteo Compareti）和 S. 克里斯托弗拉提（S. Cristoforetti）撰文认为，大使厅四面墙壁的主题不是零散、随机的，是经过整体规划的，描绘了同一个大的主题，即庆祝拂呼缦收到唐高宗册封，升任粟特九国之主，在波斯新年里接受各国使臣来贺。他们认为南壁粟特墙和北壁唐朝墙画面之间存在潜在的关联，二者天文历法日期是同步的。即，南壁和西壁是在庆贺粟特的波斯新年诺鲁孜节，北壁

[1]　B. I. Marshak, Malgoržata Sadowska-Daguin and F. Grenet, "Le programme iconographique des peintures de la «Salle des ambassadeurs» à Afrasiab (Samarkand)", *Arts Asiatiques*, Tome 49 , 1994, pp. 5-20.

[2]　Chiara Silvi Antonini, "The Paintings in the Palace of Asfrasiab (Samarkand)", in *Rivista degli studi orientali*, Vol. 63, Fasc. 1/3 (1989), pp. 109-144.

是庆贺唐代端午节，而在唐高宗时期（677 年）这两个节日恰好是同一天 [1]。

但是，正如 B. I. 马尔萨克指出的那样，一个特别的唐朝端午节节庆场面不会成为留存多年的大使厅壁画的主题之一 [2]。同样地，诺鲁孜节也不会成为大使厅壁画的主题。大使厅四个壁面的壁画内容之间应该另有一个更为紧密的内在关联。这个关联是什么？

尽管诸家观点有异，大家所认同的是大使厅四壁是一个整体，反映的是粟特国王拂呼缦在位期间（650—659 年）中亚的政治格局 [3]。

那么，事实是如此吗？大使厅壁画的表达结构又是如何出现的？

一、西亚、中亚的传统

《通典》卷一九三《何国》记载：

> 何国，隋时亦都那密水南数里，亦旧康居地也。其王姓昭武，亦康国之族类。国城楼北壁画华夏天子，西壁则画波斯、拂菻诸国王，东壁则画

---

[1] M. Compareti, S. Cristoforetti, "Proposal for a New Interpretation of the Northern Wall of the «Hall of the Ambassadors» at Afrasyab", in *Central Asia from the Achaemenids to the Timurids: Archaeology, History, Ethnology, Culture. Materials of an International Scientific Conference Dedicated to the Centenary of Aleksandr Markovich Belenitsky,* ed. by V. P. Nikonorov, p.216; Online publication (2004) at: http://www. cinaoggi.it/storia/tipica-festa-cinese.htm;〔意〕康马泰、克里斯托弗拉提：《撒马尔罕大使厅壁画上的唐代端午节》，康马泰：《唐风吹拂撒马尔罕：粟特艺术与中国、波斯、印度、拜占庭》，毛铭译，第 13 ~ 15 页。

[2] B. I. Marshak, "Remarks on the Murals of the Ambassadors Hall", in *Rivista degli studi orientali, Nuova Serie, Vol.78, Suppl. No.1: Royal Naurūz in Samarkand:Proceedings of the Conference Held in Venice on the Pre-islamic Paintings at Afrasiab (2006),* Roma, pp.75-85; 此据〔俄〕马尔萨克：《辉煌的撒马尔罕大使厅壁画》，毛铭译，所撰《突厥人、粟特人与娜娜女神》，第 61 页。

[3] F. Grenet, "What was the Afrasyab Painting About?", in *Rivista degli studi orientali, Nuova Serie, Vol.78, Suppl. No.1: Royal Naurūz in Samarkand:Proceedings of the Conference Held in Venice on the Pre-islamic Paintings at Afrasiab (2006),* Roma, pp.43-58; 此据〔法〕葛乐耐：《撒马尔罕大使厅壁画都说了什么？》，毛铭译，所撰《驶向撒马尔罕的金色旅程》，第 24 页。

突厥、婆罗门诸国王。胜兵千人。其王坐金羊座。风俗与康国同。东去曹国百五十里，西去小安国三百里，东去瓜州六千七百五十里。大业中及大唐武德、贞观中，皆遣使来贡。[1]

记载何国城楼北壁绘华夏天子（即唐朝皇帝），西壁画波斯、拂菻诸国王，东壁则画突厥、婆罗门诸国王。此事《新唐书》卷一六四下《西域下》载：

> 何，或曰屈霜你迦，曰贵霜匿，即康居小王附墨城故地。城左有重楼，北绘中华古帝，东突厥、婆罗门，西波斯、拂菻等诸王，其君旦诣拜则退。贞观十五年（641年），遣使者入朝。永徽时上言："闻唐出师西讨，愿输粮于军。"俄以其地为贵霜州，授其君昭武婆达地刺史。遣使者钵底失入谢。[2]

亦载粟特何国城左重楼北绘中华古帝，东突厥、婆罗门，西波斯、拂菻等诸王。只不过将《通典》所述"国城楼"改作"城左有重楼"，径直指出该城楼的建筑形式为"重楼"，而其方位为"城左"，即在何国城东。

关于撒马尔罕壁画中诸国王方位的相关描述，1993年，M. 莫德（M. Mode）在所撰《粟特与世界的统治者》中曾有强调[3]。2004年，F. 葛乐耐根据上引史载以及波斯史书《法斯纳玛》（6世纪）、波斯《卡纳玛吉·阿达希尔》（8世纪）、粟特文摩尼教文书残片（6世纪—7世纪初）中的相关资料（表5-1），判定在建筑内部四壁绘画四个方位的国王是西亚的文化传统，粟特即撒马尔罕

---

[1] 〔唐〕杜佑：《通典》卷一九三《何国》，王文锦等点校，第5257页。

[2] 〔宋〕宋祁、欧阳修：《新唐书》卷一六四下《西域下》，第6247页。

[3] M. Mode, *Sogdien und die Herrscher der Welt. Türken, Sasaniden und Chinesen in Historiengemälden des 7. Hahrhunderts n. Chr. Aus Alt-Samarqand [=Europäische Hochschulschriften. Reihe XXVII. Kunstgeschichte, Bd. 162]*, pp.98-104；〔法〕葛乐耐：《驶向撒马尔罕的金色旅程》，毛铭译，第7页脚注①。

的国王们完全遵循着既有的萨珊传统[1]。

表 5-1　史载中亚、西亚建筑内部四壁绘画四个方位国王的情况[2]

波斯史书《法斯纳玛》 （6 世纪）	西：拜占庭人	北：哒哒人 南：波斯人	东：中国人
波斯《卡纳玛吉·阿达希尔》 （8 世纪）	西：拜占庭人	北：突厥人 南：波斯人	东：印度人（喀布尔）
粟特文摩尼教文书残片 （6 世纪—7 世纪初）	西：波斯人	北：蠕蠕可汗 南：撒马尔罕王	东：印度人
屈霜你迦（何国）亭子 （7 世纪早期）	西：波斯人 + 拜占庭人	北：中国人 南：何国君主	东：突厥人 + 印度人

可见，大使厅壁画的设计确实沿用了西亚的上述传统，在建筑内部四壁分设主题不同的壁画。

把关于唐高宗和武则天的主题设置在北壁，从中古中国"面南而王"的政治文化传统来说，似乎可以说是当时唐朝为宗主国使然。比如唐朝使臣出现在大使厅西壁画面的中轴线上，暗示了唐朝作为天朝上国的核心地位[3]。但是，

---

[1] 〔法〕葛乐耐：《粟特人的自画像》，毛铭译，荣新江、华澜、张志清主编《法国汉学》第 10 辑 "粟特人在中国——历史、考古、语言的新探索"，第 309 页；后收入所撰《驶向撒马尔罕的金色旅程》，毛铭译，第 12 页。按，两文表达略异，后者尚明确称："〔中亚出土的粟特文摩尼教残片〕证明了萨珊波斯的外国国王里包括了粟特即撒马尔罕的国王们。"

[2] 按，本表采自〔法〕葛乐耐：《粟特人的自画像》，毛铭译，荣新江、华澜、张志清主编《法国汉学》第 10 辑 "粟特人在中国——历史、考古、语言的新探索"，第 308 页表。

[3] F. Grenet, "What was the Afrasyab Painting About?", in *Rivista degli studi orientali, Nuova Serie, Vol.78, Suppl. No.1: Royal Naurūz in Samarkand:Proceedings of the Conference Held in Venice on the Pre-islamic Paintings at Afrasiab (2006)*, Roma, pp.43-58; 此据〔法〕葛乐耐：《撒马尔罕大使厅壁画都说了什么？》，毛铭译，所撰《驶向撒马尔罕的金色旅程》，第 31 页。

如果从康国尚东崇日的政治文化传统来讲，则西壁所在才是最为重要的。更为重要的是，大使厅建筑实体的方位与四壁壁画内容指代的方位不同。这又是什么原因呢?

从大使厅四壁壁画的内容来看，其北壁表达东方的唐朝，南壁表达西方中亚的康国，东壁表达南方印度，西壁则是北方的突厥占据了主要壁面。换言之，其壁面的上侧表示东方，下侧表示西方，东侧表示南方，西侧表示北方。上东、下西、左北、右南的地图方位的表达，在突厥语辞书《突厥语词汇》中的"圆形地图"也可见到[1]。突厥语辞书《突厥语词汇》，原名《底完·路阿特·突尔克》，是 11 世纪 70 年代马合木·喀什噶里 (意为喀什噶尔人马合木) 编定的。该书抄本第 21 叶之后有一幅"圆形地图"，作者称之为"达伊拉"，在阿拉伯语中意为"圆形"。这幅地图描绘出作者当时所了解的世界，也是流传到今天的最早而又最完整的中亚舆图[2]。出现上述地图方位的原因在于，在当时中国新疆、中亚地区人们的观念里，"东"所以称上，是因其为太阳上升的一方；"西"所以称下，是因为太阳下沉的一方[3]。可见，这也是与中亚崇日尚东的习俗紧密相关。在宫室的实体建筑上，他们采取朝东开门。同时，在四壁壁画布局上，他们又依照地图的四至方位来规划。这应该是大使厅建筑实际朝向与四壁壁画内容所指方位不同的原因所在。于此，我们也可以判定上表（表 5-1）也是依照地图的方位来安排相应国家的，而它们所使用的地图方位与大使厅所用者正相同。

此外,关于掌管世界的四个(或更多)国王题材的描绘,B. I. 马尔萨克和 V. I. 腊丝波波娃（V. I. Raspopova）认为在片治肯特的一所宅院里也有之。该宅院

[1] 张广达:《关于马合木·喀什噶里的〈突厥语词汇〉与见于此书的圆形地图》,所撰《张广达文集·文书 典籍与西域史地》,桂林:广西师范大学出版社,2008 年,第 53 页图。

[2] 按,相关研究可参张广达:《关于马合木·喀什噶里的〈突厥语词汇〉与见于此书的圆形地图》,原载《中央民族学院学报》1978 年第 2 期,第 29 ~ 42 页;此据所撰《张广达文集·文书 典籍与西域史地》,第 46 ~ 66 页。

[3] 〔苏联〕哈桑诺夫:《中亚地名的宝藏》,《东方地名学》文集,莫斯科,1962 年,第 34 页;此转引自张广达:《关于马合木·喀什噶里的〈突厥语词汇〉与见于此书的圆形地图》,所撰《张广达文集·文书 典籍与西域史地》,第 63 页。

一所带有谷仓的房子中发现的壁画（公元 8 世纪前 25 年），其南壁所绘的是粟特神祇 Wašagn 与 Wananč 或 Wašagn 与 Čista；北壁主神像是骑狮子的娜娜女神，其下是丰收宴饮图；东西壁也是宴饮图，描绘王家招待会，有四个国王形象出现在不同场景中 [1]。

综上所述，应可判断大使厅壁画的绘制形式是西亚、中亚的一个传统，其建筑朝向缘于当地崇日尚东的传统，而壁画以实际朝向的北为东则缘于当地地图以北为上为东的地图方位传统，后者同样也缘于他们崇日尚东的传统。时康国臣服于唐朝，该传统的延续，又恰好使得位于东方的唐朝居于北壁，呈面南而王的态势。

二、四壁壁画的内在联系

我们在论证大使厅壁画四壁的内容时，已明确将其南壁和西壁的内容分别勘同于刺鹅荐庙 [2] 和坐冬议事 [3]，即分别类同于春捺钵与冬捺钵。既如此，那么北壁、东壁壁画内容是否与四时捺钵的另两个季节活动有关联呢？

关于四时捺钵的内容，以《辽史》的记载最为系统完整。辽代的契丹人生活在西拉木伦河流域草原地带，大多仍保持着传统的游牧生活方式，他们一年四季必须适时地更换畜牧地，辽朝皇帝的四时捺钵就是这种生活方式的一个标本 [4]。《辽史》卷三二《营卫志中》记载：

> 辽国尽有大漠，浸包长城之境，因宜为治。秋冬违寒，春夏避暑，随水草就畋渔，岁以为常。四时各有行在之所，谓之"捺钵"。
>
> 春捺钵：

---

[1] 参见 B. I. Marshak, V. I. Raspopova, "Wall paintings from a house with a granary. Panjikent, 1st Quarter of the Eighth Century A.D.", *Silk Road Art and Archaeology*, Vol.1, 1990, pp.123-176, 特别是 pp.156-176、fig.26-34。

[2] 详见本书第三章"刺鹅荐庙：大使厅南壁壁画研究"。

[3] 详见本书第四章"坐冬议事：大使厅西壁壁画研究"。

[4] 刘浦江：《春水秋山——金代捺钵研究》，所撰《松漠之间——辽金契丹女真史研究》，第 328 页。

曰鸭子河泺。皇帝正月上旬起牙帐,约六十日方至。天鹅未至,卓帐冰上,凿冰取鱼。冰泮,乃纵鹰鹘捕鹅雁。晨出暮归,从事弋猎。鸭子河泺东西二十里,南北三十里,在长春州东北三十五里,四面皆沙埚,多榆柳杏林。皇帝每至,侍御皆服墨绿色衣,各备连锤一柄,鹰食一器,刺鹅锥一枚,于泺周围相去各五七步排立。皇帝冠巾,衣时服,系玉束带,于上风望之。有鹅之处举旗,探骑驰报,远泊鸣鼓(扁鼓)。鹅惊腾起,左右围骑皆举帜麾之。五坊擎进海东青鹘,拜授皇帝放之。鹘擒鹅坠,势力不加,排立近者,举锥刺鹅,取脑以饲鹘。救鹘人例赏银绢。皇帝得头鹅,荐庙,群臣各献酒果,举乐。更相酬酢,致贺语,皆插鹅毛于首以为乐。赐从人酒,遍散其毛。弋猎网钓(钩),春尽乃还。

夏捺钵:

无常所,多在吐儿山。道宗每岁先幸黑山,拜圣宗、兴宗陵,赏金莲。乃幸子河避暑。吐儿山在黑山东北三百里,近馒头山。黑山在庆州北十三里,上有池,池中有金莲。子河在吐儿山东北三百里。怀州西山有清凉殿,亦为行幸避暑之所。四月中旬起牙帐,卜吉地为纳凉所,五月末旬、六月上旬至。居五旬。与北、南臣僚议国事,暇日游猎。七月中旬乃去。

秋捺钵:

曰伏虎林。七月中旬自纳凉处起牙帐,入山射鹿及虎。林在永州西北五十里。尝有虎据林,伤害居民畜牧。景宗领数骑猎焉,虎伏草际,战栗不敢仰视,上舍之,因号"伏虎林"。每岁车驾至,皇族而下,分布泺水侧。伺夜将半,鹿饮盐水,令猎人吹角效鹿鸣,即集而射之。谓之"舐碱鹿",又名"呼鹿"。

冬捺钵:

曰广平淀。在永州东南三十里,本名白马淀。东西二十余里,南北十余里。地甚坦夷,四望皆沙碛,木多榆柳。其地饶沙,冬月稍暖,牙帐多于此坐冬,与北、南大臣会议国事,时出校猎讲武,兼受南宋及诸国礼贡。皇帝牙帐以枪为硬寨,用毛绳连系。每枪下黑毡伞一,以芘卫士风雪。枪外小毡帐一层,每帐五人,各执兵杖为禁围。南有省方殿,殿北约二里曰寿宁殿,皆木柱竹榱,以毡为盖,彩绘韬柱,锦为壁衣,加绯绣额。又以黄布绣龙为地障、窗、槅皆以毡为之，傅以黄油绢。基高尺余，两厢廊庑亦以毡盖，无门户。省方殿北有鹿皮帐，帐次北有八方公用殿。寿宁殿北有长春帐，卫以硬寨。宫用契丹兵四千人，每日轮番千人祗直。禁围外卓枪为寨，夜则拔枪移卓御寝帐。周围拒马，外设铺，传铃宿卫。

每岁四时，周而复始。

皇帝四时巡守，契丹大小内外臣僚并应役次人，及汉人宣徽院所管百司皆从。汉人枢密院、中书省唯摘宰相一员，枢密院都副承旨二员，令史十人，中书令史一人，御史台、大理寺选摘一人扈从。每岁正月上旬，车驾启行。宰相以下，还于中京居守，行遣汉人一切公事。除拜官僚，止行堂帖权差，俟会议行在所取旨、出给诰敕。文官县令、录事以下更不奏闻，听中书铨选，武官须奏闻。五月，纳凉行在所，南、北臣僚会议。十月，坐冬行在所，亦如之。[1]

这是对辽朝四时捺钵最为完整的描述。简言之，辽朝"春捺钵：曰鸭子河泺。皇帝正月上旬起牙帐，约六十日方至。天鹅未至，卓帐冰上，凿冰取鱼。冰泮，乃纵鹰鹘捕鹅雁。……弋猎网钓（钩），春尽乃还。""夏捺钵：无常所，多在吐儿山。……四月中旬起牙帐，卜吉地为纳凉所。五月末旬、六月上旬至。居五旬，与北、南臣僚议国事，暇日游猎。七月中旬乃去。""秋捺钵：曰伏虎林。七月中旬自纳凉处起牙帐，入山射鹿及虎。""冬捺钵：曰广平淀。……其地饶沙，冬月稍暖，牙帐多于此坐冬。与北、南大臣议国事，时出校猎讲武，兼受南宋及诸国礼贡。"

大使厅北壁壁画（图5-1）从左到右（自西向东）可以分作A、B、C三个单元。单元A表现的是武则天与女乐伎在龙舟之上，"龙舟鹢首，浮吹以娱"，体现的是一种娱乐休闲的情景。单元C表现的是唐高宗狩猎猎豹的过程，单元B与单元A一样，同样也有一艘船，只不过并非龙舟，乘船者有三，其中左侧两人手持条杖状物，另有一人袒露上身双手攀住船帮，似与相对之人攀谈。

---

[1] 〔元〕脱脱等：《辽史》，第423～426页。

图 5-1　大使厅北壁壁画单元分区示意

据 F. Grenet, M. Samibaev, *«Hall of the Ambassadors» in the Museum of Afrasiab (middle of the VIIth Century)*, pp.6-7. 改制。

船下水域中有两匹马，马头朝左（西），在内侧之马的臀部之后、外侧马匹的腰部内侧处的水域中有一男子，此三者身后有一男子袒露上身、手持条杖状物正屈身探步往水域内部走去。单元 B 出现裸背男子，若与单元 A 共存于同一场景，显然与礼不合。亦即，单元 A、B 表达的是不同场景。由此可以进一步断定，在单元 B 中出现的三根条杖状物应为同一物，且很可能与管驯马匹有关。同时，也益发突显单元 B 的安排之刻意和别有用心。

　　类似的条杖状物也可见于新疆吐鲁番阿斯塔那 188 号墓出土屏风画（图 5-2）、宁夏固原梁元珍墓墓道西壁牵马图（图 5-3）以及张萱《虢国夫人游春图》（图 5-4）等图像资料，可见该条杖状物应即马鞭，只不过梁元珍墓壁画所见马鞭尚缠绕有鞭绳。

　　马鞭，根据其材质而名，有"铁马鞭""金鞭"等叫法。唐崔令钦《〈教坊记〉序》载："上（玄宗）不悦，命内养五六十人，各执一物，皆铁马鞭、骨檛之属也，潜匿袖中，杂于声儿后立，复候鼓噪，当乱捶之。"[1]宋代苏东坡曾亲眼见过张萱《虢国夫人游春图》，并写诗描绘道："佳人自鞚玉花骢，

---

[1] 〔唐〕崔令钦著，任中敏笺订《教坊记笺订》，喻意志、吴安宇校理，南京：凤凰出版社，2013 年，第 33 页。

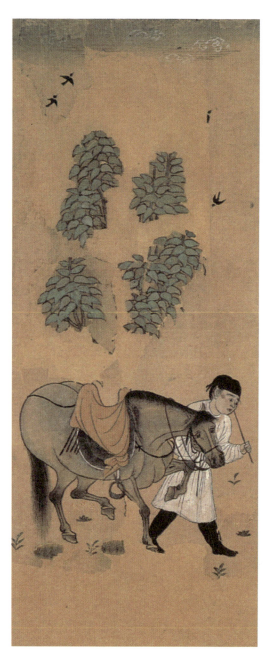

图 5-2　吐鲁番阿斯塔那 188 号墓出土屏风画

新疆文物局、上海博物馆：《新疆维吾尔自治区丝路考古珍品》，上海译文出版社，1998 年，第 179 页图 89。

图 5-3　固原梁元珍墓墓道西壁牵马图摹本

罗丰：《固原南郊隋唐墓地》，北京：文物出版社，1996 年，黑白图版图九六。

图 5-4　〔唐〕张萱《虢国夫人游春图》（宋摹本，辽宁省博物馆藏）

北京出版社：《中国传世人物画》上卷，北京出版社，2004 年，第 38 页图。

翮如惊燕踏飞龙。金鞭争道宝钗落，何人先入光明宫？"[1]

　　马鞭也有径称"鞭"的。如《旧唐书》载："〔天宝〕十载（751 年）正月望夜，杨家五宅夜游，与广平公主骑从争西市门。杨氏奴挥鞭及公主衣，公主堕马，驸马程昌裔扶主，因及数挝。公主泣奏之，上令杀杨氏奴，昌裔亦停官。"[2]

　　当然，马鞭也有其他样式的，如张萱《虢国夫人游春图》中虢国夫人所执者。

　　既然大使厅北壁壁画单元 B 中人物所持条状物为马鞭，则相关人物应为掌管养马之人。古代掌管养马放牧等事的官员为奚官，亦以"奚官"泛称养马的人。苏轼《韩干马十四匹》诗云："老髯奚官骑且顾，前身作马通马语。"[3]奚官，又称圉人。《周礼·夏官司马·圉人》载："圉人掌养马刍牧之事。"[4]唐杜甫《丹青引赠曹将军霸》诗云："至尊含笑催赐金，圉人太仆皆惆怅。"[5]《旧唐书》卷一六五《柳公绰传》载：

　　　　〔柳〕公绰马害圉人，命斩之。宾客进言曰："可惜良马，圉人自防不至。"公绰曰："安有良马害人乎？"亟命杀之。[6]

　　在赵孟頫《秋郊饮马图》（图 5-5）中，可以发现图中红衣奚官手持条状物与大使厅北壁壁画单元 B 中所见同。因此，可以进一步判断大使厅北壁壁画单元 B 中的人物为养马、管马的奚官。他们手持的条状物应即马鞭。以该形式来表现马鞭则是中古中国的传统样式[7]，这很可能寓示着大使厅北壁壁画的来源与唐王朝存在密不可分的联系。

[1] 〔清〕王文诰辑注《苏轼诗集》卷二七《虢国夫人游春图》，北京：中华书局，1982 年，第 1462 页。
[2] 〔后晋〕刘昫等：《旧唐书》卷五一《杨贵妃传》，第 2180 页。
[3] 〔清〕王文诰辑注《苏轼诗集》卷一五《韩干马十四匹》，第 768 页。
[4] 〔清〕孙诒让：《周礼正义》卷六三，北京：中华书局，1987 年，第 2633 页。
[5] 〔清〕仇兆鳌：《杜诗详注》卷一三《丹青引》，北京：中华书局，1979 年，第 1150 页。
[6] 〔后晋〕刘昫等：《旧唐书》卷一一五，第 4303 页；〔宋〕宋祁、欧阳修：《新唐书》卷一六三，第 5021 页。按，苏辙《韩干三马》诗有"圉人顿辔屹山立，未听决骤争雄雌"之语。详见〔宋〕苏辙：《栾城集》卷一五《韩干三马》，上海古籍出版社，1987 年，第 363 页。
[7] 按，中亚壁画中的马鞭皆为一端系有鞭绳的短木棍，详见本书第三章图 3-21、图 3-23。

图 5-5 〔元〕赵孟頫《秋郊饮马图》（故宫博物院藏）
http://image99.360doc.com/DownloadImg/2016/09/0123/79185328_1.jpg.

既然大使厅北壁壁画单元 B 的主要内容是奚官（圉人）和马，那么北壁壁画绘制该单元意欲何为？应该如何解读？

故宫博物院收藏有唐手卷《百马图》，描绘各种马 95 匹，牧马的奚官与圉人 41 人在一条河中及岸边洗马、戏马、驯马、饲马的场面。通过比较该图之沐马部分的画面（图 5-6），毛铭敏锐地将大使厅北壁壁画单元 B 的场景命名为"沐马图"[1]，但并没有进一步解释大使厅北壁壁画出现单元 B 的原因。

赵孟頫《浴马图》（图 5-7）为我们提供了解读该壁画单元意涵的更为直接的线索。《浴马图》是一幅全景式的人马故事画，全画由观水、入浴、出水上岸、穿衣遛马等几个部分组成，画面中共绘有 14 匹马、9 个奚官，描绘夏日疏林间，奚官在水塘为骏马洗浴纳凉的场景。奚官或洗或刷，马匹或侧或卧，各具姿态，营造了一个消夏轻松的氛围。

众所周知，马跑得太快，会导致体温增高，如果不浇水，马可能脱水昏倒。

[1] 毛民："The Art of Chinese Influence at the 'Hall of Ambassadors' in Afrasiab"，新疆吐鲁番地区文物局编《吐鲁番学研究：第二届吐鲁番学国际学术研讨会论文集》，第 446～447 页；毛民：《天马与水神》，《内蒙古大学艺术学院学报》2007 年第 1 期，第 34～38 页；毛铭：《唐高宗猎豹与武则天龙舟——解读撒马尔罕大使厅壁画》，周天游主编《丝路回音：第三届曲江壁画论坛论文集》，第 178～179 页。

图 5-6 〔唐〕佚名《百马图》之沐马部分（故宫博物院藏）

毛铭：《唐高宗猎豹与武则天龙舟——解读撒马尔罕大使厅壁画》，周天游主编《丝路回音：第三届曲江壁画论坛论文集》，北京：文物出版社，2020 年，第 178 页图 10B。

图 5-7 〔元〕赵孟頫《浴马图》（故宫博物院藏）

据北京出版社：《中国传世人物画》中卷，第 122 页图改制。

大使厅北壁壁画单元 B 中胡人（奚官）或光背或袒露上身，浸泡在水里，这与《浴马图》的表现手法类同，显然表示的也是马因天气酷热而解暑。

通过赵孟頫《浴马图》和《秋郊饮马图》的不同表现方式，可进一步判断大使厅北壁壁画单元 B 表现的是驻夏消暑的浴马场景。同时，单元 B 的绘制恐怕还有暗示同样处在水域之中的单元 A 亦为驻夏消暑的意味，这也与"龙舟鹢首，浮吹以娱"的主题相契。如此，单元 A、B 与单元 C 便共同构成驻夏消暑与狩猎的主题，而这恰恰便是夏捺钵的主要内容。

这就是为何在单元 A、C 之间要插入单元 B，其意便在点明该壁面壁画为夏天之消暑行为。而北壁壁画之所以同时出现唐高宗（单元 C）和武则天（单元 A），则缘于此时唐王朝"二圣"的政治状态，大使厅壁画的规划者巧妙地结合《穆天子传》的典故来表现这种政治形势及夏捺钵的内涵。

既然大使厅壁画的南、北、西分别与春、夏、冬捺钵的内容有关，那么其东壁壁画的内容是否与秋捺钵有关呢？

上引文载辽朝秋捺钵重在"入山射鹿及虎"。辽代的"秋山"是秋捺钵的同义词，而金代的情况则有所不同。综合金代文献来看，"秋山"有广义、狭义之分，广义的"秋山"包括春水之外的一切围猎（或称田猎、畋猎）活动，金人所说的秋山大多是这种意思；狭义的"秋山"则专指秋猎而言，不过，刘浦江认为只有《金史·章宗纪》里的"秋山"一词才是这样的概念，章宗朝九次秋猎，《金史·章宗纪》均明确称之为"秋山"，这只能当作一种特例来看待[1]。秋山围猎以射鹿为主，故赵秉文（1159—1232 年）《扈从行》有"春水围鹅秋射鹿"的说法[2]。梁襄《谏幸金莲川疏》谈到了围猎群鹿的一些情况："臣又闻，陛下于合围之际，麋鹿充牣围中，大而壮者才取数十以奉宗庙，余皆纵之，不欲多杀。"[3]总而言之，从辽金的情况来看，秋捺钵的主要内容之一便是射杀鹿及虎。其中射箭是达到最终目的的关键行为。

大使厅东壁壁画表现的是《摩诃婆罗多》中毗湿摩诞生的故事，在该故事

---

[1]　刘浦江：《春水秋山——金代捺钵研究》，所撰《松漠之间——辽金契丹女真史研究》，第 305 页。

[2]　〔金〕赵秉文：《闲闲老人滏水文集》卷三《扈从行》，北京：中华书局，1985 年，第 39 页。

[3]　〔元〕脱脱等：《金史》卷九六《梁襄传》，第 2264 页。

中，福身王最终发现恒河水被毗湿摩射箭所断流是一个最为关键的环节，这不仅表现了毗湿摩的英勇，而且福身王因此而发现、意识到毗湿摩是他的儿子，并将毗湿摩带回京城。可见，毗湿摩射箭这个情节是整个故事的一个高潮，因此，在大使厅东门南侧的壁面中，毗湿摩射箭的场面占据了画面的中心位置。从这个角度来看，我们有足够的理由认为大使厅东壁壁画突出的便是射箭的情节，而这显然与秋捺钵射杀鹿及虎的行为是一致的。换言之，我们可认为大使厅东壁壁画是以毗湿摩射箭的行为来暗指秋捺钵的内容。

这种巧用元素来表现捺钵的手法，在南壁、北壁壁画上也有之。如，南壁壁画为了表示春季，选择了天鹅；北壁壁画为了表示驻夏消暑则绘制了单元B"沐马图"。

综上，大使厅四壁壁画意在表现四时捺钵之内容，即，南壁、北壁、东壁和西壁分别对应春捺钵、夏捺钵、秋捺钵和冬捺钵。这显然是有意为之的，缘于内亚深厚的游牧传统。如，张鹏[1]、乌力吉[2]、魏聪聪[3]、易晴[4]甚而将辽墓壁画中的出行图与契丹传统的四时捺钵制度联系起来，认为绘制于帝陵与贵族墓葬中的出行图体现了帝王的四时捺钵的政治活动和朝廷重臣随从捺钵的体制。乌力吉认为到了辽中期或晚期，无论是壁画的内容还是表现形式都有了很大的变化，除了庆陵以《四季山水图》来象征皇帝"四时捺钵"和库伦1号墓墓道壁画《出行归来图》代表契丹贵族的捺钵活动以外，辽代墓葬中还有很多不同形式来表现捺钵文化的图像，比如与捺钵有直接关系的毡车、猎犬、海东青、鹰、牵马图等内容大量出现在墓葬中，这些图像从不同的角度象征着契丹族捺钵文化的不同侧面[5]。这反映了四时捺钵已从契丹的政治文化和生活习俗

[1] 张鹏：《辽代契丹贵族墓墓道壁画的象征意涵——以库伦辽墓为中心》，《艺术史研究》2004年第6期；张鹏：《辽墓壁画研究》，第82～117页。

[2] 乌力吉：《辽代墓葬艺术中的捺钵文化》，北京：文化艺术出版社，2013年。

[3] 魏聪聪：《辽代后族墓葬艺术研究——以关山、库伦辽墓群为中心》，中央美术学院硕士学位论文，2014年。

[4] 易晴：《中国古代物质文化史·绘画·墓室壁画（宋元明清）》，北京：开明出版社，2014年，第244～247页。

[5] 乌力吉：《辽代墓葬艺术中的捺钵文化》，第86页。

进入了丧葬制度的内容。

　　春山秋水，秋冬围猎，后妃必随侍于侧[1]。大使厅南壁壁画后妃在卤簿前首，可能正是该制度的反映。大使厅北壁壁画绘制了猎豹的唐高宗和"龙舟鹢首，浮吹以娱"的武则天，东壁壁画绘制了福身王及其妻子恒河女神，这某种意义上应也是意在表现捺钵时后妃随侍于侧。如果如此理解上述三壁无误的话，那么按照该逻辑则西壁壁画中应也绘有粟特王拂呼缦的王妃。这样的话，根据西壁壁面的现状，则粟特王拂呼缦与王妃只能绘于该壁面顶部的中央位置。

　　于此，我们再根据已有的研究成果对春捺钵的历史嬗变稍作归纳补充。

　　史载，辽代的"四时捺钵"中的"春捺钵"位于今吉林省境内，其他三时"捺钵"均分布在内蒙古自治区东部地区。辽圣宗之前春捺钵地点大致如下。太祖：射虎东山；太宗：土河、潢河、长泊；世宗：无可考；穆宗：多在潢河，有时在神德湖；景宗：潢河、长泊、清河；圣宗前期：多在延芳淀、鸳鸯泊，有时去长泊、土河、台湖、萨堤泺、浑河。以上地点都为辽上京道、南京道、东京道及其周围地区。自辽圣宗太平二年（1022 年），春捺钵的地点改在长春州境内的鸭子河泊、鱼儿泊等水泊之地[2]。辽朝春捺钵的路线以太平二年为界，之前为由北向西、转而向南，之后则转向东北方向，并固定在长春州区域。总体来看，春捺钵的地点与路线主要分布在潢河及土河、南京、西京和长春州四个主要区域。同时，辽帝春捺钵地点的择选主要受自然和政治两种因素的影响[3]。

　　2009—2010 年，在吉林省乾安县发现了四处辽代"春捺钵"遗址，分别位于该县赞字乡洁字村科铁公路线北的"花敖泡"南侧、让字镇藏字村北侧和正东位置，以及地字村（查干湖西南）附近。乾安县文物管理所在遗址群发现了上千个土台基，最多一处发现土台基 500 余个，延续范围近 4 公里之长。土台基中有圆形、长方形，其中最大的圆形土台基直径长达 30 米，高约 1.5 米。

[1]　刘浦江：《春水秋山——金代捺钵研究》，所撰《松漠之间——辽金契丹女真史研究》，第 322 页。

[2]　武玉环：《春捺钵与辽朝政治——以长春州、鱼儿泊为视角的考察》，《北方文物》2015 年第 3 期，第 60 页。

[3]　梁维：《辽代春捺钵研究》，吉林大学博士学位论文，2020 年。

在遗址群附近采集到大量的古钱币和陶、瓷片等物品,均为辽代文物。据此,考古学家初步认定在乾安县发现的这些遗址为辽代皇帝"春捺钵"遗址群[1]。遗憾的是,遗址的内部结构及建筑功能尚不清楚。2016 年 5 至 6 月,吉林大学边疆考古研究中心、吉林省文物考古研究所与乾安县文物管理所对查干湖西南岸的春捺钵遗址群进行了地面踏查与航拍。通过调查,进一步确定遗址年代为辽金时期,发现遗址内部土台分布存在一定规律[2]。

在春捺钵期间,除了自然神祭祀之外,还有先祖祭祀,主要是对契丹始祖和先帝的祭庙、祭陵活动[3]。辽景宗保宁十年(978 年)三月庚寅,"祭显陵"[4],显陵为景宗父亲世宗的陵墓,景宗选择在春捺钵期间对其进行祭祀。辽圣宗在统和七年(989 年)正月戊申,"次涞水,谒景宗皇帝庙"[5],可见,春捺钵地还有祖庙存在。此外,还有一些零星的祭神的记载。在春捺钵的考古遗址发掘中,也发现了用于祭祀的遗址及文物等。2014 年,在吉林省乾安县辽金春捺钵遗址群后鸣字区遗址的调查与发掘中,在该区东北部发现有一个院落址。

[1] 周长庆、常亦殊:《国内首次发现辽代行宫"春捺钵"遗址群》,《科学时报》2010 年 1 月 8 日,此据 http://news.ifeng.com/history/3/kaogu/201001/0108_2668_1503265.shtml;吴敬、冯恩宇、王春委:《辽金春捺钵遗址群的新发现——2018 年乾安县藏字区春捺钵遗址考古调查发掘的重要收获》,《吉林大学社会科学学报》2020 年第 1 期,第 200 ~ 205 页;吉林大学边疆考古研究中心、乾安县文物管理所:《吉林省乾安县查干湖西南岸春捺钵遗址群调查简报》,《边疆考古研究》第 18 辑,北京:科学出版社,2015 年,第 83 ~ 91、400 页;吉林大学边疆考古研究中心、乾安县文物管理所:《乾安春捺钵遗址群后鸣字区遗址调查简报》,《边疆考古研究》第 20 辑,北京:科学出版社,2016 年,第 71 ~ 88 页。

[2] 吉林大学边疆考古研究中心、吉林省文物考古研究所:《吉林省查干湖西南岸春捺钵遗址 2016 年调查简报》,《地域文化研究》2018 年第 1 期,第 200 ~ 205 页。

[3] 按,据梁维统计,史载辽代在春捺钵的祭祀活动共有 19 条,祭祀的内容主要有祭山、祭祖、祭天地、祭佛、射柳、祭日和祭神等,这些活动中,以祭佛的数量最多,有七次,占总数的 36.8%,其次是祭天地和祭山,各有四次,占 21.1%。辽帝主要在潢河与土河、南京、长春州及西京四个区域进行祭祀活动。其中潢河、土河区域有九处,占总数的 47.4%;南京区域有 2 处,占总数的 10.5%;长春州区域有七处,占 36.8%;西京区域地点最少,只有一处,占 5.3%。这些记载中圣宗朝祭祀最多,有六条,占总数的 31.6%。其中祭天地、祭山等契丹传统的祭祀活动,多集中在潢河、土河区域,时间在辽中前期,而佛教祭祀则出现在辽中后期,且全部集中在长春州区域。详见梁维:《辽代春捺钵研究》,第 120 ~ 121 页。

[4] 〔元〕脱脱等:《辽史》卷九《景宗本纪下》,第 108 页。

[5] 〔元〕脱脱等:《辽史》卷一二《圣宗本纪三》,第 143 页。

其中一号建筑出土不少陶质佛造像，一号院落址的重要位置和院落内遗迹的特殊布局，显示此院落址可能与捺钵祭祀的庙有关，可能是春捺钵时用于祭祀的庙宇[1]，这为春捺钵时的祭祀活动提供了实物[2]。

辽朝历时二百余年，传九世，共有九位皇帝、十座帝陵。现确认的辽帝陵有五处，即内蒙古自治区巴林左旗的祖陵（太祖陵），巴林右旗的怀陵（太宗陵、穆宗陵）和庆陵（圣宗陵、兴宗陵、道宗陵），以及辽宁省北镇市的显陵（东丹王陵、世宗陵）和乾陵（景宗陵、天祚帝陵）。

从已知辽帝陵与辽帝春捺钵的地点来看，虽然也有祭祀祖陵的情况，但是总体而言，辽帝春捺钵时刺鹅荐陵，恐尚难实现并成一制度。不过，皇帝于宗庙中奉安御容，确实始于辽代。尤其是在宗庙中奉先帝的塑像、铸像和雕像，可以说是辽代契丹族统治者的创造，其他朝代则少有。辽朝还曾把有贡献和地位的大臣像绘制在殿堂里，供后人瞻仰，并且作为赏赐的手段[3]。由此视之，刺鹅荐庙（行在庙）则是最易于实现的。如上所言，辽朝春捺钵地有祖庙的存在。

已有研究表明，金朝的捺钵在制度化和规范性方面不如辽朝，主要是因为女真人和契丹人生活方式不同。女真人在建国之前主要从事狩猎和农耕，金朝建立后，女真族基本已进入农业社会，金代的捺钵只是女真人传统渔猎生活方式的象征性保留。因此，金朝捺钵的季节性不像辽朝那么分明，时间规定也不像辽朝那么严格。当然，金朝捺钵制度是对辽朝的模仿和因袭，其中春水驻夏尤为明显，而秋冬围猎则更多地表现出女真人传统生活方式的一面[4]。虽有"春山秋水，冬夏捺钵"之说，实际上只有春水和驻夏时间较长，也比较有规律，所谓"秋山"是指驻夏期间的围猎活动[5]，女真族也因之出现了一批"春山""秋

[1] 吉林大学边疆考古研究中心：《吉林乾安县辽金春捺钵遗址群后鸣字区遗址的调查与发掘》，《考古》2017 年第 6 期，第 28 ～ 43 页。

[2] 梁维：《辽代春捺钵研究》，第 122 ～ 123 页。

[3] 张鹏：《辽墓壁画研究》，第 63 ～ 63 页。

[4] 刘浦江：《春水秋山——金代捺钵研究》，所撰《松漠之间——辽金契丹女真史研究》，第 328 页。

[5] 刘浦江：《金朝初叶的国都问题——从部族体制向帝制王朝转型中的特殊政治生态》，原载《中国社会科学》2013 年第 3 期；此据所撰《宋辽金史论集》，第 55 ～ 58 页。

水"玉[1]。

2017—2018年，对张家口市太子城城址进行了发掘，清理了城墙、城门和城内建筑基址，发现建筑群呈按轴线分布、前朝后寝的布局方式，出土大量带文字款的陶砖、瓷器和鸱吻建筑构件等。从建筑等级与遗物规格看，该城址应为金代中后期的皇室行宫，推测其为《金史》所载金章宗夏捺钵的泰和宫[2]。

金朝春水的活动主要是捕猎天鹅，这是沿袭辽朝春捺钵的旧俗。博乐焕认为辽之春水实即捕鹅之水，即以捕鹅为主要内容，捕鹅之外，还有所谓的"钩鱼"。金朝春水与辽朝春捺钵的不同之处在于，春水的活动基本上是以捕鹅为中心，在金代文献中几乎见不到有关"钩鱼"的记载[3]。

赵秉文《春水行》诗对春水猎鹅的全过程进行了比较详细的描述：

> 光春宫外春水生，驾鹅飞下寒犹轻。绿衣探使一鞭信，春风写入鸣鞘声。
> 龙旂晓日迎天仗，小队长围圆月样。忽闻叠鼓一声飞，轻纹触破桃花浪。
> 内家最爱海东青，锦鞲臂臂翻青冥。晴空一击雪花堕，连延十里风毛腥。
> 初得头鹅夸得隽，一骑星驰荐陵寝。欢声沸入万年觞，琼毛散上千官鬓。
> 不才无力答阳春，羞作长杨侍从臣。闲与老农歌帝力，欢呼一曲太平人。[4]

这首诗是金代春水猎鹅的实录。诸如虞人探报天鹅之行踪，章宗亲纵海东青擒鹅，捕得头鹅后荐享陵寝，群臣称觞致贺、将鹅毛插在头上的欢娱场面，都是当时的惯例[5]。

金章宗时，春水猎鹅的情况，可见于刘祁《归潜志》，该书卷八载：

[1] 杨伯达：《女真族"春水"、"秋山"玉考》，《故宫博物院院刊》1983年第2期，第9～16、69页。

[2] 河北省文物研究所、张家口市文物考古研究所、崇礼区文化广电和旅游局：《河北张家口市太子城金代城址》，《考古》2019年第7期，第77～91页。

[3] 刘浦江：《春水秋山——金代捺钵研究》，所撰《松漠之间——辽金契丹女真史研究》，第299页。

[4] 〔金〕赵秉文：《闲闲老人滏水文集》卷三《春水行》，第38页。

[5] 刘浦江：《春水秋山——金代捺钵研究》，所撰《松漠之间——辽金契丹女真史研究》，第300页。

〔金〕章宗春水放海清,时黄山(礼部郎中赵沨)在翰苑,扈从。既得鹅,索诗,黄山立进之。其诗云:"驾(鸳)鹅得暖下陂塘,探骑星驰入建章。黄伞轻阴随凤辇,绿衣小队出鹰坊。抟风玉爪凌霄汉,瞥日风毛堕雪霜。共喜园陵得新荐,侍臣齐捧万年觞。"章宗览之,称其工,且曰:"此诗非宿构不能至此。"[1]

赵沨的应制诗与赵秉文的描写约略相似。其中以头鹅荐陵寝的做法是金世宗以后形成的定制。金大定四年(1164年),世宗春水于永安,"获头鹅,遣使荐山陵,自是岁以为常"。其他各种规制也大都是世宗以后渐渐成为惯例的,到了章宗时,春水猎鹅的过程已经相当程式化了。金朝的春水与辽朝的春捺钵,其猎鹅的习俗完全是一脉相承的。但就猎鹅的情形而言,金朝的春水几乎全为因袭。实际上,金代的捺钵制度可以说就是辽代四时捺钵的遗制,虽亦有因有革,但其中的春水算是变化最小的[2]。

金代始祖至章宗17个皇帝、后妃及诸王葬于北京市房山区大房山车厂村龙门口一带的云峰山(又名九龙山)下,此即北京房山金陵遗址[3]。从张家口市太子城到房山金陵距离有200多公里,由此便可理解金章宗春捺钵的刺鹅荐陵为何需"一骑星驰荐陵寝"[4]。

总之,捺钵之事是动态的,经历了一个不断发展的过程。辽代的捺钵反映着辽王朝兼具"行国"和"城国"两种特色的政治体制的发展与变化的过程。随着时间的推进和国家状态的发展,"四时捺钵"也渐变化成为一种仅具象征的修饰。契丹族的捺钵文化被建立金、元、清三个王朝的女真族、蒙古族和满

[1] 〔金〕刘祁:《归潜志》,崔文印点校,北京:中华书局,1983年,第86～87页。

[2] 刘浦江:《春水秋山——金代捺钵研究》,所撰《松漠之间——辽金契丹女真史研究》,第300～301页。

[3] 北京市文物研究所编《北京金代皇陵》,北京:文物出版社,2006年。

[4] 按,据研究,中国古代的马如果需要连续行军,则每天跑60里左右,否则无法长期坚持;但以单日为目标,一匹马一天的极限是150～200公里,即300～400里,再多可能也跑不动了,甚至会危及马的性命;如果遇到紧急情况,不考虑马的安危,则300公里也不是没有可能。此据 https://www.jianshu.com/p/55d1f07831a5.

族皇帝所接受，但其内容和规模等都有所变化。自辽晚期以后，人们对辽帝的"四时捺钵"有了更为形象、贴切的新称呼："春山秋水"[1]。

三、大使厅的性质：重楼、日月四时堂?

关于大使厅所处建筑的性质，前人一致认为，该房间归拂呼缦所有。1978—1985 年，在对 23 号地点（图 5-8）再次调查之后，阿昆巴巴耶夫（Kh. G. Akhunbabaev）认为，该地点在公元 6—8 世纪经过了五个阶段的修建和改建。含有 1 号大厅（room1，即大使厅）的建筑物属于第二期。其中第一期（公元 6 世纪）是作为撒马尔罕王的郊外行宫而修建的，第二期（公元 7 世纪中叶）改建为王的宫殿群，同时修建了围绕宫殿的防御墙（第 3 防御墙）。该建筑在公元 7 世纪中叶改建，与唐朝在此时任命拂呼缦为都督有关，据其铭文和壁画内容可知大使厅是拂呼缦宫殿的一部分[2]。不过，王宫不建在城外军寨。为了解决这个矛盾，B. I. 马尔萨克提出了 1 号大厅所在建筑是拂呼缦即位前私邸的观点。

关于大使厅的性质，B. I. 马尔萨克从粟特地区考古发现的共性得出下面这个判断：

> 特别要注意的是，大使厅本身是撒马尔罕贵族豪宅的一个厅，但并不是国王宫殿，因为在古城的军事城堡里已经发掘出土了国王正殿，其位置排布与片治肯特、瓦拉赫沙、布哈拉王城里的国王正殿相似。在上述几个粟特宫殿里，我们看到几个接待大厅聚在一起，连成一片；而在片治肯特

[1]　乌力吉：《辽代墓葬艺术中的捺钵文化研究》，第 104 页。

[2]　Kh. G. Akhunbabaev, Domanshine khramy rannesrednecekovogo Samarkanda, *Gordskaja kul'tura Baktrii-Tokharistanai Sogda*, Tashkent, 1987, p.10. 转引自影山悦子：《サマルカソド壁画に見られる中国絵画の要素において——朝鮮人使节はワルフマソ王のもとを訪れたか》，《西南アジア研究》49 号，1998 年，17 ～ 33 ページ；中译文详见〔日〕影山悦子：《撒马尔罕壁画所见中国绘画因素——朝鲜使节是否在拂呼缦王治时到访》，王东译，罗丰主编《丝绸之路考古》第 3 辑，第 168 页。

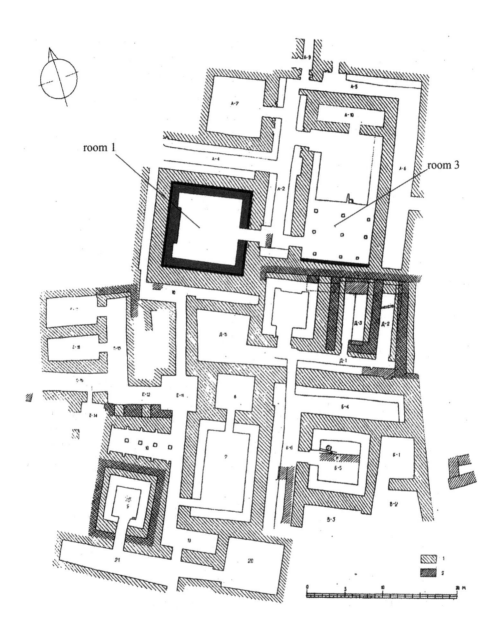

图 5-8 阿弗拉西阿卜（Afrasiab）23 号发掘地点平面图

Kh. G. Akhunbabaev, *Dvorets ikhshidov Sogda na Afrasiabe*, Samarkand, 1999, p.7, fig.3.

的贵族宅邸，都带有一个独立的中央大厅用于节庆，旁边围绕普通屋子。大使厅所在的宅邸类似后者：单独一个大厅围绕着卧室，离开其他大厅甚远，不像皇宫的造法。到了 6 世纪，每套宅邸至少有一个带壁画的大厅（例如撒马尔罕古城 9 号厅）和一个会议厅。因此，大使厅壁画就不是国王拂呼缦针对当地臣民和外来使臣在自己宫殿所作的图像宣传，而是贵族主人出于对国王拂呼缦的支持，用绘画展现撒马尔罕城主加冕时的英明神武。[1]

F. 葛乐耐认为与《唐书·西域传》所载何国装饰于独立的亭子（按，即《新唐书》所谓"重楼"）里的壁画不同，大使厅壁画装饰于一个大型贵族居所的客厅。虽然这并非撒马尔罕国王（当地称为 ikhshids）的宫殿，却与国王拂呼缦（Varkhuman）有着紧密的联系[2]。

北族王朝的一大特点就是在游牧文化主导下不断地融合农耕文化因素，由此兼备行国与城国双重政治文化，既保留着草原游牧时期传统的四季营地和游牧汗帐，同时在农耕文化思维的推动下建立有一定规制的都城。不过，各个北族政权的政治制度中兼容游牧文化与农耕定居文化的多寡程度却有很大不同[3]。北族的楼居现象便是二者影响下的产物，其楼居文化以辽四楼最为典型，学界的相关讨论也最多。

唐宋时代的回纥可汗已筑城而居，但在举行盛大活动时，经常要在牙帐处

---

[1] B. I. Marshak, "Remarks on the Murals of the Ambassadors Hall", in *Rivista degli studi orientali, Nuova Serie, Vol.78, Suppl. No.1: Royal Naurūz in Samarkand:Proceedings of the Conference Held in Venice on the Pre-islamic Paintings at Afrasiab (2006)*, Roma, pp.75-85; 此据〔俄〕马尔萨克：《辉煌的撒马尔罕大使厅壁画》，毛铭译，所撰《突厥人、粟特人与娜娜女神》，第 52 页。

[2] 〔法〕葛乐耐：《粟特人的自画像》，毛铭译，所撰《驶向撒马尔罕的金色旅程》，第 7 页。

[3] 陈晓伟：《捺钵与行国政治中心论——辽初"四楼"问题真相发覆》，《历史研究》2016 年第 6 期，第 32 页。按，"北族"，指中国历史上的北方游牧民族，汉语的历史文献或称之为"北人"（详见姚大力：《论蒙元王朝的皇权》，原载王元化主编《学术集林》卷 15，上海远东出版社，1999 年，第 282 页；此据所撰《蒙元制度与政治文化》，北京大学出版社，2011 年，第 139 页）。北族与内亚有着密切的关联。如罗新《中古北族名号研究》（北京大学出版社，2009 年）与《黑毡上的北魏皇帝》所收诸文围绕名号制度及即位礼仪，系统揭示了北魏（属北族）国家与内亚文化的密切关联。

设"楼"，可汗居其上，称作"楼居"。五代回鹘的"楼居"，正是对唐代回鹘的"楼"事的继承。辽朝立国后，建有"四楼"，作为"皇族居地"，是对该传统的继承[1]。

辽四楼[2]与四季捺钵是有关系的。傅乐焕将辽帝捺钵分为两个时期：即太祖至景宗时期和圣宗至天祚帝时期。前者四时捺钵的地点基本在西楼、东楼、南楼、北楼之间。圣宗以后诸帝捺钵的地点大体沿袭了辽太祖时期的捺钵地点，但稍有变更，其中春捺钵的地点为鱼儿泊[3]。换言之，辽四时捺钵基本上就是从辽太祖当初的四楼演变而来的，辽太祖时期的四楼就是捺钵的雏形或者说是辽太祖的四时捺钵。

《辽史·国语解》云："辽有四楼：在上京者曰西楼，木叶山曰南楼，龙化州曰东楼，唐州曰北楼。岁时游猎，常在四楼间。"[4]《契丹国志》卷一载，契丹"于木叶山置楼，谓之南楼；大部落东一千里，谓之东楼；大部落北三百里置楼，谓之北楼，后立唐州，今废为村；大部落之内置楼，谓之西楼，今上京"[5]。

契丹人贵日崇东，太祖阿保机"以其所居为上京，起楼其间，号西楼，又于其东千里起东楼，北三百里，南木叶山起南楼，往来射猎四楼之间。每月朔旦，东向而拜日，其大会聚、视国事，皆以东向为尊，四楼门屋皆东向"[6]。

四时捺钵是辽朝国家政治生活中的头等大事。太祖阿保机营建四楼，则构成辽初捺钵制度的核心内容。根据元朝朱思本《朔漠图》[7]及陈桱《通鉴续编》，知"楼"实为建筑物，即汉语语义的楼台之属，与游猎生活密切相关，皆属土

[1] 任爱君：《回鹘"楼居"与契丹"四楼"之关系研究》，《西北民族研究》1997年第2期，第138～145页。

[2] 按，关于"四楼"的不同认识，可参见李月新：《契丹四楼问题研究述评》，《赤峰学院学报》（汉文哲社版）2014年第6期，第11～13页。

[3] 傅乐焕：《辽代四时捺钵考五篇》，所撰《辽史丛考》，北京：中华书局，1984年，第87～90页。

[4] 〔元〕脱脱等：《辽史》卷一一六《国语解》，第1691页。

[5] 〔宋〕叶隆礼：《契丹国志》卷一《太祖大圣皇帝》，贾敬颜、林荣贵点校，第8页。

[6] 〔宋〕欧阳修：《新五代史》卷七二《四夷附录》，第888页。

[7] 陈晓伟：《捺钵与行国政治中心论——辽初"四楼"问题真相发覆》，《历史研究》2016年第6期，第19页图。

木结构建筑，并且因建有楼亭而得名，只不过其规制相当简陋罢了，但肯定不是北族语中的某项名物。此外，亦有拓跋鲜卑"白楼""白台"，奚王避暑亭台，及蒙元"秃思忽凉楼""西凉亭""东凉亭"等作为有力旁证。因此，太祖营筑四楼说可以成立。四楼在辽太祖时期发挥了重要作用，西楼为秋捺钵，南楼为冬捺钵，东楼为春捺钵，北楼为夏捺钵，可与蒙元时期诸可汗四大营地制度相比较，是北族、内亚王朝行国政治的鲜明体现。四楼游猎活动作为辽朝捺钵制度的滥觞，理当具有四季捺钵的一般意义，意谓整个太祖时期的汗权及汗廷分布在此四地。"四楼"与四季游猎及驻牧活动密切相关。于游牧营地建造楼阁及宫殿，在辽朝以及其他北族游牧社会中均屡见不鲜。也就是说，四楼当系太祖四季营地的楼阁建筑，作为当地标志物而名闻后世[1]。

对于契丹的"楼"（斡鲁朵）的源流，任爱君认为大致存在如下线索：匈奴人的瓯脱——鲜卑人的楼（又称"阿计头"）——回纥人的楼（或称"楼居"）——契丹人的楼（斡鲁朵）——蒙古汗国的"斡耳朵"。斡鲁朵习俗在不同的历史时期留下了不同的译音（名称）。肯定地说，在这漫长的历史时间内，它经历了一个缓慢而不断完善的历史过程[2]。

综合考量已有研究可知，"楼居"是北族行国和城国政治相结合的产物，应是结合北族起基而卓的卓帐传统，在台基上筑居所——亭台楼阁宫室建筑或毡帐[3]，而该台基也就可视同于楼台之台了。

任爱君指出，与东胡民族系有关的可汗帐殿遗迹有两座。其一，发现于呼和浩特北蜈蚣坝附近的北魏道武帝的白道行宫遗址（鲜卑语谓"阿计头殿"，世俗讹称"何头殿"），据发现者实地调查，整座遗址呈椭圆形，直径 80 米，现存状况为："耕地中间有一大土台，高 4.5 米，圆形，底部直径约 45 米。

---

[1] 陈晓伟：《捺钵与行国政治中心论——辽初"四楼"问题真相发覆》，《历史研究》2016 年第 6 期，第 16～33 页。

[2] 任爱君：《回鹘"楼居"与契丹"四楼"之关系研究》，《西北民族研究》1997 年第 2 期，第 144 页；任爱君：《对敦煌遗书"楼上"一词的释义——兼谈敦煌文化在研究游牧民族的文化传承中的贡献》，《敦煌研究》1999 年第 1 期，第 90～95 页。

[3] 如，《松漠纪闻续》卷下载："阿保机居西楼，宿毡帐中。"〔宋〕洪皓：《松漠纪闻续》，翟立伟标注，长春：吉林文史出版社，1986 年，第 36 页。

侧视上口平齐，与当地长城烽台锥状上顶不同。上视有一圈土垄，高约1米。土垄之内，形如锅底，直径17米。料想这里原来是架设毡帐的地方。"[1] 这是一处典型的古代游牧民族的"卓帐"遗迹。其二，据冯永谦先生描述乌兰苏木附近所见唐代契丹松漠都督府遗址，也是一座高于地表的大土台，"土台长达50米，夯土筑成，据当地群众讲土台原高在6米以上"[2]。起基而卓是北族（内亚）的共性。同样地，上述吉林省松原市乾安县发现的捺钵遗址的土台也是卓帐台基。

《史集》第二卷《窝阔台合罕纪》载：

> 因为他（窝阔台）过去就曾从汉地带回来各种工匠和各行各业的技师，所以他下令在〔自己的〕禹儿惕哈剌和林，他大部分时间的驻留地，修建一座有高台基和柱子、与这位君主的宏图相称的宫殿。那座宫殿的每一方面各长一箭之距，中间有一巍峨的殿堂耸立，殿堂被加以精致的装饰，描以彩绘和图画，并被称之为"合儿失"[3]。

引文称该宫殿修建于高台基之上，有柱子，体量恢宏，这样的建筑形式正是在北族起基而卓文化传统的基础上，再配以宫室建筑。此从该建筑工程中汉地工匠及技师的参与可知。

大使厅（1号大厅）是11米×11米的正方形房间，入口在东侧正中。沿着四壁设有高0.5米的黏土台阶。这些台阶中，只有正面（即西壁）中央的台阶，比其他台阶宽，推测是放置王座一类的地方。墙壁的上部残缺，台阶以上保留的墙壁高度，西侧和北侧最高处2.7米，南侧最高处2.5米，东侧最高处1～2

---

[1]　汪宇平：《呼和浩特市北部与"白道"有关的文物古迹》，《内蒙古文物考古》总第3期，1984年，第65页。

[2]　冯永谦：《唐代契丹都督府地考》，陈述主编《辽金史论集》第4辑，北京：书目文献出版社，1989年，第123页。

[3]　〔波斯〕拉施特主编《史集》卷二《窝阔台合罕纪》，余大钧、周建奇译，北京：商务印书馆，2014年，第68～69页。

米[1]。大使厅四壁内侧加设黏土台，抬高王座等位置的高度，显然也是意在展现王者的威严。若以此视之，某种意义上这与卓基而帐的用意是相通的。

值得注意的是，这些建筑的外观多为白色。此缘于尚白也是北族共同的文化传统。如，

《魏书》卷二《太祖本纪》载，登国八年（393年）二月曰："幸殺羊原，赴白楼。"[2]

《水经注》卷一三《漯水注》载，泰常元年（416年），"又建白楼，楼甚高竦，加观榭于其上，表里饰以石粉，皭曜建素，赭白绮分，故世谓之白楼也"[3]。

《魏书》卷三《太宗本纪》载，泰常二年（417年）七月，"作白台于城南，高二十丈"[4]。

"白楼"是一种表面涂白的楼阁建筑。揆诸文义，泰常年间，拓跋嗣建"白楼"及"白台"，两者与登国八年"白楼"规制并无本质差异，都是同一类楼阁建筑[5]。而白楼的建筑，其实就是个巨大的帐房，但是它拥有一个高大的夯土筑造的建筑台基，而且在夯筑的台基之下还修建了庞大的地窖，目的也是为了储藏谷物、食料等生活必需品。这种颇具民族特点的行宫建筑，与匈奴政权时期存在的"楼"，似乎有着很大的相似或者相同的特征，也似乎存在着一定的联系与传承的特点[6]。

陕西榆林靖边统万城为匈奴人的都城遗址，其城墙为白色，当地人称白城子。又因系赫连勃勃所建，故又称为赫连城，为东晋时南匈奴贵族赫连勃勃建立的大夏国都城遗址。统万城始建于公元413年，竣工于公元418年，由汉奢

---

[1] L. I. Al'baum, *Zhivopis' Afrasiaba (Painting from Afrasiab)*, pp.11-12(59).

[2] 〔北齐〕魏收：《魏书》，北京：中华书局，1974年，第25页。

[3] 〔北魏〕郦道元：《水经注校证》，陈桥驿校证，北京：中华书局，2007年，第313页。

[4] 〔北齐〕魏收：《魏书》，第57页。

[5] 陈晓伟：《捺钵与行国政治中心论——辽初"四楼"问题真相发覆》，《历史研究》2016年第6期，第25页。

[6] 任爱君：《契丹四楼源流说》，《历史研究》1996年第6期，第36～40页；任爱君：《北魏鲜卑人斡鲁朵制零拾》，《北朝研究》1996年第3期，第3～8页。

延城改筑而成。统万城改筑自汉奢延城，正说明游牧民族白楼、白台的建筑形式很可能是源自学习中原都城政治文化而涂以游牧民族所好之白色所致。

《水经注》卷一〇《浊漳水》载石虎邺城："其城东西七里，南北五里。饰表以砖，百步一楼。凡诸宫殿门台隅雉，皆加观榭，层甍反宇，飞檐拂云，图以丹青，色以轻素，当其全盛之时，去邺六七十里，远望苕亭，巍若仙居。"其中"轻素"，意指轻而薄的白色丝织品或衣服。在此处应该指白色。石虎（295—349 年）为羯族，即"匈奴别落"，石虎将邺城建筑的外立面装饰成白色，显然也是源自其游牧民族的文化。

"童子木上悬白幡，胡兵纷纷满前后。"[1] 陈寅恪指出此即突厥旗色尚白之明证 [2]。蒙元时期，"国俗尚白，以白为吉"。尚刚对此曾有总结：《元史》记述的帝王旌旗、仪仗、帷幕、衣物常为白色；每逢新年，举国衣白，四方贡献白色织物、白色马匹，人们互赠白色礼物，以为祝福，蒙古汗国时期，百官以"色皓白为正服"。同时，他还敏锐地进一步指出，不仅蒙古一族，中国古代的北方民族都有尚白的传统，这或许得自他们曾经信仰的萨满教，在这种原始的宗教里，白色就有吉祥、正直的寓意 [3]。

综上所述，我们对史载何国城左重楼建筑的可能形式便可有一大概的了解。

诚如所言，在内亚的国家政治生活中，普遍存在与四季轮牧制度息息相关的行为，其中又以夏营与冬营或夏宫与冬宫最为普遍。如，匈奴社会季节性轮牧，最高首领单于设立四季草场，单于庭是为冬、春季草场；五月祭祠之地茏城属夏季草场；检阅人口及畜产的蹛林，便是秋季草场 [4]。拓跋北魏的中前期，整个社会依旧保持着浓郁的游牧传统，鲜卑皇帝以"阴山却霜"为主从事各类

[1] 〔唐〕无名氏：《劝进疏引谶》，〔清〕彭定求编《全唐诗》卷八七五，册 25，第 9901 页。

[2] 陈寅恪：《论唐高祖称臣于突厥事》，《陈寅恪集·寒柳堂集》，北京：生活·读书·新知三联书店，2001 年，第 108 ～ 121 页。

[3] 尚刚：《苍狼白鹿元青花》，《中国民族博览》1997 年第 1 期，第 34 ～ 35 页；尚刚：《元代工艺美术史》，第 175 ～ 183 页。按，白陶、白瓷的勃兴恐与南下的游牧民族有关。

[4] 王明珂：《匈奴的游牧经济：兼论游牧经济与游牧社会政治组织的关系》，《历史语言研究所集刊》第 61 本第 1 分，1993 年 3 月，第 21 ～ 26 页；王明珂：《游牧者的抉择：面对汉帝国的北亚游牧部族》，桂林：广西师范大学出版社，2008 年，第 101 ～ 156 页。

游猎活动，一年四季巡幸，很少驻守京城[1]。

据回鹘《磨延啜碑》记载，回鹘汗国第二代可汗磨延啜先是在"于都斤山北麓过了冬"，继之"令人（在于都斤西麓），在铁兹（täz）河源，在 qasar 西方建立了汗庭，并命人建造了围墙。我（磨延啜）在那里过了夏天。我在那里祭了天"。然后，"在于都斤山林，在……圣峰之西，在 yabaš 及 toquš（河）汇合处，度过了夏天。在那里我命人建立了汗庭，命人在那里建立了围墙"。接着，"我在铁兹河源，在我的汗庭那里过夏，在那里我划定了疆界，做了祭祀"。最后，"我在鄂尔浑（河）与 balïglïγ（河）汇合处，在那里命人建立了汗庭，把汗庭……"[2]，似乎是迁到了这里。但不管怎么说，回鹘可汗此时起码具有了冬、夏两个卓帐地（即斡鲁朵地），但"夏宫"也不止一个[3]。

根据《史集》第二卷《窝阔台合罕纪》的记载，在公元 1235—1241 年这七年之间，窝阔台快乐幸福地往返于夏营与冬营之间，而且：

他（窝阔台）降旨，让伊斯兰教工匠在距离哈剌和林一天行程处，古代阿甫剌昔牙卜的鹰夫所在地，名为迦坚茶寒（Khn-zjgan、Gegen-chagan）之地，建造一座宫殿。春天，他在那里放鹰，夏天则在月儿灭怯土（Awrmktw）地方。那里搭起了一座大帐，其中可容千人，这座大帐从来也不拆卸收起。它的挂钩是黄金做的，帐内复有织物，被称为"昔剌斡耳朵"（Syrh Awrdw）。秋天，他驻留于距哈剌和林四天行路的古薛纳兀儿（Kwsh-nawwr），在该处斋戒四十天。冬天，他的驻地为汪吉（Awnkqy）。他行猎于不连古（Twlwnkw）和者邻古山（jalynkw），并在那里过完冬。总之，他春天所在之处是哈剌和林的四周，夏天是月儿灭怯土草地，秋天所在之处是距哈剌和林一日程的兀孙－忽勒附近的古薛纳兀儿之地，冬天

[1] 何德章：《"阴山却霜"之俗解》，武汉大学历史系魏晋南北朝隋唐史研究室编《魏晋南北朝隋唐史资料》第 12 辑，武汉大学出版社，1993 年，第 102～116 页；佐藤智水：《北魏皇帝の行幸について》，《冈山大学文学部纪要》5 号，1984 年，第 39～53 页。

[2] 耿世民：《古代突厥文碑铭研究》，北京：中央民族大学出版社，2005 年，第 198～202 页。

[3] 任爱君：《回鹘"楼居"与契丹"四楼"之关系研究》，《西北民族研究》1997 年第 2 期，第 145 页。

则为汪吉。当他前往哈剌和林时，就〔停〕于距城两程之处，〔该处〕建
有一殿，被〔他〕称为秃思忽（Tzgw）八里，他在该处享受秃思忽，并
行乐一日。次日，全体穿上一色衣服，由该处前往合儿失，并让年轻的优
伶们走在前头。[1]

这实际是在四季营地中开展多项游猎活动。

同样地，康国也有冬夏宫的制度，考古已经确定其所在地点。

锡尔河北岸大草原是康居、突厥、葛逻禄等古代游牧民族的牧场，而河
中地区沙漠绿洲则是粟特、花剌子模等农耕者的家园。中亚泽拉夫善河流域
的粟特人操东伊朗语，以擅长经商而闻名于世。古波斯碑铭和古典作家称为
Sogdian（粟特人），中国史家习称为"昭武九姓"。康居人为斯基泰人的后
裔，亦操东伊朗语。公元前 2 世纪，康居人游牧于锡尔河北岸戈壁草原，并对
河中地区沙漠绿洲的粟特诸城邦实施统治，故中国史书最初将"粟特"称作"康
居"[2]。

1964 年，哈萨克斯坦考古学家波杜什金在哈萨克斯坦奇姆肯特市西 54 公
里阿雷西河畔发现"库勒塔佩遗址"（N42° 29.532'，E68° 57.756'）。2004 年
以来，波杜什金在库勒塔佩陆续发现 15 块粟特文黏土砖，年代在康居国时期
（约公元前 2 世纪至公元 4 世纪），今称"库勒塔佩铭文"（Kultobe Inscription）。
其中 4 号粟特文砖铭读作：

> 这座城市是将军 (sp'δny) 兴建的，……的儿子……。他去那儿，所以
> 分配给定居者 (n'p) 的土地和分配给游牧民 (wδ' nn'p) 的土地很可能……，
> 撒马尔罕 (sm'rknδc) 领主、史国 (kšy'n'k) 领主、那黑沙不 (nxšpyk) 领主和
> 笈赤建 (nawak-methan) 领主都同意了，然后，他把所有珍宝和……和分配

---

[1] 〔波斯〕拉施特主编《史集》卷二《窝阔台合罕纪》，余大钧、周建奇译，第 68、70 ～ 71 页。

[2] 林梅村：《中亚锡尔河北岸的康居王庭》，《西域研究》2017 年第 3 期，第 72 页。

给他的土地都据为己有。[1]

库勒塔佩铭文将康居国民分为"定居者"和"游牧民"两类。定居者（粟特语 n'p）指康居国的粟特人，而游牧民（wδ'nn'p）则指康居国统治者斯基泰人[2]。林梅村认为这里水草丰美，并发现粟特铭文，当即康居王冬都"蕃内地"；而康居王夏宫"乐越诺地"在今锡尔河中游北岸讹答剌城附近。此城与康居王冬都"蕃内地"（今库勒塔佩）直线距离约 134 里，与《汉书·西域传》说康居两王庭相距"一百五十九里"完全相符。康居人游牧于锡尔河中游草原地带，游牧民族按照季节转换草场，故康居王有冬夏两王庭[3]。匈奴而外，乌孙、康居、奄蔡、大月氏都是行国，即是说，它们都是游牧民族建立的国家[4]。《史记·大宛列传》便明确记载："康居在大宛西北可二千里，行国，与月氏大同俗。"[5]这进一步说明康国同样采取行国与城国的政治形态。显然，大使厅四壁壁画内容的选择便与壁画设计者要表现其行国政治紧密相关。

F. 葛乐耐认为大使厅南壁所绘的画面发生在撒马尔罕，这一点很清楚。这是中国史书里描绘的石国国王的新年庆典，当然这样的庆典在粟特的其他地方也是相似的。可以精确地观察到方位：在石国，皇家太庙位于城外东郊，这与我们看到的阿弗拉西阿卜壁画恰相呼应，这队人马从西边（即撒马尔罕城）出发，然后往东走[6]。前引《新唐书·西域下》称何国"城左有重楼"，即绘有

[1] Nicholas Sims-Williams and Franz Grenet, "The Sogdian Inscriptions of Kultobe", *Shygys(Almaty)*, 2006, pp.95-111. 按，译文采自林梅村：《中亚锡尔河北岸的康居王庭》，《西域研究》2017 年第 3 期，第 76 页。

[2] 林梅村：《中亚锡尔河北岸的康居王庭》，《西域研究》2017 年第 3 期，第 74 ～ 76 页。

[3] 林梅村：《中亚锡尔河北岸的康居王庭》，《西域研究》2017 年第 3 期，第 71 ～ 81 页。

[4] 贾敬颜：《释"行国"》，《中国蒙古史学会成立大会纪念集刊》，呼和浩特市，1979 年 8 月 5 日，第 142 ～ 146 页；贾敬颜：《释"行国"——游牧国家的一些特征》，《历史教学》1980 年第 1 期，第 19 ～ 23 页。

[5] 〔汉〕司马迁：《史记》卷一二三《大宛列传》，第 3161 页。

[6] 〔法〕葛乐耐：《粟特人的自画像》，毛铭译，荣新江、华澜、张志清主编《法国汉学》第 10 辑"粟特人在中国——历史、考古、语言的新探索"，第 307 页。F. Grenet, "The Self-Image of the Sogdians", in *Les Sogdiens en Chine*, eds. É. de la Vaissière, É. Trombert, pp.123-140; 此据〔法〕葛乐耐：《驶向撒马尔罕的金色旅程》，毛铭译，第 8 ～ 9 页。

四国壁画的重楼在其城东。这个方位正好与大使厅位于康国城东的相对方位一致，若再考虑到游牧民族行国政治的特色，很可能大使厅所在建筑群的性质似辽朝之"东楼"。

那么，大使厅的性质又是什么？

众所周知，游牧民族有突出四时的文化传统。如，辽庆东陵中室四壁绘有四季山水图（图 5-9），小林行雄首先提出了该四季山水图与四季、四方及四神的关系问题[1]。由于庆陵墓室平面的中轴线略偏，故位于东南、西南、西北和东北四壁的四季山水图实际正朝向东西南北四个方向。壁画的上部画横梁和装饰纹样，模仿中原地区农业文明的木构建筑。画幅上方画一小横披帷幕，使四个壁面仿佛拉开帘幕的四个窗口[2]。张鹏认为《辽史》中亦记载了相似的建筑，即太宗时诏建的日月四时堂，并图写古帝王事于两庑。虽然文献没有记载日月四时堂的建筑内容，但从其名称推测应与四季、四方相关。辽庆东陵四季山水图的春图和秋图中有大雁南来北往的表现。同样的图像还可在河北井陉柿庄北孤台墓区的壁画中见到，它们都是方位的表现[3]。乌力吉则认为辽庆东陵中室四壁中以四季山水来象征"四时捺钵"制度，这里四季山水不仅成为捺钵文化象征符号，同时还具有了礼仪的功能[4]。陆骐指出它们归属于不同的季节和地域：春水、夏凉、秋山、冬淀。四个不同时间、不同空间的山水同时被安置在庆东陵的墓室中，这种复杂的空间并置使得墓室空间成为一个同时具有四种地域属性的"异空间"(heterotopia)[5]。无论如何，辽庆东陵中室四壁的四季山水图寓指春夏秋冬四季的意图是确凿无疑的。

关于日月四时堂，《辽史》卷四《太宗本纪下》载：

---

[1] 田村实造：《庆陵の壁画 绘画·彫飾·陶磁》，京都：同朋舍，1977 年，95 ～ 112 ページ。

[2] 张鹏：《辽代庆东陵壁画研究》，《故宫博物院院刊》2005 年第 3 期，第 131 页；张鹏：《辽墓壁画研究》，第 62 ～ 63 页。

[3] 张鹏：《辽代庆东陵壁画研究》，《故宫博物院院刊》2005 年第 3 期，第 131 页；乌力吉：《辽代墓葬艺术中的捺钵文化研究》，第 75 ～ 76 页。

[4] 乌力吉：《辽代墓葬艺术中的捺钵文化研究》，第 76 页。

[5] 陆骐：《移动中的牙帐：以四季山水图为中心再议辽庆东陵壁画》，《中国美术研究》2019 年第 1 期，第 31 ～ 35 页。

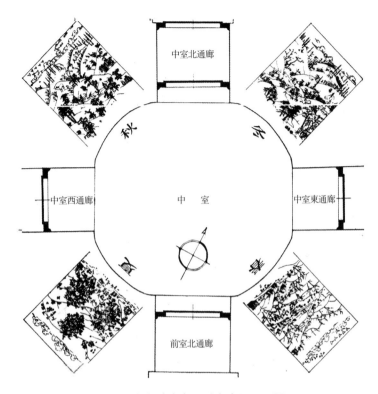

图 5-9　辽庆东陵中室四季山水画配置图

田村実造：《慶陵の壁画 絵画・彫飾・陶磁》，京都：同朋舎，1977 年，96 ページ図 38。

　　〔会同元年（938 年）夏六月〕癸巳，诏建日月四时堂，图写古帝王事于两庑。[1]

从引文来看，日月四时堂至少具备了如下两方面的内容：其一，表示四季的元素；其二，在两侧庑廊图写古代帝王事迹。

　　辽天显五年（930 年），"八月丁酉，以大圣皇帝、皇后宴寝之所号日月宫，因建《日月碑》。丙午，如九层台"[2]。任爱君以西楼——龙眉宫——日月宫——

[1]　〔元〕脱脱等：《辽史》，第 48 页。
[2]　〔元〕脱脱等：《辽史》卷三《太宗本纪上》，第 34 页。

日月四时堂为脉络，推测"日月宫"后来演变成为"日月四时堂"[1]。

　　据辽上京勘察报告，辽上京皇城西山坡地表建筑遗迹清楚地分为自南向北连接的三组院落，其中，南院规模较小，建筑分散，东西 82 米，南北 18 米，属于建筑群落的附属部分；中院规模宏大，布局严谨，东西 190 米，南北 88 米，中央为一座长 36 米、宽 34 米、东西有平台的方形阶梯形殿基，周围为廊庑式建筑结构，在殿基的后部（西侧）为一座长、宽均 40 米的方形外凸殿基，主次建筑结构分明，是西山坡建筑遗迹的主体部分；北院紧接中间院落，建筑台基分布于院落后部，主体为三座圆形建筑台基，大者居中，直径 54 米，其余两个分布在南北两侧，直径 10 米，又有十余个大小不等、方圆不一的建筑台基环绕周围。勘察者认为，西山坡建筑群落应是辽代"日月宫"遗址[2]。不过，也有学者认为从地理位置上看，辽上京皇城遗址西南山坡的这处院落址，恰好背对辽祖陵天梯山的凹口处，应为一祭祀址，并和祖陵有所联系。上述辽上京皇城西山坡的建筑是否为日月四时堂，尚待进一步的研究。

　　要言之，大使厅与史载何国重楼皆位于国之"城左"，其壁画设计亦与史载何国重楼相类，后者为何国国主每天所拜，故可认为大使厅也是康国国王所有，且恐也是康国国王拂呼缦每天所拜之场所。如上所言，大使厅四壁壁画蕴含了四季的时序，而且每个壁面都绘画了帝王之事，此二者正是将上述辽上京"日月四时堂"异处的两大内容巧妙地置于同一建筑空间中表现。实际上，其意一也。因此，如果从这个角度来看，大使厅建筑的性质便很可能与辽上京"日月四时堂"类似，其所在建筑群的性质亦似辽"东楼"，此皆为游牧民族共同政治文化传统的体现。

---

[1]　任爱君：《辽上京皇城西山坡建筑群落的属性及其功能——从辽太祖营建西楼与皇都的线索与动机说起》，《北方文物》2010 年第 2 期，第 91 ～ 95 页。

[2]　内蒙古文物考古研究所：《辽上京城址勘察报告》，李逸友、魏坚主编《内蒙古文物考古文集》第 1 辑，北京：中国大百科全书出版社，1994 年，第 518 ～ 519 页。

参 考 文 献

以汉语拼音排序

一、历史文献

《阿维斯塔——琐罗亚斯德教圣书》，〔伊朗〕贾利尔·杜斯特哈赫选编，元文琪译，北京：商务印书馆，2005 年。

《册府元龟》，〔宋〕王钦若等编，北京：中华书局影印本，1960 年。

《大金国志校证》，〔宋〕宇文懋昭撰，崔文印校证，北京：中华书局，1986 年。

《大唐西域记校注》，〔唐〕玄奘、辩机著，季羡林等校注，北京：中华书局，1985 年。

《东坡乐府笺》，〔清〕朱孝臧编年，龙榆生校笺，朱怀春标点，上海古籍出版社，2018 年。

《杜诗详注》，〔清〕仇兆鳌，北京：中华书局，1979 年。

《高僧传》，〔梁〕慧皎撰，汤用彤校注，北京：中华书局，1992 年。

《归潜志》，〔金〕刘祁著，崔文印点校，北京：中华书局，1983 年。

《汉书》，〔汉〕班固，北京：中华书局，1962 年。

《后汉书》，〔宋〕范晔撰，〔唐〕李贤等注，北京：中华书局，1965 年。

《淮南鸿烈集解》，刘文典撰，冯逸、乔华点校，北京：中华书局，2013 年。

《建炎以来系年要录》，〔宋〕李心传编撰，胡坤点校，北京：中华书局，1988 年。

《教坊记笺订》，〔唐〕崔令钦著，任中敏笺订，喻意志、吴安宇校理，南京：凤凰出版社，2013 年。

《金史》，〔元〕脱脱等撰，北京：中华书局，2020 年。

《经行记笺注》，〔唐〕杜环著，张一纯笺注，北京：华文出版社，2017 年。

《荆楚岁时记校注》，王毓荣，台北：文津出版社，1988 年。

《旧唐书》，〔后晋〕刘昫等撰，北京：中华书局，1975 年。

《李商隐诗歌集解》，刘学锴、余恕诚，北京：中华书局，2004 年。

《辽史》，〔元〕脱脱等撰，北京：中华书局，2017 年。

《栾城集》，〔宋〕苏辙，上海古籍出版社，1987 年。

《洛阳伽蓝记校释》，〔魏〕杨衒之著，周祖谟校释，上海书店出版社，2000 年。

《马可波罗行纪》，〔法〕沙海昂注，冯承钧译，北京：中华书局，2003 年。

《摩诃婆罗多》（一），〔印〕毗耶苏著，金克木、赵国华、席必庄译，北京：中国社会科学出版社，2005 年。

《穆天子传》，〔晋〕郭璞注，《穆天子传·神异经·十洲记·博物志》，上海古籍出版社，1990 年。

《鄱阳先生文集》，〔宋〕彭汝砺撰，《宋集珍本丛刊》第 24 册，北京：线装书局，2004 年。

《契丹国志》，〔宋〕叶隆礼撰，贾敬颜、林荣贵点校，上海古籍出版社，1985 年。

《全唐诗》，〔清〕彭定求编，北京：中华书局，1960 年。

《三朝北盟会编》，〔宋〕徐梦莘，上海古籍出版社，1987 年。

《山海经·穆天子传》，长沙：岳麓书社，1992 年。

《史集》，〔波斯〕拉施特主编，余大钧、周建奇译，北京：商务印书馆，2014 年。

《史记》，〔汉〕司马迁，北京：中华书局，1959 年。

《水经注校证》，〔北魏〕郦道元著，陈桥驿校证，北京：中华书局，2007 年。

《松漠纪闻续》，〔宋〕洪皓著，翟立伟标注，长春：吉林文史出版社，1986 年。

《宋会要辑稿》，〔清〕徐松辑，北京：中华书局影印本，1957 年。

《宋景文公笔记》，〔宋〕宋祁，北京大学图书馆藏明（1368—1644 年）刻本。

《苏轼诗集》，〔清〕王文诰辑注，北京：中华书局，1982 年。

《隋书》，〔唐〕魏征，北京：中华书局，1973 年。

《唐会要校证》，〔宋〕王溥撰，牛继清校证，西安：三秦出版社，2012 年。

《天工开物译注》，〔明〕宋应星著，潘吉星译注，上海古籍出版社，2016 年。

《听雨丛谈》，〔清〕福格，北京：中华书局，1984 年。

《通典》，〔唐〕杜佑撰，王文锦等点校，北京：中华书局，1988 年。

《魏书》，〔北齐〕魏收，北京：中华书局，1974 年。

《温庭筠全集校注》，刘学锴撰，北京：中华书局，2003 年。

《先秦汉魏晋南北朝诗》，逯钦立辑校，北京：中华书局，1983 年。

《闲闲老人滏水文集》，〔金〕赵秉文，北京：中华书局，1985 年。

《新唐书》，〔宋〕宋祁、欧阳修，北京：中华书局，1975 年。

《新五代史》，〔宋〕欧阳修，北京：中华书局，1974 年。

《续资治通鉴长编》，〔宋〕李焘，北京：中华书局点校本，1995 年。

《养吉斋丛录》，〔清〕吴振棫，北京：中华书局，2005 年。

《酉阳杂俎》，〔唐〕段成式撰，方南生点校，北京：中华书局，1981 年。

《元朝秘史（校勘本）》，乌兰校勘，北京：中华书局，2012 年。

《元史》，〔明〕宋濂等，北京：中华书局，1976 年。

《周礼正义》，〔清〕孙诒让，北京：中华书局，1987 年。

《资治通鉴》，〔宋〕司马光，北京：中华书局，1956 年。

二、中文研究论著

〔俄〕B.A. 李特文斯基主编《中亚文明史》第三卷《文明的交会：公元 250 年至 750 年》，马小鹤译，北京：中国对外翻译出版公司，2003 年。

〔苏联〕Б·Я·斯塔维斯基：《古代中亚艺术》，路远译，西安：陕西旅游出版社，1992 年。

〔苏联〕Г·A·普加琴科娃、Л·И·列穆佩：《中亚古代艺术》，陈继周、李琪译，乌鲁木齐：新疆美术摄影出版社，1994 年。

〔苏联〕И·札巴罗夫、Г·德列斯维扬斯卡娅：《中亚宗教概述》，高永久、张宏莉译，兰州大学出版社，2002 年。

〔德〕安雅·格雷贝：《梵蒂冈博物馆全品珍藏》，郑柯译，北京联合出版公司，2018 年。

〔英〕奥雷尔·斯坦因：《古代和阗——中国新疆考古发掘的详细报告》，巫新华等译，济南：山东人民出版社，2009 年。

北京出版社：《中国传世人物画》，北京出版社，2004 年。

北京市文物研究所编《北京金代皇陵》，北京：文物出版社，2006 年。

本社编辑委员会编译《罗浮宫美术馆全集》Ⅱ，新北市：龙和出版有限公司，1987 年。

蔡鸿生：《唐代九姓胡与突厥文化》，北京：中华书局，1998 年。

〔蒙古〕策·达木丁苏隆编译，谢再善译《蒙古秘史》，西宁：青海人民出版社，2014 年。

晁华山：《寻觅湮没千年的东方摩尼寺》，《中国文化》1993 年第 8 期。

陈怀宇：《高昌回鹘景教研究》，季羡林等主编《敦煌吐鲁番研究》第四卷，北京大学出版社，1999 年。

陈良：《丝路史话》，兰州：甘肃人民出版社，1983 年。

陈凌：《中国境内袄教相关遗存考略（之一）》，余太山、李锦绣主编《欧亚学刊》（新）第 1 辑，北京：商务印书馆，2015 年。

陈晓伟：《捺钵与行国政治中心论——辽初"四楼"问题真相发覆》，《历史研究》2016 年第 6 期。

陈晓伟：《图像、文献与文化史：游牧政治的映像》，石家庄：河北大学出版社，2017 年。

陈寅恪：《陈寅恪集·寒柳堂集》，北京：生活·读书·新知三联书店，2001 年。

陈寅恪：《陈寅恪集·元白诗笺证稿》，北京：生活·读书·新知三联书店，2001 年。

陈永志：《骨朵形制及相关诸问题》，《内蒙古文物考古》1992 年 1、2 期合刊。

褚俊杰：《吐蕃苯教丧葬仪轨研究——敦煌古藏文写卷 P.T.1042 解读》，

《中国藏学》1989 年第 3 期。

〔法〕德凯琳 (Catherine Delacour)、黎北岚 (Pénélope Riboud)：《巴黎吉美博物馆展围屏石榻上刻绘的宴饮和宗教题材》，施纯琳译，张庆捷、李书吉、李钢主编《4～6 世纪的北中国与欧亚大陆》，北京：科学出版社，2006 年。

董新林、陈永志、汪盈、肖淮雁、左利军：《辽上京城址首次确认曾有东向轴线》，《中国文物报》2016 年 5 月 6 日第 8 版。

〔瑞典〕多桑：《多桑蒙古史》，冯承钧译，上海书店出版社，2001 年。

冯永谦：《唐代契丹都督府地考》，陈述主编《辽金史论集》第 4 辑，北京：书目文献出版社，1989 年。

傅乐焕：《辽史丛考》，北京：中华书局，1984 年。

〔日〕冈本孝：《粟特钱币考》，冯继钦译，《中国钱币》1987 年第 4 期。

葛华廷：《辽代四楼研究》，《北方文物》2008 年第 4 期。

〔法〕葛乐耐：《驶向撒马尔罕的金色旅程》，毛铭译，桂林：漓江出版社，2016 年。

耿世民：《古代突厥文碑铭研究》，北京：中央民族大学出版社，2005 年。

龚方镇、晏可佳：《祆教史》，上海社会科学院出版社，1998 年。

郭靖嘉：《〈胡笳十八拍图〉所见辽金捺钵凉棚考》，《美术研究》2021 年第 5 期。

韩伟：《北周安伽墓围屏石榻之相关问题浅见》，《文物》2001 年第 1 期；后收入所撰《磨砚书稿——韩伟考古文集》，北京：科学出版社，2001 年。

韩伟：《〈乾陵神道鸵鸟为射侯说〉驳正》，《文博》2007 年第 2 期；又刊于樊英峰主编《乾陵文化研究》第 3 辑，西安：三秦出版社，2007 年。

韩香：《鸵鸟及鸵鸟卵传入中国考证》，《西域研究》2009 年第 3 期。

何德章：《"阴山却霜"之俗解》，武汉大学历史系魏晋南北朝隋唐史研究室编《魏晋南北朝隋唐史资料》第 12 辑，武汉大学出版社，1993 年。

河北省文物研究所、张家口市文物考古研究所、崇礼区文化广电和旅游局：《河北张家口市太子城金代城址》，《考古》2019 年第 7 期。

黄桢：《龙舟上的北魏皇帝》，叶炜主编《唐研究》第 25 卷，北京大学出版社，2020 年。

霍巍：《青海出土吐蕃木棺画的初步观察与研究》，《西藏研究》2007年第2期。

吉林大学边疆考古研究中心：《吉林乾安县辽金春捺钵遗址群后鸣字区遗址的调查与发掘》，《考古》2017年第6期。

吉林大学边疆考古研究中心、吉林省文物考古研究所：《吉林省查干湖西南岸春捺钵遗址2016年调查简报》，《地域文化研究》2018年第1期。

吉林大学边疆考古研究中心、乾安县文物管理所：《吉林省乾安县查干湖西南岸春捺钵遗址群调查简报》，《边疆考古研究》第18辑，北京：科学出版社，2015年。

吉林大学边疆考古研究中心、乾安县文物管理所：《乾安春捺钵遗址群后鸣字区遗址调查简报》，《边疆考古研究》第20辑，北京：科学出版社，2016年。

贾敬颜：《释"行国"》，《中国蒙古史学会成立大会纪念集刊》，呼和浩特市，1979年8月5日。

贾敬颜：《释"行国"——游牧国家的一些特征》，《历史教学》1980年第1期。

姜伯勤：《敦煌吐鲁番文书与丝绸之路》，北京：文物出版社，1994年。

姜伯勤：《敦煌艺术宗教与礼乐文明》，北京：中国社会科学出版社，1996年。

姜伯勤：《中国祆教艺术史研究》，北京：生活·读书·新知三联书店，2004年。

〔意〕康马泰：《唐风吹拂撒马尔罕：粟特艺术与中国、波斯、印度、拜占庭》，毛铭译，桂林：漓江出版社，2016年。

李庆新：《海上丝绸之路》，合肥：黄山书社，2016年。

李锡厚：《临潢集》，石家庄：河北大学出版社，2001年。

李月新：《契丹四楼问题研究述评》，《赤峰学院学报》（汉文哲社版）2014年第6期。

李月新：《〈辽史·礼志〉载诸"门"探析》，《赤峰学院学报》（汉文哲社版）2019年第7期。

梁维：《二十世纪辽代春捺钵问题研究回顾与展望》，《黑龙江民族丛刊》

2018 年第 3 期。

梁维：《辽代春捺钵研究》，吉林大学博士学位论文，2020 年。

林立：《西域古佛寺——新疆古代地面佛寺研究》，北京：科学出版社，2018 年。

林梅村：《中国境内出土带铭文的波斯和中亚银器》，《文物》1997 年第 9 期；后收入所撰《汉唐西域与中国文明》，北京：文物出版社，1998 年。

林梅村：《中亚锡尔河北岸的康居王庭》，《西域研究》2017 年第 3 期。

林悟殊：《摩尼教及其东渐》，北京：中华书局，1987 年。

林悟殊：《西安北周安伽墓葬式的再思考》，《考古与文物》2005 年第 5 期。

刘广堂等主编《契丹风华：内蒙古辽代文物珍品》，北京：文物出版社，2012 年。

刘浦江：《松漠之间——辽金契丹女真史研究》，北京：中华书局，2008 年。

刘浦江：《宋辽金史论集》，北京：中华书局，2017 年。

刘统：《唐代羁縻府州研究》，西安：西北大学出版社，1998 年。

吕章申主编《大英博物馆展览：100 件文物中的世界史》，北京时代华文书局，2017 年。

陆骐：《移动中的牙帐：以四季山水图为中心再议辽庆东陵壁画》，《中国美术研究》2019 年第 1 期。

陆思贤：《释"骨朵"》，《考古与文物》1982 年第 5 期。

罗丰：《固原南郊隋唐墓地》，北京：文物出版社，1996 年。

罗丰：《北方系青铜文化墓的殉牲习俗》，《考古学报》2018 年第 2 期。

罗山：《职贡图：古代中国人眼中的域外世界》，广州：广东人民出版社，2017 年。

罗新：《中古北族名号研究》，北京大学出版社，2009 年。

罗新：《黑毡上的北魏皇帝》，北京：海豚出版社，2014 年。

〔俄〕马尔萨克：《突厥人、粟特人与娜娜女神》，毛铭译，桂林：漓江出版社，2016 年。

毛民： "The Art of Chinese Influence at the 'Hall of Ambassadors' in Afrasiab"，新疆吐鲁番地区文物局编《吐鲁番学研究：第二届吐鲁番学国际学术研讨会论

文集》，上海辞书出版社，2006 年。

　　毛民：《天马与水神》，《内蒙古大学艺术学院学报》2007 年第 1 期。

　　毛铭：《武则天在一千多年前的中亚壁画里是什么形象》，https://www.bilibili.com/video/av11555293/。

　　毛铭：《唐高宗猎豹与武则天龙舟——解读撒马尔罕大使厅壁画》，周天游主编《丝路回音：第三届曲江壁画论坛论文集》，北京：文物出版社，2020 年。

　　蒙曼：《唐朝军事系统中的朝鲜半岛徙民》，《中央民族大学学报》(哲社版)2007 年第 2 期。

　　苗润博：《〈辽史〉探源》，北京：中华书局，2020 年。

　　牟钟鉴：《中国宗教通史》（修订本）（下册），北京：中国社会科学出版社，2007 年。

　　内蒙古文物考古研究所：《辽上京城址勘察报告》，李逸友、魏坚主编《内蒙古文物考古文集》第 1 辑，北京：中国大百科全书出版社，1994 年 8 月。

　　内蒙古自治区文物考古研究所、哲里木盟博物馆：《辽陈国公主墓》，北京：文物出版社，1993 年。

　　齐东方：《虞弘墓人兽搏斗图像及其文化属性》，《文物》2006 年第 8 期。

　　齐东方、申秦雁主编《花舞大唐春——何家村遗宝精粹展》，北京：文物出版社，2003 年。

　　齐小艳：《撒马尔罕中国仿造币与伊赫希德王朝世系研究》，《新疆大学学报》（哲学·人文社会科学版）2018 年第 2 期。

　　钱艾琳：《于阗的黑貂皮——公元 790 年的一件阿拉伯文书（国图藏）》，"北大文研论坛 100——胡语写本与文明传承"，北京大学，2019 年 11 月 6 日；后题为《于阗的黑貂皮：国图藏 BH2-28 阿拉伯语手稿解读》，罗丰主编《丝绸之路考古》第 5 辑，北京：科学出版社，2021 年。

　　〔美〕切特·凡·杜泽：《海怪：中世纪与文艺复兴时期地图中的海洋异兽》，王绍祥、张愉译，北京联合出版公司，2018 年。

　　任爱君：《北魏鲜卑人斡鲁朵制零拾》，《北朝研究》1996 年第 3 期。

　　任爱君：《契丹四楼源流说》，《历史研究》1996 年第 6 期。

　　任爱君：《回鹘"楼居"与契丹"四楼"之关系研究》，《西北民族研究》1997 年第 2 期。

任爱君：《对敦煌遗书"楼上"一词的释义——兼谈敦煌文化在研究游牧民族的文化传承中的贡献》，《敦煌研究》1999 年第 1 期。

任爱君：《辽上京皇城西山坡建筑群落的属性及其功能——从辽太祖营建西楼与皇都的线索与动机说起》，《北方文物》2010 年第 2 期。

荣新江：《中古中国与粟特文明》，北京：生活·读书·新知三联书店，2014 年。

荣新江：《丝绸之路与东西文化交流》，北京大学出版社，2015 年。

荣新江、华澜、张志清主编《法国汉学》第 10 辑"粟特人在中国——历史、考古、语言的新探索"，北京：中华书局，2005 年。

〔乌兹别克斯坦〕萨马瑞迪·伊·穆斯塔佛库洛夫：《阿夫拉西亚卜壁画：修复的新方法》，周天游主编《再获秋实：第二届曲江壁画论坛论文集》，北京：商务印书馆，2017 年。视频资料可参：https://v.qq.com/x/page/x0180de5qo7.html 或 https://video.artron.net/20160205/n809547.html.

〔俄〕塞尔吉·A·亚岑科（ Sergey A. Yatsenko ）：《阿弗拉西阿卜"大使厅"7 世纪壁画所见外国使者及撒马尔罕居民服饰的历史渊源》，周杨译，《丝绸之路考古》第 3 辑，北京：科学出版社，2019 年。

〔日〕森安孝夫：《中亚史中的西藏——吐蕃在世界史中所居地位之展望》，钟美珠、俊谋译，《西藏研究》1987 年第 4 期。

沙武田：《丝绸之路绢帛图像考——以敦煌画和唐墓骆驼俑为中心》，沈睿文主编《考古学研究》卷 11，北京：科学出版社，2020 年。

山西省考古研究所、太原市考古研究所、太原市晋源区文物旅游局：《太原隋虞弘墓》，北京：文物出版社，2005 年。

陕西省考古研究所：《西安北周安伽墓》，北京：文物出版社，2003 年。

陕西省考古研究所：《西安北周凉州萨保史君墓发掘简报》，《文物》2005 年第 3 期。

尚刚：《苍狼白鹿元青花》，《中国民族博览》1997 年第 1 期。

尚刚：《元代工艺美术史》，沈阳：辽宁教育出版社，1999 年。

尚刚：《纳石失在中国》，《东南文化》2003 年第 8 期；又收入叶奕良主编《伊朗学在中国论文集》第 3 集，北京大学出版社，2003 年。

申秦雁：《唐墓壁画中的"櫔"及其流变》，《乾陵文化研究》第 3 辑，西安：三秦出版社，2007 年。

沈爱凤：《从青金石之路到丝绸之路——西亚、中亚与亚欧草原古代艺术溯源》（下册），济南：山东美术出版社，2009 年。

沈睿文：《中古中国祆教信仰与丧葬》，上海古籍出版社，2019 年。

沈睿文：《内亚族源传说与考古学》，待刊。

宿白：《白沙宋墓》，北京：文物出版社，1957 年。

宿白：《西安地区唐墓壁画的布局和内容》，原载《考古学报》1982 年第 2 期；后收入所撰《魏晋南北朝唐宋考古文稿辑丛》，北京：文物出版社，2011 年。

孙机：《一枚辽代刺鹅锥》，《文物》1987 年第 11 期。

孙机：《中国圣火——中国古文物与东西文化交流中的若干问题》，沈阳：辽宁教育出版社，1996 年。

田兆元：《鸟舟竞渡》，《光明日报》2015 年 6 月 22 日第 8 版。

田兆元：《论端午节俗与民俗舟船的谱系》，《社会科学家》2016 年第 4 期。

吐鲁番地区文物局：《新疆吐鲁番地区交河故城沟西墓地康氏家族墓》，《考古》2006 年第 12 期。

汪宇平：《呼和浩特市北部与"白道"有关的文物古迹》，《内蒙古文物考古》总第 3 期，1984 年。

王邦维：《东国公主与蚕种西传：一个丝绸之路上的传说》，《文史知识》2015 年第 4 期。

王静：《中晚唐蜀地藩镇使府与绘画》，《艺术史研究》第 16 辑，广州：中山大学出版社，2014 年。

王明珂：《匈奴的游牧经济：兼论游牧经济与游牧社会政治组织的关系》，《历史语言研究所集刊》第 61 本第 1 分，1993 年 3 月。

王明珂：《游牧者的抉择：面对汉帝国的北亚游牧部族》，桂林：广西师范大学出版社，2008 年。

王仁波：《从考古发现看唐代中日文化交流》，《考古与文物》1984 年第 3 期。

王维坤：《唐章怀太子墓壁画"客使图"辨析》，《考古》1996 年第 1 期；

后收入所撰《中日文化交流的考古学研究》，西安：陕西人民出版社，2002 年；

王一丹：《波斯拉施特〈史集·中国史〉研究与文本翻译》，北京：昆仑出版社，2006 年。

王永兴：《唐代前期军事史略论稿》，北京：昆仑出版社，2003 年。

王媛媛：《从波斯到中国：摩尼教在中亚和中国的传播》，北京：中华书局，2012 年。

魏聪聪：《辽代后族墓葬艺术研究——以关山、库伦辽墓群为中心》，中央美术学院硕士学位论文，2014 年。

〔德〕魏骏骁 (Patrick Wertmann)：《入华粟特人葬具上的狩猎图》，《丝绸之路研究》第 1 辑，北京：生活·读书·新知三联书店，2017 年。

魏庆征编《古代伊朗神话》，太原：北岳文艺出版社 / 山西人民出版社，1999 年。

乌力吉：《辽代墓葬艺术中的捺钵文化》，北京：文化艺术出版社，2013 年。

吴敬、冯恩学、王春委：《辽金春捺钵遗址群的新发现——2018 年乾安县藏字区春捺钵遗址考古调查发掘的重要收获》，《吉林大学社会科学学报》2020 年第 1 期。

吴宗国：《隋唐五代简史》（修订版），福州：福建人民出版社，2006 年。

武玉环：《春捺钵与辽朝政治——以长春州、鱼儿泊为视角的考察》，《北方文物》2015 年第 3 期。

西安市文物保护考古研究院：《北周史君墓》，北京：文物出版社，2014 年。

西北大学丝绸之路文化遗产保护与考古学研究中心、中国国家博物馆、陕西省考古研究院：《塔吉克斯坦、乌兹别克斯坦考古调查——粟特时期》，《文物》2019 年第 1 期。

〔日〕西谷正：《唐章怀太子李贤墓〈礼宾图〉的有关问题》，马振智译，《陕西历史博物馆馆刊》第 4 辑，西安：西北大学出版社，1997 年。

谢承志：《新疆塔里木盆地周边地区古代人群及山西虞弘墓主人 DNA 分析》，吉林大学博士学位论文，2007 年。

〔美〕谢健：《帝国之裘》，关康译，北京大学出版社，2019 年。

新疆文物局、上海博物馆：《新疆维吾尔自治区丝路考古珍品》，上海译文出版社，1998 年。

扬之水：《象舆——兼论青州傅家北齐画像石中的"象戏图"》，原载《中国文化》2011 年第 1 期（总 33 期）；后收入所撰《曾有西风半点香：敦煌艺术名物丛考》，北京：生活·读书·新知三联书店，2012 年。

杨伯达：《女真族"春水"、"秋山"玉考》，《故宫博物院院刊》1983 年第 2 期。

杨瑾：《唐章怀太子李贤墓〈客使图〉戴鸟羽冠使者之渊源》，《中国国家博物馆馆刊》2018 年第 7 期。

姚崇新：《敦煌及其周边的祆教艺术》，姚崇新、王媛媛、陈怀宇：《敦煌三夷教与中古社会》，兰州：甘肃教育出版社，2013 年。

姚大力：《蒙元制度与政治文化》，北京大学出版社，2011 年。

易晴：《中国古代物质文化史·绘画·墓室壁画（宋元明清）》，北京：开明出版社，2014 年。

〔日〕影山悦子：《撒马尔罕壁画所见中国绘画因素——朝鲜使节是否在拂呼缦王治时到访》，王东译，罗丰主编《丝绸之路考古》第 3 辑，北京：科学出版社，2019 年。

游红霞、田兆元：《凤舟的民俗叙事与文化建构——以湖北洪湖的凤舟文化为例》，《长江大学学报》（社科版）2016 年第 10 期。

袁国藩：《元代蒙古文化论集》，台湾商务印书馆，2004 年。

云翔：《唐章怀太子墓壁画客使图中"日本使节"质疑》，《考古》1984 年第 12 期。

张勃：《唐代节日研究》，北京：中国社会科学出版社，2013 年。

张长虹：《神话与历史——唐代〈八骏图〉研究》，《"特殊与一般——美术史论中的个案与问题"第五届全国高校美术史学年会会议论文集》，2011 年 10 月。

张广达：《张广达文集·文本　图像与文化流传》，桂林：广西师范大学出版社，2008 年。

张广达：《张广达文集·文书　典籍与西域文史》，桂林：广西师范大学出版社，2008 年。

张明：《中古史籍中的驼鸟"啖火食铁"考》，《石家庄学院学报》2016年第 4 期。

张鹏：《辽代庆东陵壁画研究》，《故宫博物院院刊》2005 年第 3 期。

张鹏：《辽墓壁画研究》，天津人民美术出版社，2008 年。

张庆捷：《虞弘墓石椁图像中的波斯文化因素》，叶奕良主编《伊朗学在中国论文集》第 3 集，北京大学出版社，2003 年。

张庆捷：《胡商　胡腾舞与入华中亚人——解读虞弘墓》，太原：山西出版集团·北岳文艺出版社，2010 年。

张小贵：《中古华化祆教考述》，北京：文物出版社，2010 年。

张小贵：《祆教史考论与述评》，兰州大学出版社，2013 年。

张小贵、王媛媛主编《三夷教研究——林悟殊先生古稀纪念论文集》，兰州大学出版社，2014 年。

赵永春：《奉使辽金行程录》，长春：吉林文史出版社，1995 年。

赵越主编《古代呼伦贝尔》，呼和浩特：内蒙古文化出版社，2004 年。

郑岩：《逝者的面具——汉唐墓葬艺术研究》，北京大学出版社，2013 年。

周长庆、常亦殊：《国内首次发现辽代行宫"春捺钵"遗址群》，《科学时报》2010 年 1 月 8 日。此据 http://news.ifeng.com/history/3/kaogu/201001/0108_2668_1503265.shtml。

朱丹丹：《辽代告庙仪与谒庙仪探微》，《辽宁工程技术大学学报》（社科版）2016 年第 6 期。

三、外文研究论著

東京国立博物館：《スキタイとシルクロード》，東京：日本経済新聞社，1969 年。

東京国立博物館、大阪市立美術館、日本経済新聞社編集《シルクロードの遺宝―古代・中世の東西文化交流―》，東京：日本経済新聞社，1985 年。

加藤九祚：《中央北部アジアの佛教遺迹研究》，《シルケロド學研究》

Vol.4，奈良，1997 年。

　　〔苏联〕L. I. アリバウム著，加藤九祚訳《古代サマルカンドの壁画》，東京：文化出版局，1980 年。

　　田辺勝美：《所谓大鸟、大鸟卵に关する西アジア美术史の考察》，《东洋文化研究所纪要》第 89 册，1982 年。

　　田辺勝美、前田耕作編集《世界美术大全集》东洋篇第 15 卷・"中央アジア"，東京：小学馆，1999 年。

　　田村実造：《慶陵の壁画 絵画・彫飾・陶磁》，京都：同朋舎，1977 年。

　　咸舜燮：「关于古代冠的分类体系考察」，『古代研究』8，古代研究会，2001 年 6 月 30 日。

　　影山悦子：《サマルカソド壁画に見られる中国絵画の要素において――朝鮮人使节はワルフマソ王のもとを访れたか》，《西南アジア研究》49 号，1998 年。

　　佐藤智水《北魏皇帝の行幸について》，《岡山大學文學部紀要》5 号，1984 年。

　　Alix Barbet, "TECHNIQUES D'EXÉCUTION DES PEINTURES MURALES DU PALAIS D'AFRASIAB À SAMARCANDE", in *Rivista degli studi orientali, Nuova Serie, Vol.78, Suppl. No.1: Royal Naurūz in Samarkand: Proceedings of the Conference Held in Venice on the Pre-islamic Paintings at Afrasiab (2006)*, Roma.

　　A. Grünwedel, *Bericht über archäologische Arbiten in Idiqut-Shahri und Umgebung im Winter 1902/03 I*, Müchen, 1905.

　　A. M. Belenitskii and B. I. Marshak, "Stennye rospisi, obnaruzhennye v 1970 goduna gorodishche drevnego Pendzhikenta", *SGE*, 36(1973).

　　A. M. Belenitskii and B. I. Marshak, "Cherty morovozzreniia sogdiĭtsev VII-VIII vv. V iskusstve Pendzhikenta", in *Istoriia I kul'tura narodov Sredneĭ Azii: Drevnost'I srednie veka*, ed. by B. G. Gafurov and B. A. Litvinskiĭ(Moscow, 1976).

　　A. M. Belenitskii and B. I. Marshak, "Voprosy khronologii zhivopisi rannesrednevekovogo Sogda", *Uspekhi sredneaziatskoĭ arkheologii*, 4(1979).

　　A. M. Belenitskii and B.I. Marshak, "The Paintings of Sogdiana", G. Azarpay,

Sogdian Painting. The pictorial epic in Oriental art, with Contributions by A.M. Beleniskii, B. I. Maršak and M.J. Dresden, Berkeley · Los Angeles · London: University of California Press, 1981.

A. M. Belenitskii and B. I. Marshak and V. I. Raspopova, "Raskopki drevnego Pendzhikenta v 1974 g.", *ART,* no.14(1979).

A. M. Belenizki, *Mittelasien Kunst der Sogden,* Leipzig, 1980.

A. von Le Coq, *Chotscho, Facsimile-Wiedergaben der wiehtigeren Funde der ersten Königlich Preussischen Expedition nach Turfan in Ost-Turkistan*, Berlin, 1913.

B. I. Maršak, "Tematika rospiseh, zala poslov' Afrasiaba [The theme of the murals in the ambassadors' hall' at Afrasiab]", in *Formirovanie I razvitie trass Velikogo šelkovogo puti v Central'noj Azii v drevnosti I srednevekov'e. Tezisy dokladov meždunarodnogo seminara YUNESKO. Samarkand, 1-6 oktyabrya 1990 g,* Glavnyj redaktor A. A. Askarov [Formation and development of the Great Silkroad in Central Asia in antiquity and in the Middle Ages. Abstracts of Papers of the International UNESCO-Seminary, ed. by A. A. Askarov], Taškent, 1990.

B. I. Marshak, Malgoržata Sadowska-Daguin and F. Grenet, "Le programme iconographique des peintures de la «Salle des ambassadeurs» à Afrasiab (Samarkand)", *Arts Asiatiques*, Tome 49, 1994.

B. I. Marshak, "La thèmatique sogdienne dans l'art de la Chine de la seconde moitiè du Vie siècle", *Académie des Inscriptions & Belles Inscriptions & Belles-Lettres, Comptes rendus des séances de l'année 2001 janvier-mars*, Paris, 2001.

B. I. Marshak, *Legends, Tales, and Fables in the Art of Sogdiana*, New York, Bibliotheca Persica Press, 2002.

B. I. Marshak, "Remarks on the Murals of the Ambassadors Hall", in *Rivista degli studi orientali, Nuova Serie, Vol.78, Suppl. No.1: Royal Naurūz in Samarkand: Proceedings of the Conference Held in Venice on the Pre-islamic Paintings at Afrasiab (2006)*, Roma.

B. I. Marshak and A. M. Belenitskii, "Raskopki nagorodishche drevnego Pendzhikenta(1970 g.)", *ART*, no.10(1970).

B. I. Marshak, V. I. Raspopova, "Wall Paintings from a House with a Granary. Panjikent, 1st Quarter of the Eighth Century A.D.", *Silk Road Art and Archaeology*, Vol.1, 1990.

B. I. Marshak, V. I. Raspopova, "Worshipers from the Northern Shrine of Temple II, Panjikent", *Bulletin of the Asia Institute*, New Series, Vol. 8, 1994.

B. I. Marshak, V. I. Raspopova, "Les trouvailles dans la chapelle nord-ouest du Temple II de Pendjikent. A Propos de l'héritage elassique dans l'art sogdien", *Bulletin of the Asia Institute*, New Series, Vol.12, 1998.

В. Г. Шкода, *Пенджикентские храмы и проблемы религии Согда (V-VIII века)*, Санкт-Петербург: издателвсгво Государственното Эрмитажа, 2009.

В.А.БУЛАТОВА-ЛЕВИИА, "БУДДИЙСКИЙ ХРАМ В КУВЕ," *СОВЕТСКАЯ АРХЕОЛОГИЯ*, 1961, No.3.

Chiara Silvi Antonini, "The Paintings in the Palace of Asfrasiab (Samarkand)", in *Rivista delgi Studi Orientali*, Roma, Vol.63, Fasc. 1/3 (1989).

É. de la Vaissière, "LES TURCS, ROIS DU MONDE À SAMARCANDE", in *Rivista degli studi orientali, Nuova Serie, Vol.78, Suppl. No.1: Royal Naurūz in Samarkand: Proceedings of the Conference Held in Venice on the Pre-islamic Paintings at Afrasiab (2006)*, Roma.

E. Herzfeld, "Khusrav Parwez und der Taq I Vastan", *AMI* IX:2(1938), pl. IX.

Etsuko Kageyama, "A Chinese way of Depictions Foreign Delegates Discerned in the Painting of Afrasiab", in *Iran: Questions et Connaissance. Vol. I. La période ancienne*, testes réunis par Ph. Huyse, Studia Iranica, cahier 25, Paris, 2002.

F. Grenet, M. Samibaev, *«Hall of the Ambassadors» in the Museum of Afrasiab (middle of the VIIth Century)*, Samarkand, 2002.

F. Grenet, "L'Inde des astrologues sur une peinture sogdienne du VIIe siècle", in *Religious themes and texts in pre-Islamic Iran and Central Asia, Studies in honour of Professor Gherardo Gnoli*, ed. by C. Cereti, M. Maggi, E. Provasi, Wiesbaden,

Reichert, 2003.

F. Grenet, "New research on the 'Ambassadors' painting' at Samarkand (paper épresented at a workshop 'New research on Sogdiana')", Oxford, Ashmolean Museum, 8 November 2003; in Online publication (2003) at: http://www.archeo.ens. fr/8546-5Gren/clrweb/7aFrantzC12003/newambassadorpainting.html.

F. Grenet, "Maracanda / Samarkand, une metropole pré-mongole: Sources écrites et archéologie", in *Annale. Histoire, Sciences Sociales, 59e Année, No.5/6, Asie centrale (Sep.- Dec., 2004)*, Cambridge University Press.

F. Grenet, "The Sogdians at the crossroads of Asia", in *The Silk Road. Trade, travel, war and faith*, ed. by S. Whitfield with U. Sims-Williams, published on the occasion of the exhibition at The British Library, 7 May-12 September 2004, London.

F. Grenet, "The Self-Image of the Sogdians", in *Les Sogdiens en Chine*, eds. É. de la Vaissière, É. Trombert, Paris, 2005.

F. Grenet, "The 7th -century AD 'Ambassadors' painting' at Samarkand, Mural Paintings and the Silk Road, Cultural Exchanges Between East and West", *in Proceedings of the 29th Annual International Symposium on the Conservation and Restoration of Cultural Property*, National Research Institute for Cultural Properties, Tokyo, Jan. 2006.

F. Grenet, "What was the Afrasyab Painting About?", in *Rivista degli studi orientali, Nuova Serie, Vol.78, Suppl. No.1: Royal Naurūz in Samarkand:Proceedings of the Conference Held in Venice on the Pre-islamic Paintings at Afrasiab (2006)*, Roma.

F. Grenet, À L'OCCASION DE LA RESTAURATION DE LA « PEINTURE DES AMBASSADEURS » (SAMARKAND, C. 660). RETOUR SUR UNE ŒUVRE MAJEURE DE LA PEINTURE SOGDIENNE, *CRAI 2018, 4 (novembre-décembre)*.

F. Ory, "Essai de restitution des parties manquantes de la peinture d'Afrasiab", in *Rivista degli studi orientali, Nuova Serie, Vol.78, Suppl. No.1: Royal Naurūz*

in Samarkand: Proceedings of the Conference Held in Venice on the Pre-islamic Paintings at Afrasiab (2006), Roma.

G. Clauson, "Ak Beshim-Suyab", *Journal of Royal Asiatic Society,* 1961.

G. R. D. King, "A Nestorian monastic settlement on the island of Sir Bani Yas, Abū Dhabi: A preliminary report", *Bulletin of School of Oriental and Africa Studies*, Vol. XV, 2, 1997.

G. V. Šiškina, "O čem molčal tomač (What the interpreter failed to mention)", in V. A. Bulatova, G. A. Šiškina, *Samarkand-muzei pod otkrytym nebom*, Taškent, 1986.

G. V. Šiškina, *Afrasiab- sokroviščnitsa drevnei kul'tury (Afrasiab, a Treasure of Ancient Culture)*, Taškent, 1966.

Guimet, Musée éd., *Lit de pierre, sommeil barbare: Présentation, après restauration et remontage, d'une banquette funéraire ayant appartenu à un aristocrate d'Asie centrale venu s'établir en Chine au VIe siècle*, Paris, Musée Guimet, 2004.

I. A. Arzhantseva, O. N. Inevatkina, "Rospisi Afrasiaba: noviye otkrytiya, kotorym chetvert' veka - Tsentral'naya Aziya. Istochniki, istoriya, kul'tura", in *Tezisy dokladov konferentsii*, ed. by T.K. Mkrtychev, Moscow, 2003.

Irina Arzhantseva, Olga Inevatkina, "Afrasiab wall-paintings revisited: new discoveries twenty-five years old", in *Rivista degli studi orientali, Nuova Serie, Vol.78, Suppl. No.1: Royal Naurūz in Samarkand: Proceedings of the Conference Held in Venice on the Pre-islamic Paintings at Afrasiab (2006)*, Roma.

J. M. Boyd and F. M. Kotwal, "Worship in a Zoroastrian Fire Temple", *Indo-Iranian Journal* 26.4(1983).

J. Markwart, Wehrot und Arang, *Untersuchungen zur mythischen und geschichtichen Landeskunde von Ostiran*, Leiden, 1938.

J.-P. Drège et F. Grenet, "Un temple de l'Oxus près de Takht-i Sangin, d'après un tèmoignage chinois du VIII e siècle", *Studia Iranica*, 16, 1987.

Kh. G. Akhunbabaev, Domanshine khramy rannesrednecekovogo Samarkanda, *Gordskaja kul'tura Baktrii-Tokharistanai Sogda*, Tashkent, 1987.

Kh. G. Akhunbabaev, *Dvorets ikhshidov Sogda na Afrasiabe*, Samarkand, 1999.

L. I. Al'baum, "Novye Rospisi Afrasiaba (New paintings at Afrāsiāb)", in *Strany I narody Vostoka 13,* Moskow, 1971.

L. I. Al'baum, *Zhivopis' Afrasiaba (Painting from Afrasiab)*, Tashkent, 1975.

Laura E. Parodi, "A creative dialogue: The Timurid and Indo-Muslim Heritage in Akbar's Tomb", in *Rivista degli studi orientali*, Vol.74, Fase. 1/4(2000).

M. Compareti, "Remarks on Sogdian religious iconography in 7th century Samarkand", in Online publication (2004) at: http://www. eurasianhistory.com/data/articles/ao2/422.html.

M. Compareti, "Further Evidence for the Interpretation of the 'India Scene' in the Pre-Islamic Paintings at Afrasyab (Samarkand)", *The Silk Road*, 4/2, 2006-2007.

M. Compareti, "The paintings concerning Chinese themes at Afrāsyāb", in M. Compareti, S. Cristoforetti, *New Elements on the Chinese Scene in the "Hall of the Ambassadors" at Afrāsyāb along with a reconsideration of "Zoroastrian" Calendar*, Venice, Università Ca' Foscari Venezia, 2007.

M. Compareti, S. Cristoforetti, "Proposal for a New Interpretation of the Northern Wall of the 《Hall of the Ambassadors》 at Afrasyab〞, in *Central Asia from the Achaemenids to the Timurids: Archaeology, History, Ethnology, Culture. Materials of an International Scientific Conference Dedicated to the Centenary of Aleksandr Markovich Belenitsky*, ed. by V. P. Nikonorov, St. Petersburg, 2005. Online publication (2004) at: http://www.cinaoggi.it/storia/tipica-festa-cinese.htm.

M. Compareti, S. Cristoforetti, "Una tipica festa cinese tra le pitture del VII secolo d.C. di Afrasyab (Samarcanda)?", in Online publication (2004) at: http://www.cinaoggi.it/storia/tipica-festa-cinese.htm(in Italian).

M. Compareti, S. Cristoforetti, *New Elements on the Chinese Scene in the "Hall of the Ambassadors" at Afrāsyāb along with a reconsideration of "Zoroastrian" Calendar*, Venice, Università Ca' Foscari Venezia, 2007.

M. Mode, *Sogdien und die Herrscher der Welt. Türken, Sasaniden und Chinesen in Historiengemälden des 7. Hahrhunderts n. Chr. Aus Alt-Samarqand [=Europäische*

Hochschulschriften. Reihe XXVII. Kunstgeschichte, Bd. 162], Frankfurt a. M.(u.a.), 1993.

M. Mode, "Court art of Sogdian Samarqand in the 7th century AD. Some remarks to an old problem", in Online publication (2002) at: http://www.orientarch. uni-halle.de/ca/afras/index.htm.

M. Mode, *Die Türken vor Samarkand-Von Eisenleuten, Gesandten und Empfangszeremonien*, in «Hallesche Beiträge zur Orientwissenschaft». Halle/Saale, Bd. 37, 2004.

M. Mode, "Reading the Afrasiab murals: some comments on reconstructions and details", in *Rivista degli studi orientali, Nuova Serie, Vol.78, Suppl. No.1: Royal Naurūz in Samarkand:Proceedings of the Conference Held in Venice on the Pre-islamic Paintings at Afrasiab (2006)*, Roma.

Martha L. Carter, "A Scythian Royal Legend from Ancient Uḍḍiyāna", *Bulletin of the Asia Institute*, New Series,Vol.6(1992).

Melanie Michailidis, "Dynastic politics and the Samanid Mausoleum", *Ars Orientalis*, Vol.44 (2014).

Menander, *The History of Menander the Guardsman*, trans. by R. B. Blockley, Liverpool: Francis Cairns Publications Ltd., 1985.

Michele Minardi, Gairardin Khozhaniyazov, "The Central Monument of Akchakhan-kala: Fire Temple, Image Shrine or Neither? Report on the 2014 Field Season", *Bulletin of the Asia Institute*, New Series, Vol.25(2011).

Nicholas Sims-Williams and Franz Grenet, "The Sogdian Inscriptions of Kultobe", *Shygys(Almaty)*, 2006.

N. I. Krashennikova, «Deux ossuaires à décor moulé trouvés aux environs du village de Sivaz, district de Kitab, Sogdiane méridio-nale», *Studia Iranica*, 22, 1993.

O. I. Smirnova, Sogd (K istorii izutchenija strany i o zadatchakh ee issledovanjia), *Palestinskij sbornik*, vyp. (21)94. Leningrad, 1970.

Patrick Wertmann, *Sogdians in China: Archaeological and art historical analyses of tombs and texts from the 3rd to the 10th century AD*, Darmstadt, Verlag

Philipp von Zabern in Wissenschaftliche Buchgesellschaft, 2015.

Pénélope Riboud, "Réflexion sur les pratiques religieuses désignées sous le nom de xian 祆 ", in *Les Sogdiens en Chine*.

Pierre Chuvin (ed.), *Les arts de l'Asie centrale*, Paris: Citadelles & Mazenod, 1999.

Prudence Oliver Harper, *The Royal Hunter*, The Asia Society，Inc., 1978, No.12.

S. A. Yatsenko, "The Costume of Foreign Embassies and Inhabitants of Samarkand on Wall Painting of the 7th c. in the 'Hall of Ambassadors' from Afrasiab as a Historical Source", in *Transoxiana*, Vol. I, no.8, Junio 2004; in Online publication at: http://www.transoxiana.org/0108/yatsenko-afrasiab_costume.html.

S. A. Yatsenko, "The Late Sogdian Costume (the 5th - 8th cc. AD)", in *Ēran ud Anērān: Studies presented to Boris Il'ich Marshak on the Occasion of His 70th Birthday*, Ed. by M. Compareti, P. Raffetta, G. Scarcia. Electronic Version, Oct. 2003; in Online publication (2006) at: http://www.transoxiana.org/Eran/Articles/yatsenko.html.

Shen Ruiwen, "Research on the Stone Funeral Bed Exhibiter in Guimet Museum", in Bruno Genito e Lucia Caterina ed., *Archeologia Delle Vie Della Seta: Percorsi, Immagini e Cultura Materiale*, VIII, Roma: Scienze e Lettere, 2017.

Shen Ruiwen, "The Iconographic Program and Meanings of the Screen of the Miho Couch", Yu Taishan & Li Jinxiu edited, *Eurasian Studies*, Vol. VI, Braila, Istros Publishing, 2018.

Takashi Okamoto, "Chronology of Kings of Sogd," in *Tōyō Gakuhō (Tokyo)*, 65, 1984, p. IV.

The Zend-Avesta, part II，*Sacred Books of the East*, Vol.23, Translated by James Darmesteter, The Oxford University Press, 1882.

Thomas Allsen, *Commodity and Exchange in the Mongol Empire*, New York: Cambridge University Press, 2002.

V. A. Šiškin, *Afrasiab-sokroviščnica drevnej kul'tury*, Tašken, 1966.

V. G. Shkoda, "The Sogdian Temple: Structure and Rituals", *Bulletin of the Asia Institute*, New Series, Vol.10, Studies in Honor of Vladimir A. Livshts (1996).

V. I. Raspopova, "Life and Artistic Conventions in the Reliefs of the Miho Couch", *Bulletin of Miho Museum*, 4, March, Shumei Culture Foundation.

V. Livšic, "The Sogdian Wall Inscriptions on the Site of Afrasiab", in *Rivista degli studi orientali, Nuova Serie, Vol.78, Supplemento No. 1: Royal Naurūz in Samarkand: Proceedings of the Conference Held in Venice on the Pre-Islamic Paintings at Afrasiab (2006)*, Roma.

Y. Yoshida, "Additional notes on Sims-Williams' article on the Sogdian merchants in China and India", in A. Cadonna and L. Lanciotti (eds.), *Cina e Iran, da Alessandro Magno alla dinastia Tang*, 1996.